Eleonore Dehnerdt

Die Sängerin

Anna Magdalena Bach

Biografischer Roman

BRUNNEN
VERLAG GIESSEN · BASEL

FSC
Mix
Produktgruppe aus vorbildlich
bewirtschafteten Wäldern und
anderen kontrollierten Herkünften

Zert.-Nr. GFA-COC-1278
www.fsc.org

www.brunnen-verlag.de
Lektorat: Eva-Maria Busch
Umschlagmotiv: »St. Cecilia« von Nicolas
Poussin; Bridgeman Giraudon, Berlin
Umschlaggestaltung: Ralf Simon
Satz: Die Feder GmbH, Wetzlar
Herstellung: Ebner und Spiegel, Ulm
ISBN 978-3-7655-1962-8

Mit Pauken und Trompeten

Zeitz, 1701–1718

Meisterhafte Trompetenklänge füllten das graue Steinhaus in der Messerschmiedtsgasse 22. Sogar das kleine Vordach vibrierte, auf dem eine gefleckte Katze lag und in ihrem Fell die Spätsommersonne einfing.

Caspar Wilke hatte seinen Kindern gesagt, er nütze die Zeit, um zu üben. Was sollte er auch sonst tun? Mit zwei linken Händen in den Taschen die Flure auf und ab rennen – jetzt, da sich jede Minute zur Vorhölle dehnte?

»Ich spiele für dich, Margaretha«, hatte er schon vor drei Stunden zu seiner Frau gesagt, ehe er sie mit den Weibern allein lassen musste. Wie ein unartiges Kind hatte man ihn aus der Schlafstube geschoben.

Seine Lippen waren bereits geschwollen, und schweißnass klebten ihm die Haare am Kopf. Er gönnte sich keine Pause. Er betete in seine Trompete hinein, die Worte stiegen durch Bohlen und Schindeln. Wie könnte Gott nicht hören? Auch im Haus hätte es niemandem genützt, sich die Hände auf die Ohren zu halten – wozu auch? Die Kinder und Nachbarn hatten sich daran gewöhnt. Selbst den Hunden, Mäusen und dem Geschirr im Schrank war der Lärm vertraut. Das Spiel war wie die Hammerschläge in der Schmiede: Brot und Arbeit. Der Hoftrompeter hielt die hohen Töne sauber und die Augen geschlossen. Plötzlich hielt er inne. Wie konnte der Missklang entstehen? Er horchte. Langsam begriff er, was sich da in sein Spiel gemischt hatte: Aus der Stube drang lautstark das Gebrüll eines Kindes.

»Der Reihe nach, es geht der Reihe nach!« Katharina bemühte

sich, ihre Geschwister in eine Reihe vor die Schlafstube zu bekommen. Es war die einzige Möglichkeit, damit sich ihr jüngerer Bruder nicht vordrängelte.

»Erdmute, du bist drei und stellst dich da hin. Johanna, du kommst davor, weil du fünf bist.« Caspar hatte sich bereits zu seinem Vater gestellt, von dem er nicht nur das Geschlecht, sondern auch den Vornamen geerbt hatte, aber Katharina holte ihn entschieden zurück. Beschwichtigend meinte sie: »Du darfst dich doch zwischen uns stellen, du bist ja gleich nach mir dran. Außerdem gehen wir sowieso alle zusammen hinein ... aber Jungs verstehen nicht viel davon.«

Caspar entrüstete sich: »Wenn es ein Junge ist, ist er *mein* Bruder.«

»Meiner auch!«, empörten sich die Mädchen. »Und wenn es ein Mädchen ist, ist es *meine* Schwester!«

Caspar gab nicht auf. Katharina fand die Streiterei anstrengend, deshalb fragte sie noch einmal ihre Geschwister, wie alt sie seien, und machte ihnen klar, dass sie richtig in der Reihe zu stehen hätten. Sie selbst trug seit ihrem zwölften Geburtstag keine Zöpfe mehr, sondern einen gewundenen Haarkranz, um den sie die anderen Mädchen beneideten. Er musste auch ihren Bruder beeindruckt haben, zumindest verstand er, dass er zwei Jahre jünger war und ihr folgen musste.

Die Frauen kamen mit Schüsseln und Tüchern heraus. Sie hatten rote Backen und scherzten. Alle warteten gespannt auf die zwei wichtigen Sätze der Hebamme, die sie an den Vater richten würde. Bevor sie sprach, stemmte sie ihre Wurstfinger in die Hüften: »Es ist ein gesundes Mädchen. Ihr könnt jetzt zu Eurer Frau.«

Während die Kinder bei diesen Worten ein Freudengeschrei anstimmten und begeistert herumhüpften, wurde der Vater ganz still. Ehe er zu seiner Frau ging, wusch er sich Gesicht und Brust und verlangte nach einem frischen Hemd.

Wenn ein Mensch vor Aufregung sterben könnte – um Johanna wäre es geschehen gewesen. Für sie dauerte es hundert Jahre, bis der Vater endlich fertig war. Die wenigen Minuten, die er allein bei der Mutter verbrachte, dehnten sich in die Länge wie die Zeit vor Heiligabend. Als er endlich wieder auftauchte, sagte er: »Dann schaut euch mal eure kleine Schwester an.«

Sie lag fast ganz unter einem großen Kissen versteckt. Obwohl die Kinder ganz nah herankommen und sie küssen durften, sahen sie nur ein kleines Gesichtchen. Aber das duftete süßer als Pflaumenmus und war so weich wie die reifen Pfirsiche im alten Pfarrgarten.

Mutter Wilke freute sich über jedes ihrer Kinder, aber sie spürte auch die Müdigkeit, gegen die sie angehen musste.

»Morgen ist Taufe. Mein Bruder Johann Siegmund und seine Frau werden Paten sein. – Könnt ihr euch denken, wie eure Schwester heißen soll?«, wandte sich die Mutter an die Kinder.

»So wie Tante Liebe?«, fragte Johanna zögernd. Tante Liebe hieß mit Vornamen Anna Magdalena. Und bevor sie Onkel Liebe heiratete, war ihr Familienname Vogel.

»Dann wird sie Anna Magdalena heißen? So wie Tante Liebe?«, wiederholte Katharina die Frage ihrer Schwester.

»Ja, sie soll Anna Magdalena heißen«, bestätigte die Mutter. Sie hoffte, dass ihre Schwägerin morgen zur Zeit der Taufe nicht selbst in den Wehen lag, denn sie war hochschwanger und erwartete ihr zweites Kind.

Die Geschwister freuten sich auf das Fest am nächsten Tag. Die Tochter von Tante und Onkel Liebe war schon fünf, und man konnte viel Unfug mit ihr machen. Sie kicherte so schön, wenn sie gekitzelt wurde. Leider hatte Vater Wilke seinen Kindern verboten, Onkel Liebe dauernd zu fragen, wie es damals war, als er noch an den Feldzügen von Johann Georg III. von Sachsen teilgenommen hatte und mit seiner Trompete zum Angriff blies. Er besaß die Trompete immer noch. Aber früher, als er zur Schlacht geblasen hatte, da war sie mit Bändern geschmückt gewesen. Viele Reiter und tapfere Männer waren ihm gefolgt. Wenn Onkel Liebe blies, rückten sie vor oder kämpften im Rückwärtsschritt. Später war er dann auch wie Vater am Zeitzer Hof und ritt mit seinem kleinen Horn zur Jagd. Wenn es nichts zu schießen gab, spielten sie im Schloss die Musik vom Jagen. Aber Onkel Liebe kannte sich auch mit anderen Instrumenten aus: mit der Trommel oder mit solchen, die mit einem Bogen gestrichen wurden. Weil er so wundervoll spielen konnte, dass die Menschen davon weinten, war er schließlich Organist von beiden Kirchen geworden, und im Schloss musizierte er auch nach wie vor.

Am nächsten Tag, es war der 23. September, gingen Mutter und Vater Wilke mit ihren Kindern Katharina, Johanna und Erdmute die Gasse entlang zur Kirche. Tante Liebe, die schon am frühen Morgen ins Haus gekommen war, trug die kleine Anna Magdalena auf dem Arm. Ihre eigene Tochter hatte sich zu den anderen Mädchen gesellt. Tante Liebe war froh, Anna Magdalena unversehrt über die buckligen Wege zu tragen, weil ihr eigener dicker Bauch ihr die Sicht auf die Pflastersteine nahm.

Caspar war schon vorausgeeilt. Heute durfte er zum ersten Mal in der Schlosskirche Kalkant sein. Er hätte nicht gedacht, dass es für ihn aufregender war, die Blasebälge für die Orgel zu treten, als die Taufe einer Schwester mitzuverfolgen. Vollkommen gleichmäßig trat er abwechselnd mit dem rechten und mit dem linken Bein auf die unförmigen Pedale. Onkel Liebe hatte es ermöglicht, dass die Orgel zu spielen begann, sobald die Taufgesellschaft sich der Kirche näherte. Das war etwas Besonderes, denn musikalische Begleitung gab es sonst nur bei Sonntagsgottesdiensten oder bei der Taufe Adeliger.

So wurde Anna Magdalena, die Tochter von Margaretha und Caspar Wilke, wie eine Fürstentochter getauft. Der Hofdiakon Magister Gottfried Teubern tauchte seine Hand ins Wasser, und im Namen des Vaters, des Sohnes und des Heiligen Geistes würde das Mädchen später in den Himmel aufgenommen.

»Zum Wohl auf unsern Herzog Moritz!« Vater Wilke ließ weder einen Trunk noch sonst eine Gelegenheit verstreichen, ohne seinen Arbeitgeber zu loben. Ihm verdankte er seine Stelle als Hoftrompeter und damit stand er weit über den gewöhnlichen Stadtpfeifern, die sich ihren weichen Ansatz verdarben, weil sie dreimal täglich vom Turm blasen und bei Wind und Wetter zu jeder Feierlichkeit musizieren mussten.

Moritz hatte Zeitz zur Residenzstadt erklärt. So kam es, dass aus den Trümmern, die der letzte Krieg hinterlassen hatte, neue und noch prunkvollere Gebäude errichtet wurden. Das Schloss erhob sich an der Stelle, wo zuvor die zerstörte riesige Bischofsburg gestanden hatte. Die Alten erzählten noch vom mächtigen Bischofssitz, dessen vier spitze Türme schon von weitem zu sehen gewesen waren. Die ausladenden Innenhöfe waren von mehrstöckigen, wehrhaften Häusern mit hohen Dächern umgeben gewesen, und hinter den Wohnstätten hatten große Gärten gelegen, in denen Gemüse und Kräuter gezogen wurden. Die Außenmauer besaß damals viele kleine Wachttürme und der Zutritt war nur durch die Tore möglich. So erzählten die Alten, und Wilke wurde nicht müde, die Geschichten wieder und wieder zu hören.

Nun lag das neue Schloss, die Moritzburg, inmitten von neu angelegten, parkähnlichen Gärten. Der Herzog und seine Familie schmückten die Räume mit den erlesensten Kunstwerken. Die Zimmerdecken wurden meisterhaft von den besten Stuckateuren gestaltet; Gemälde berühmter Künstler zierten die Wände. Und er, Caspar Wilke, war ein Teil des Ganzen! Unweit des Schlosses hatte er für sich und seine Familie das Haus in der Messerschmiedtsgasse gekauft. Seine jüngste Tochter würde wohl das letzte Kind sein, denn seine Frau war nun in dem Alter, wo er endlich unbedenklich seinen Samen in sie legen konnte. Wie hatten sie sich über Anna Magdalena gefreut, denn jede Tochter tröstete sie über den Verlust ihres ersten Kindes. Die kleine Eva Maria war damals mit zwei Monaten gestorben, gleich zu Beginn ihrer Ehe. Seitdem dankten sie Gott täglich für ihre gesunden Kinder.

Seit der Taufe waren noch keine acht Monate verstrichen, als Anna Magdalena sich weigerte, die Brust zu nehmen. Alle sahen entsetzt auf das sich ständig wiederholende Schauspiel: Mutter Wilke legte das Kind an die volle warme Brust. Sobald Anna Magdalena die Haut spürte, verzog sich ihr Gesicht zur Grimasse und sie schüttelte sich, als ob sie in einen sauren Apfel gebissen hätte. Wurde ihr die Brust aufgezwungen, tat sie grade so, als ob sie schon ausspeien wollte, was sie noch nicht getrunken hatte. Sie hatte sich wohl zu sehr daran gewöhnt, zwischendurch von ihren Geschwistern und den Eltern gefüttert zu werden. Diese kauten Gemüse und Brot fein und spuckten es in ihren Mund. So wippte Anna Magdalena jedes Mal erwartungsvoll mit dem Oberkörper und wartete mit offenem Mund, sobald die Großen ihre Mahlzeit begannen. Auf diese Weise bekam sie die dicke Biersuppe genauso wie andere Köstlichkeiten zu essen. An ihrem ersten Geburtstag konnte sie bereits den Brei allein mit dem Löffel in den Mund bringen. Damit war sie der gleichaltrigen Tochter von Tante Liebe ein gewaltiges Stück voraus. Ein anderer Vorsprung zeigte sich schon, als sie noch nicht sitzen konnte. Da hatte sie auf die Worte »Wie groß bist du?« beide Arme hochgestreckt.

Katharina und Caspar waren stolz darauf, dass Anna Magdalena die Brust verweigerte. Diesem Umstand verdankten Johanna und Erdmute, dass sie morgens und abends noch in den Genuss von Mutters ganzer Zuneigung kamen. Sie durften nämlich die Brüste leer trinken. Somit war Anna Magdalena die beste kleine Schwester auf der ganzen Welt.

Unter dem Esstisch zwischen den vier gedrechselten Holzbeinen kauerten die drei jüngsten Töchter stundenlang. Katharina brachte ihren kleineren Geschwistern bei, ganz leise zu sein, damit sie nicht entdeckt wurden. Denn sonst wären sie unweigerlich ins Bett oder hinausgeschickt worden, während die Großen noch um den Tisch saßen. Richtig klappte das jedoch erst, als Anna Magdalena aus dem Nagealter heraus war. Es war eine Katastrophe mit ihr: Alles, was zum Hineinbeißen und Anknabbern aussah, wurde von ihr in den Mund gestopft. Erst robbte, später lief sie wie ein Wieselchen zu den begehrten Gegenständen. Die Tischbeine zeigten die Spuren ihrer Zähne. Die guten lederbezogenen Stühle hatten auf der Sitzfläche helle Stellen, weil Anna Magdalena ihren Mund so lange dagegenpresste und sog, bis sie den Stoff zwischen ihren Zähnchen hatte. Zu spät sahen die Eltern auch, dass sie sich mit der Diskant-Zink des Onkels unter dem Tisch beschäftigte. Sie hatte es geschafft, das hölzerne Blasinstrument mit viel Spucke und neuen Eckzähnchen vom neu umwickelten Leder zu befreien.

Johanna wollte ihrer kleinen Schwester die Schelte ersparen und übte mit ihr »Schau mit den Augen und fühl mit den Händen«. Dabei hielt sie Anna Magdalena den Mund zu und legte ihre Hände auf die Gegenstände.

Vater Wilke beobachtete Johannas Mühe: »Die Pauken können dir dabei helfen. Warte, wir probieren es aus.« Und dann holte er das sicher verwahrte Paukenpaar von der Wand. Es waren zwei miteinander verbundene Trommeln, die auf Metallfüßen standen. Die Trommelhäute wurden von acht Schrauben gespannt. Johanna hielt den Atem an, denn bei Metall und Leder wurde ihre kleine Schwester regelrecht gierig. Auch die Mutter warnte ihren Mann: »Willst du noch die Pauken des Herzogs ruinieren?«

Ohne sich um die Aufregung seiner Frau zu kümmern, stellte er die Trommel einladend vor Anna Magdalena auf und nahm sich zwei Trommelschlägel. Zu Johanna sagte er: »Mach mit ihr wieder das ›Schau mit den Augen und fühl' mit den Händen‹-Spiel.«

Anna Magdalena folgte der Einladung des Vaters mit sicheren Schrittchen. Sie kannte inzwischen alle Geräusche, die ihr Vater mit Trompeten, Geigen und Trommeln veranstaltete. Der Vater ermutigte sie freundlich und erklärte ihr die Trommel, als ob sie es verstünde. Sie sollte sogar alles anfassen. Mit den Fingern durfte sie die Metallschrauben untersuchen, mit den Handflächen über die gespannte Haut kreisen und die Becken mit den Armen umfassen. Anna Magdalena erkundete nun allein die Trommeln. Dabei kam sie mit dem Mund so nah an die Trommelkante, dass sie hineinbeißen musste. Doch statt eines lederbezogenen Randes fühlte sie nur die Hand ihrer Schwester, die sich um ihren Mund legte. »Fühl mit den Händen«, sagte Johanna und legte ihre Hände auf eine Trommel.

»Bonng!« Vater Wilke ließ den Schlägel niederfallen. Es fühlte sich köstlich an. Die Finger kitzelten und es machte Lärm. Sie spielten ein Trommellied: Zuerst legte Anna Magdalena ihre Hand auf das Trommelfell, und dann ließ der Vater den Schlägel niedersausen.

Wenn es niemand sah, spielten die Mädchen jedoch mit unsichtbaren Instrumenten »Orchester«. Katharina nahm das Waldhorn, Johanna hatte einen so roten Kopf wie ihr Bruder, wenn sie in die Trompete blies, Erdmute hielt sich den Zink an die Lippen und Anna Magdalena schlug die Trommel. Sie warteten damit, bis Vater und Bruder aus dem Haus waren. Sonst versammelten sie sich in der Scheune oder auf dem Dachboden zur fürstlichen Musik.

»Die bilden sich ein, wir hörten es nicht«, regte sich dann Caspar auf. Er verstand nicht, warum seine Eltern es erlaubten, dass die Mädchen mit ihren Stimmen die Musikinstrumente imitierten. Blasinstrumente und die Trommeln waren den Jungen und Männern vorbehalten. Mädchen und Frauen durften nur singen und Cembalo oder Laute spielen. Doch die Mädchen machten sich einen Spaß daraus.

»Die schönste Musik kommt von den Frauen.« Onkel Liebe war wieder einmal zu Besuch. Er kam gern ins Haus seiner Schwester.

»Wie meinst du das?«, fragte Johanna neugierig. Die Mutter lachte. Sie wollte von ihrem Bruder nichts erklärt haben. Es reichte ihr, wenn er so herzlich charmant war. Doch Johann Siegmund Liebe setzte die siebenjährige Johanna auf den Tisch – das war normalerweise streng verboten – und setzte sich selbst auf einen Stuhl ihr gegenüber. Johanna thronte nun einen Kopf höher als der Onkel auf verbotenem Platz – da mussten alle genau hinhören, was los war. Normalerweise wurden Kinder getadelt, wenn sie Fragen stellten, während sich die Erwachsenen unterhielten. Katharina wunderte sich am meisten, denn normalerweise erzählte ihr Onkel nur von seiner Arbeit und den Erfolgen; ansonsten wollte er vor allem seinen Spaß haben. Er konnte über alles lachen: dass der Feind den Krieg verlor, dass der stets besoffene Abdecker jetzt humpelte, weil ihm im Winter die Füße abgefroren waren, dass seine eigene Tochter beim Laufenlernen so oft hinfiel, dass die Frau des Abdeckers schon das neunzehnte Kind erwartete, obwohl der Mann ihr kein Geld zum Wirtschaften gab … Das waren für ihn Gründe, in sich hineinzulachen. Was wollte er nun Großartiges erklären?

»Weißt du überhaupt noch, was du gefragt hast?«, zog er Johanna auf. »Du hast gesagt, die Frauen machen die schönste Musik.«

»Sie machen sie nicht, sie kommt von ihnen«, verbesserte er. »Sagt mir«, warf er theatralisch in die Runde, »was bringt die Kinder zur Ruhe, wenn sie weinen?«

Keiner traute sich, etwas zu sagen, denn wer weiß, vielleicht hätte er doch wieder über alles gelacht. Wer das sechste Lebensjahr erreicht hatte wusste, dass man Onkel Liebe nur erheitern durfte, alles andere nahm er nicht wahr.

»Johanna, als eure Anna Magdalena geboren wurde – weißt du noch, was sie tat, wenn euer Vater die Trompete blies oder die Trommeln schlug?« Er sah sie an, und da blieb ihr nichts anderes übrig als die Wahrheit zu sagen.

»Sie hat geschrien, ganz schlimm. Manchmal habe ich gedacht, gleich bekommt sie keine Luft mehr.« Johanna hatte heiße Wangen. Sie traute sich nicht zu sagen, dass der Onkel dabeigestanden und gelacht hatte. »Ja, schrei nur, schrei, das macht gute Lungen«, hatte er gesagt.

»Sehr gut«, lobte Onkel Liebe. »Und was hast du dann immer getan?«, bohrte er weiter.

»Ich habe ihr die Ohren zugehalten. Und dann habe ich leise für sie gesungen.« Plötzlich schämte sich Johanna. Sie saß auf dem Tisch, als ob man sie zur Strafe in die Ecke gestellt hätte.

Mutter Wilke meinte besänftigend: »Du warst die beste Schwester, die Anna Magdalena haben konnte. Du hast dich sogar zu ihr in die Wiege gelegt, bis sie bei dem Lärm eingeschlafen war.«

Johann Siegmund war es nicht recht, welche Wendung seine Weiberbelobigung genommen hatte. »Das meine ich ja, das meine ich doch!«, verteidigte er sich. »Die wirklich schöne Musik kommt von den Frauen. Es sind die Wiegenlieder, die Straßenlieder und die Kirchenlieder, die sie am frühen Morgen im Haus singen, noch ehe die Sonne aufgegangen ist.«

Er genoss das Schweigen seiner Zuhörer. Sein Schwager und dessen Sohn Caspar waren im Schloss und konnten ihm den Triumph nicht nehmen.

Katharina war später froh, der Gegenwart ihres Onkels entkommen zu sein. Sie hatte ihn noch nie gemocht. Ganz im Gegensatz zu ihrem Bruder Caspar, der ihm auf Schritt und Tritt folgte, wie es früher die Knappen taten. Nur dass er nicht das Zaumzeug für die Pferde schleppte, sondern Notenblätter und Musikinstrumente hin und her trug, sie dem Onkel reichte und sorgsam wieder verwahrte. Er kannte alle Winkel der Michaeliskirche, konnte sogar im Dunkeln mit dem großen Bass in der Hand sicher über die ausgetretenen Stufen gehen und wusste, in welche Richtung eine Trompete blasen musste, damit sich die Töne gleichmäßig in der alten Franziskaner-Klosterkirche ausbreiteten.

Caspar war ein richtiger Kalkant geworden. Das bedeutete, dass er nun bei jedem Orgelspiel die Blasebälge treten musste. Im Gegenzug erhielt er von seinem Onkel Orgelunterricht. Auf Blasinstrumenten konnte Caspar seinen Vater schon begleiten, und bald würde er auch seine erste eigene Trompete besitzen. Immer öfter bekamen nicht nur die Männer, sondern auch er einige Taler, wenn er gut gespielt hatte.

Die Mädchen gingen gerne zu den Hühnern. Anna Magdalena musste jedoch noch von Johanna in Schutz genommen werden, denn der große bunte Gockel hatte es sich angewöhnt, alle Eindringlinge mit seinem spitzen Schnabel zu traktieren. Die Kinder trugen deshalb ein Brett vor sich her, um den Angreifer dagegenpicken zu lassen. Während die Mädchen noch mit dem Hahn kämpften, schlenderte ihr Bruder ganz lässig zum Hühnergarten hinein und schaute den beiden zu. Wenn Johanna den Gockel im Griff hatte, konnte Anna Magdalena zum Hühnerhaus gehen und die Eier aufsammeln. Ihre große Schwester verstand es, den Gockel so lange abzulenken.

Diesmal wunderte sich Anna Magdalena, warum ein Huhn beharrlich auf seinem Legeplatz sitzen blieb. Normalerweise standen die Hühner freiwillig auf, wenn jemand nach den Eiern schaute. Schneller als das Kind denken konnte, hatte die Henne mit voller Kraft in Anna Magdalenas Hand gepickt. Und gleich noch einmal hackte sie nach der kleinen Hand. Anna Magdalena verstand das nicht. Ausgerechnet ihr Lieblingshuhn, das sich sonst brav duckte und streicheln ließ, war so bösartig geworden.

»Sie gibt mir die Eier nicht her«, beklagte sich Anna Magdalena.

»Sie macht das, weil sie brüten will«, erklärte Caspar. »Aber es ist noch zu früh zum Brüten, deshalb muss es ihr ausgetrieben werden.« Und zu den Mädchen sagte er bedeutungsvoll: »Haltet Wache! Bleibt auf euren Posten. Ich bin gleich wieder da.«

Anna Magdalena setzte sich vor das Nest mit der störrischen Henne. Noch einmal versuchte sie ihr Glück. Doch die Glucke ahnte wohl, dass ihr die Eier gestohlen werden sollten. Sie erhob ein großes Geschrei und plusterte sich zum Angriff auf. Der Gockel hörte das und kümmerte sich nicht mehr um Johanna. Schnurstracks rannte er zum Hühnerhaus, um die Henne zu verteidigen. Anna Magdalena ergriff die Flucht, als der Hahn auf sie zustürmte.

Caspar freute sich, als er die beiden unverrichteter Dinge vorfand. Aus Angst vor dem wilden Federvieh hatten sie sogar die Tür des Hühnerhauses geschlossen.

»Denen zeigen wir, wer der Herr im Haus ist«, sagte er. »Johanna, du hältst den Gockel in Schach. Und du, Kleine, machst den Sack weit auf, wenn ich die Henne hab'.« Er drückte Anna Magdalena einen alten Leinensack in die Hände und öffnete den

Verschlag. Dann ging alles ziemlich schnell: Als sie die Tür nur einen Spalt weit geöffnet hatten, stürmte schon der Hahn auf die Gruppe los. Johanna lenkte ihn ab, während Anna Magdalena tapfer den Sack in den Händen hielt. Ohne sich um die Schnabelhiebe zu kümmern, packte der Junge die Henne und stopfte sie in den Sack. Als sie laut gackernd darin verschwand, verschloss Caspar den Sack und sagte zu Anna Magdalena: »Vergiss die Eier nicht!«

Es war gut, dass er sie erinnerte, denn das Mädchen machte sich inzwischen mehr Sorgen um das Huhn als um die Eier. Als sie die Eier in ihren Rock gesammelt hatte und ins Freie trat, sah sie den Sack mit der verzweifelt gackernden Henne darin an einem dicken Ast baumeln.

»Das ist gemein!«, protestierte sie.

»Es geht nicht anders. Das Huhn muss erst mal merken, dass es sich nicht setzen kann. Dann vergeht ihm das Brüten von allein.«

Es war Anna Magdalena egal, was die Erwachsenen sich da ausgedacht hatten. Sie fand das alles niederträchtig. Da sollte dem lieben, tapferen Huhn den ganzen Tag schwindelig sein … im dunklen Sack, ohne Wasser und Futter!

Mutter Wilke machte dem bunten Gockel wenige Wochen später den Garaus, obwohl ihr Mann auf das Prachtexemplar so stolz war. Dazu packte sie den Vogel genauso mutig an, wie auch Caspar die Henne gepackt hatte. Als das Beil den Kopf abgetrennt und der Gockel ausgezappelt hatte, meinte sie: »Jetzt haben wir Ruh!« Dann wies sie die Kinder an: »Rupft den schönen Braten. Wenn er nackt ist, ruft mich, dann nehme ich ihn aus.«

Der ausgenommene Gockel sollte noch zwei Tage kalt liegen, damit das Fleisch schön weich wurde. Die Stadt Zeitz bot ihren Bürgern dazu einen wunderbaren Raum an. Es gab unterirdische Kammern, um Wein, Bier und Gemüse kühl zu lagern. Mehrere Kilometer lang dehnte sich ein verzweigtes Gängesystem unter der Erde. An der Ecke zum Rossmarkt führte eine befahrbare Gasse gradewegs hinein. Egal wie oft jemand schon hier gewesen war, stets durchrieselte ein Kälteschauer den Körper, und das nicht nur wegen der kalten Luft. Man befand sich in einer fremden Welt, der Unterwelt. Die Menschen zündeten eine der bereitliegenden Lampen an und wurden von einem Lagerarbeiter begleitet. Niemand durfte allein in die kalten Gänge gehen, wo mehrere Tausend Bier- und Weinfässer lagerten.

Anna Magdalena erinnerte sich später daran, dass sie als kleines Mädchen an der Hand der Geschwister oft hierhergekommen war und alle Wege mit ihnen ging. Kalt und feucht war es in den Gängen und unheimlich, weil kein Licht leuchtete außer den flackernden Lampen, die sie bei sich trugen.

Dass Anna Magdalena ihren siebten Geburtstag überhaupt feiern konnte, verdankte sie dem aufmerksamen Hofkapellmeister. Dieser war – Gott sei Dank – im rechten Moment bei Familie Wilke vorbeigekommen. Was war geschehen? Wie viele Bürger von Zeitz zog die Familie an einem heißen Sommertag hinaus an die Weiße Elster. An einer Stelle, wo der Fluss schön breit war und nur feinkörniger Kies lag, trafen sich Kinder und Erwachsene um sich im Wasser zu erfrischen und miteinander Spaß zu haben.

Die Eltern hatten eine Wolldecke und Dünnbier mitgenommen. Sie waren stolz darauf, dass ihre Kinder – abgesehen von der Jüngsten – schwimmen gelernt hatten. Caspar machte sogar einen Kopfsprung ins Wasser. Er kletterte auf einen Baum und balancierte einen Ast entlang, der über das Wasser ragte; von dort stürzte er sich kopfüber in die Fluten. Die kleine Anna Magdalena würde auch bald schwimmen lernen – da waren sich alle sicher. Vorerst spielte sie brav mit den Kieseln und suchte nach Spinnen und Käfern.

Während die Kinder ihre Künste vorführten und die Eltern sich mit dem Hofkapellmeister unterhielten, sagte dieser plötzlich: »Ach, da drüben treibt ein Kohlkopf im Fluss.« Der Mann zeigte mit ausgestrecktem Arm flussabwärts. »Er geht grad' immer wieder hoch und runter«, sinnierte er. Auf einmal schrie er laut: »Nein, es ist ein Kind! Ein Kinderkopf!«

Alle rannten los und schrien laut. Ohne nachzuschauen wussten sie, dass es Anna Magdalena war. Sie hatte sonst immer brav in der kleinen Flussmulde gespielt und war nie zur Strömung gegangen. Erdmute und Johanna konnten nicht aufhören zu kreischen. Wer schwimmen konnte, war sofort ins Wasser gesprungen und versuchte, das schon weit davongetriebene Kind zu erreichen. Es war jedoch der Hofkapellmeister, der Anna Magdalena mit einer Hand am Nacken griff und ans Land brachte. Er war am Ufer entlanggerannt und hatte sich, als er auf der Höhe des ertrinkenden Kindes war, doch ins Wasser geworfen. Und da trieb das Mädchen geradewegs auf ihn zu.

Wer schon einmal wie tot dagelegen hat, wem das Wasser aus dem Mund rinnt wie aus einem Brünnlein, der wird für alle, wenn er dann doch weiterleben darf, neu geboren. Vater, Mutter, die Geschwister, Verwandte und wer immer es auch war – sie alle erzählten von Anna Magdalenas Rettung. Was sonst so selbstverständlich erschien, erfüllte nun die Familie mit großer Dankbarkeit.

Es gibt Zeiten im Leben eines Menschen, in denen man teilhat an einer unsichtbaren Welt. Es ist, als ob ein Vorhang beiseitegeschoben würde. Doch genauso überraschend und selbstverständlich, wie der Vorhang sich öffnet, wird er wieder geschlossen. Zurück bleibt die Erinnerung an Augenblicke, in denen man allein war – und doch glücklicher und stärker als zuvor.

Anna Magdalena war sieben Jahre alt und traute sich endlich, allein ihre Wege zu gehen. Vorbei war die Zeit, als sie an der Hand der Eltern oder Geschwister ging. Vorbei die Zeit, als sie sich vor einem wilden Hahn verstecken musste oder sich nicht ohne Geschwister in die Krypta oder die unterirdischen Gänge wagte. Am erstaunlichsten fand sie, dass sie alles mit anderen Augen sah, sobald sie alleine war: Die Steine und der Wind sprachen sie an; ihre Worte fielen direkt mit den Bildern oder einer Berührung in ihr Herz. Sie hatte gar nicht gewusst, dass Blumen, die erst in der Erde versteckt ruhten und später prachtvoll im Garten standen, bevor sie vergingen, ihr etwas vom Leben erzählen konnten. Sogar die Wasserpfützen wollten mit ihr reden. Wie oft war sie mit ihren Geschwistern ausgelassen darin herumgehüpft, doch nun sah sie, wie sich in den Pfützen die obere Welt spiegelte. Fast andächtig wartete sie manchmal, dass sich eine Wasserlache wieder aufklarte. Alle Furcht und Unsicherheit waren von dem Mädchen abgefallen.

Ohne mit jemandem darüber zu sprechen, wusste Anna Magdalena, dass es drei Welten gab. Da war die Unterwelt in den Erdgängen. Im Schein der Laternen schimmerte dort der Buntsandstein rötlich-braun, manchmal auch grünlich und grau. Aus den Decken ragten steinerne Zapfen, von denen das Wasser tropfte und dafür sorgte, dass ihnen am Boden eine Steinsäule entgegenwuchs. Wären da nicht die vielen Absätze und Treppen mit unterschiedlichen Toren und Bögen gewesen, hätte sie nie die Angst verloren, sich in diesem Labyrinth zu verirren.

Die zweite Welt war die der Menschen, der Tiere und aller Hantierungen. Die dritte Welt konnte dagegen nur sehen, wer sich auf die Erde legte und nach oben sah. Es waren die hohen Wipfel, die Schwalben und Greifvögel, die fliegenden Samen, der sanfte Schnee, die Wolken und der Wind. Anna Magdalena sah sich überall genau um und das blieb nicht ohne Spott.

»Wenn die Farbe nicht schon längst getrocknet wäre, würde

der Fettwanst von der Decke fallen.« Caspar neckte seine Schwester, die immer, wenn sie im Schloss war, das Gemälde an der Decke bestaunte.

»Engel fallen nicht herunter, schließlich haben sie Flügel!«

»Der hat aber nur Taubenflügel und ist so fett wie eine schlachtreife Sau«, beharrte Caspar. Er hatte Recht: Kleiner als Hühnerflügel waren die Schwingen des Engels gemalt, seine Schenkel dagegen waren so dick, dass sie beim Gehen sicher zitterten. Der Engel hatte dünne, blonde Lockenhaare und starrte verkniffen auf den Bauplan des Schlosses, mit dem er im trüben Himmel schwebte. Das Band, mit dem das Papier während des Fluges zusammengebunden war, hing ihm noch über Schulter und Bauch.

Der Engel war eigentlich nur dazu da, den Bauplan zu präsentieren. Aber für Anna Magdalena war er die Tür, aus der dann und wann ein Engel trat. Und der war groß und hell mit blauen, glänzenden Schwingen, wie sie auch der Erzengel Michael besaß. Treu und zuverlässig trat er aus einem unsichtbaren Tor heraus und verschwand dort auch wieder. Sie sah ihn und redete mit ihm, als sie alt genug war.

Ehe Anna Magdalena sich auf den Heimweg machte, ging sie noch durch die Kreuzgänge und zur Krypta. Sie hatte sich ein neues geheimes Spiel ausgedacht. Da der Vater darauf bestanden hatte, dass auch die Töchter Lesen und Schreiben lernten, übte sie nun fleißig; sie war glücklich, wenn ihr Vater erstaunt die Augenbrauen hochzog, weil sie ihn mit ihrem Wissen überraschte. In den Gängen der Krypta befanden sich alte Grabsteine, und die konnte sie entziffern. Geduldig lagen hier die großen Toten in ihren Nischen. Johann Ernst Luthers Sarg hatten sie unter die Erde gelegt, aber seine Grabinschrift konnte sie am besten lesen. Die Mutter hatte ihr erklärt, dass er der Enkel des Mannes war, der die kirchliche Lehre erneuert hatte. Jawohl, hier hatte Martin Luther gepredigt, und in der Michaeliskirche konnten die

Pfarrer noch seine Thesen nachlesen, denn die wurden fein säuberlich aufbewahrt. Alle waren stolz auf den Begründer der Reformation.

Anna Magdalena hatte großen Respekt vor allen, die lesen und schreiben konnten. Und voller Ehrfurcht ging sie durch die Rahnestraße, denn dort wohnten, solange die Menschen in Zeitz sich erinnern konnten, Luthers Nachfahren. Schon als Kind hatte sie gelernt, mit gesenktem Kopf einen Knicks zu machen, wenn dort jemand aus dem Haus trat. Sie verstand erst jetzt, warum alle so ehrerbietig waren: In dem Haus lagen nämlich Bücher, jede Menge Bücher. Viele Menschen kamen und gingen durch die große Tür und hatten verschnürte Bündel unter den Armen. Das konnten nur Bücher sein.

Anna Magdalena bewunderte ihre älteste Schwester Katharina. Diese durfte den Vater begleiten und sogar vor dem Herzog singen. Der Vater nahm sie auch mit, wenn am Hof noch eine ruhige, geschickte Tanzpartnerin gesucht wurde, um den Besuchern einen vergnüglichen Abend zu bereiten. Dafür bekam sie ihr erstes prächtiges Festkleid mit einem weit ausgeschnittenen Dekolleté. Das Großartigste an dem Kleid war aber eigentlich der Unterrock, in den drei Reifen eingearbeitet waren, sodass der Rocksaum ganz weit abstand. Mit diesem Kleid schwebte Katharina mehr über die Erde als dass sie ging. Wenn der Vater mit seiner Trompete im Koffer und der ältesten Tochter zum Schloss wanderte, wusste Anna Magdalena, dass sie auch schnell groß werden wollte.

Im Sommer 1710 kamen Gäste aus Weißenfels. Der Fürst hatte sogar seine eigenen Musiker mitgebracht, und somit war das Zeitzer Orchester noch größer geworden. An den Abenden spielten sie teils ernste, teils heitere Musik. Selbst nachmittags wurde zur Kaffeezeit musiziert; diese Stücke nannten sie Kaffeemusik. Georg Christian Meißner gehörte zum Weißenfelser Orchester und war genau wie Vater Wilke Hoftrompeter. Die beiden konnten in dieser Zeit zusammen üben und hatten sich viel zu erzählen.

Dann erlebte Anna Magdalena, wie sich der Vater verhielt, wenn jemand um die Hand einer seiner Töchter anhielt. Er fragte Meißner nach seinem Elternhaus, erkundigte sich nach seiner Arbeit und der Besoldung am Fürstenhof und nach seinen Zukunftsplänen. Zwischendurch bat der Vater den jungen Mann, einige Trompetensoli zu spielen und dann noch einige schwierige Trommelstücke, was er für eine viel höhere Kunst hielt. Katharina stand dabei oft wie zufällig in der Musizierstube. Anna Magdalena konnte sehen, wie angespannt sie war, ob er die Prüfung bestehen würde. Sie wunderte sich, dass Katharina so rote Wangen hatte, obwohl sie sonst immer blass war, wenn sie singen musste. Außerdem schlief sie viel zu wenig, denn sie deckte sich in der Nacht ständig auf und zu. Und wenn Anna Magdalena dann fragte: »Kannst du nicht schlafen?«, bekam sie stets die gleiche Antwort zu hören: »Doch, doch, ich schlafe sehr gut!«

Sie schlief auch nicht besser, als sie zu Georg Christian endlich »Ja« gesagt und die Eltern ebenfalls ihr Einverständnis gegeben hatten. Denn in den verbleibenden fünf Tagen, solange Meißner noch in Zeitz blieb, gingen die beiden jeden Abend nach dem Konzert ganz lange spazieren. Wenn sie dann weit nach Mitternacht in die Mädchenschlafstube kam, waren alle drei Schwestern noch wach. Dann bettelten sie, Katharina möge endlich erzählte, was alles passiert sei und was er gesagt habe. So schlaftrunken sie auch sein mochten, es war alles unendlich spannend.

Sie bewunderten und beneideten ihre Schwester um so einen schönen Mann wie Georg Christian Meißner. Er war sogar größer als der Vater und hatte so lockige Haare, dass er nur etwas Puder brauchte, aber ganz ohne Perücke vorspielen konnte. Katharina behauptete, er liebe ihren Mund mehr als das Mundstück einer goldenen Trompete und in ihren Augen würde die Sonne für ihn aufgehen ... ja, genau das habe er zu ihr gesagt. Als sie das erzählte, seufzte sie unendlich schön und Anna Magdalena seufzte auch.

Am 28. September wurde in Weißenfels Katharinas Hochzeit gefeiert. Am dortigen Hof wurden inzwischen keine Kastraten und Jungen mehr als Sänger eingestellt, wie es vielerorts noch üblich war. Hier standen Frauen neben den Männern und sangen Sopran oder Alt. Begabte Mädchen und Frauen wurden sogar zu Berufssängerinnen ausgebildet. Das gab es selten.

»Unsere Johanna und Anna Magdalena würden einmal ebenso sauber oder sogar noch reiner ihre Lieder vortragen«, meinte Caspar zu seiner Frau, die sich gerade mit einem Tuch die Tränen abtupfte.

»Gewiss«, entgegnete sie, »die beiden sind von Gott gesegnet. Aber Katharina wird ihrem Mann auch keine Schande sein!« Sie ärgerte sich, weil Caspar seine Töchter wie Musikinstrumente beurteilte. Welche hatte den reineren Ton, den meisterlichen Klang? Was verstand er schon von ihrem Schmerz, sich von der Ältesten trennen zu müssen?

Doch jeder sorgt sich auf seine Art. Während die Mutter ihrer Tochter die besten Leinentücher, Töpfe und eine Schüssel Sauerteig mitgegeben hatte, wandte sich der Vater nach der Kaffeetafel an Meißner: »Ich hab' noch mit dir zu reden.« Anna Magdalena wollte die beiden nicht belauschen. Sie wollte ebenfalls noch in den Park gehen und hatte sich, um nicht entdeckt zu werden, in einem großen Rosenbusch verkrochen. Die Hagebutten fingen schon an, sich rot zu färben, und doch waren die Blätterzweige noch dicht und grün. Sie hörte Schritte, dann die Stimme ihres Vaters und die ihres neuen Schwagers. Die beiden blieben vor dem Versteck stehen und jemand scharrte mit den Füßen den Kies hin und her. Anna Magdalena stellte sich vor, dass es ihr Vater war, der mit den Füßen scharrte. Sie presste sich die Hand vor den Mund, denn es war allen streng verboten, die Wege in Unordnung zu bringen.

Da sagte der Vater: »Wir hatten wenig Zeit, normalerweise ist es nicht üblich ...« Er stockte und sprach dann weiter: »Aber meine Töchter seh' ich schon gerne in guten Händen. Ich weiß, dass Katharina es bei dir gut hat. Doch was ich sagen wollte ...« Er redete nicht weiter, sondern fuhr fort, mit den Füßen zu scharren. Georg Christian kam seiner Verlegenheit entgegen, indem er ihn zum ersten Mal mit Vater ansprach. »Vater«, so sagte er, »du hast mit mir einen Freund gefunden, sag mir, was dich quält.« Doch der neue Vater scharrte noch geraume Zeit mit den Füßen und meinte dann: »Du weißt doch, wie es bei den Tieren auf der Weide zugeht. Die Bullen oder Eber werden mit einem Ring an der Nase herausgeführt und die Kühe und Schweine werden festgehalten, wenn sie noch nicht reif sind. Ebenso werden die Nüstern der Stuten mit einem Tuch umwickelt, damit sie Hengste akzeptieren, denen sie zuvor die Hufe in die Rippen schlugen.«

»Ich verstehe, worum du dich sorgst«, warf Georg Christian ein. Er lachte kurz auf. Aber der Vater war noch nicht fertig:

»Geh auf die große Wiese und sieh dir an, wie der Bulle prüfend, oft stundenlang, sein Maul an die Flanke der Kuh legt. Und erst wenn dann beide dampfen wie ein heißes Brot, das vom Backhaus heimgetragen wird ...« Der Vater stockte, aber er hielt die Füße still. »Ich meinte nur ...«, fuhr er fort, »so wird's wohl besser sein ... Und«, fügte er hinzu, »es ist nicht nur da, um Kinder zu bekommen, wie so scheinheilig verkündet wird.« Nun war wieder ein energisches Scharren zu hören. Der Vater hatte damit wohl den Kies wieder geglättet und die Männer entfernten sich.

Anna Magdalena hatte ihren Vater noch nie so komische Sachen sagen hören. Als sie Johanna und Erdmute davon berichtete, sagten sie, die Schwester würde dummes Zeug erfinden. Anna Magdalena war beleidigt, weil sie ihr nicht glaubten, und das raubte ihr fast die Freude darüber, dass sie nun endlich ein Bett für sich allein besaß.

Das Wunderbare an Weißenfels war, dass es weit weg lag und doch gut erreichbar war, denn eine Straße verband die beiden Orte miteinander. Wenn man vor dem Weißenfelser Schloss stand, so führte rechts eine Straße nach Zeitz, und links ging es auf einer ebenso breiten Straße nach Leipzig. Schloss Neu-Augustenburg war genauso neu, aber noch prächtiger als die Moritzburg in Zeitz und ebenfalls auf den Ruinen einer Burg errichtet, die im Dreißigjährigen Krieg zerstört worden war. Woher die Menschen auch kamen, sie staunten. Dies war eines der größten neu erbauten Schlösser in Mitteldeutschland. Die Herzöge von Sachsen-Weißenfels hatten sich damit eine beeindruckende Residenz geschaffen. Und sogar über ihre Lebenszeit hinaus hatten sie vorgesorgt, denn in der Schlosskirche gab es unter dem Altarraum eine Gruft, wo ihre Gebeine bestattet wurden.

Katharina wohnte nun in Weißenfels und war ab sofort für alle nur noch »die Meißnerin«. Die Älteste öffnete dort für ihre Schwestern eine wichtige Tür: Sie konnten dort zu Sängerinnen ausgebildet werden. In den Kirchen durften nur Jungen und Kastraten singen, doch die fortschrittlichen Fürsten kannten bereits berühmte Sängerinnen aus Italien und Frankreich und schätzten die musikalische Bereicherung.

Zuerst durften Johanna und Anna Magdalena nur zuhören, wenn Katharina Gesangsunterricht bekam; aber es verging kein

Jahr, bis die beiden selbst der Lehrerin vorsangen. Diese lauschte still und sagte: »Ich werde mit dem Vater reden müssen.«

In Weißenfels stand das Haus, in dem der Komponist Heinrich Schütz seine Kindheit verbracht hatte und im Alter wohnte. Er hatte die Musik komponiert, zu der Anna Magdalena den gleichmäßigen Takt klopfen musste, damit ihr Bruder die Trommeltriller üben konnte. Es war die Musik, die aufrief zu marschieren, gleichmäßig, aufrecht und nie allein.

Caspar brachte ihr damals auch bei, wie die verschiedenen Trompeten hießen. »Und diese?«, fragte er und hielt eine lang gestreckte Trompete in die Höhe. Das Mundstück stand vor und dann ging der Trichter armlang geradeaus, machte kehrt, lief zum Mundstück zurück, aber ehe das Luftrohr dort ankam, machte es wieder eine Kehrtwendung, um am Ende in einer breiten Trichterform zu enden.

Sie musste erst lange überlegen. Die Trompete war länger als normal. Genau, das war's: »Eine Langtrompete!«

»Richtig«, lobte er. »Und was ist das?« Er zeigte auf ein goldschimmerndes Blasinstrument, das aussah, als ob es sich zusammengerollt hätte. Anna Magdalena nannte den Namen ohne zu überlegen: »Kreiswindige Trompete.« Sie hatte sich den Namen gleich merken können, weil sie dabei an die wilden Trichterwinden im Garten dachte, von denen ihre Mutter sagte: »Unkraut, schreckliches Unkraut. Grabt die Wurzeln aus und werft sie in den Wald.« Und was Caspar noch wissen wollte, war ebenso einfach, denn das Leihstück des Herzogs sah aus, als ob eine Blechtrompete einmal um einen schlanken Baum gewickelt worden wäre: »Ein Waldhorn.«

Anna Magdalena hörte fasziniert zu, wenn sich die Männer trafen, um den Klang der Instrumente zu bestimmen. Selbst wenn sie von außen gleich anzusehen waren, so besaß doch jedes Blas-, Streich- und Tasteninstrument eine eigene Seele und klang recht verschieden. Aber das hörte nur, wer ganz genau lauschte. Viele Musiker legten deshalb oft noch selbst mit Hand an, wenn die Instrumentenbauer arbeiteten. Die Männer erzählten, der Musikus Bach habe sogar ein ganz neues Musikinstrument gebaut: eine Viola pomposa. Das sei eine Mischung aus Violine und Violoncello, sie habe fünf Saiten und man brauche Übung, um flüssig damit zu spielen. Die Männer unterhielten sich oft über den Musikus. Die einen lobten die Viola pomposa, andere spotteten, ihm sei eine einfache Fiedel wohl nicht gut genug.

Johanna zog zu ihrer Schwester nach Weißenfels und bekam dort den lang ersehnten Gesangsunterricht. Vor allem wollte sie aber Katharina zur Hand gehen, denn diese würde bald ihr erstes Kind bekommen. Anna Magdalena musste in Zeitz bleiben, um der Mutter zu helfen. Aber auch für den Vater war sie unentbehrlich, weil sie ihn begleiten konnte, wenn er kleine Konzerte gab.

Mit Unterstützung des Herzogs von Zeitz erhielt Anna Magdalena mit zwölf Jahren Klavichordunterricht. »Es sieht aus wie eine liegende Harfe«, dachte sie, wenn sie vor dem Instrument saß. Am Abend wurden die Kerzen angezündet, die links und rechts neben der Tastatur standen, und sie konnte auch bei Dunkelheit weiterspielen. Es war ein glücklicher Tag, an dem sie zum ersten Mal ein kleines Präludium fehlerlos spielte. Wie perlende Regentropfen klangen die angeschlagenen Saiten; nur manchmal hörte der Vater beim Anschlag noch die Finger auf den Tasten. Danach wurde sie von der Mutter stolz in den Arm genommen und bekam einen Kuss. Das kam so selten vor, dass Anna Magdalena abends vor Freude kaum einschlafen konnte.

Es dauerte nicht lange, da konnte Anna Magdalena ihre Familie auf dem Klavichord begleiten. Gleichzeitig begann sie für ihren Vater und ihre Schwestern Noten zu kopieren, denn diese sollten auch die neuen Weisen aus Italien und England spielen lernen. Das war gar nicht so einfach. Sie musste eine fünfzinkige Gabel in das Tintenfass tauchen und dann – möglichst ohne abzusetzen – eine Notenlinienreihe über das Papier ziehen. Wenn zu wenig Tinte in der Gabel hängen blieb, ging ihr in der Mitte einer Reihe schon die Tinte aus. Wenn jedoch zu viel Tinte darin war, gab es leicht einen hässlichen Klecks. Stundenlang zog sie die Gabel gleichmäßig über das Papier und legte die Blätter zum Trocknen auf die Betten. Notenschlüssel und Noten fügte sie später mit einem speziellen Notenkiel hinzu.

Der Text wurde danach mit einer Gänsefeder geschrieben. Es war eine richtige Tortur für sie, denn die Feder musste stets kontrolliert werden, ob sie nicht anfing zu kratzen oder Tintentropfen fallen ließ. Wenn Anna Magdalena nicht im Innern schon die Musik gehört hätte, wäre bestimmt keine einzige Zeile fertig geworden! Ihr Nacken und die Finger waren steif vor Angst, eine Note oder gar eine ganze Notenreihe auszulassen und dann wieder von vorn beginnen zu müssen. Genauso konzentriert musste sie arbeiten, wenn sie den Text hinzufügte. Er musste unter den gespielten und gesungenen Noten Platz finden und sollte doch möglichst gleichmäßig verteilt aussehen. Die Augen brannten ihr beim Notenkopieren schon nach kurzer Zeit, als ob sie gerade mitten in der Nacht aufgeweckt worden wäre.

Anna Magdalenas Vater verstand es, die Familie mit seiner Begeisterung für die Musik anzustecken. »Wir holen uns die Orgel heute wieder auf die Wiese«, behauptete er, wenn mehrere Blasinstrumente gemeinsam musizierten. Denn für ihn waren Trompeten die Orgelpfeifen des einfachen Mannes – eben jene Orgel, die auf den Straßen, bei Familienfesten und am Krankenbett ertönen konnte.

»Und das Cembalo läutet die heiligen Glocken, Anna Magdalena. Wie die Hämmerchen an die Metallblättchen schlagen, so trifft auch der Schlägel die Kirchenglocken.« Anna Magdalena liebte es, wenn ihr Vater so verzückt sprach. Sie selbst war auch leicht zu begeistern, wenn es um Musik ging. Die Mutter machte sich deshalb schon Sorgen. Wie konnte sie der Mutter nur erklären, dass für sie das Klavichordspiel wie ein Regen war? Die Töne schwebten wie Regentropfen durch die Lüfte und fielen dann still zur Erde.

Vor wenigen Tagen, als sie auf dem Heimweg war, begann es tatsächlich zu regnen. Es war dieser stille, sanfte Landregen, den jeder Bauer schätzte. Anna Magdalena konnte es nicht lassen: Sie blieb am Wegesrand stehen, streckte ihre Hände zum Himmel und schloss die Augen. Je lautloser die Tropfen fielen, umso deutlicher hörte sie die Musik des Regens. Als sie vollkommen durchnässt war, verklang die Melodie und sie ging heim. Der Mutter bot sich ein erbärmlicher Anblick. Pitschnass, wie eine kranke Katze, so stand ihre Kleine in der Tür. Mit einem Unterschied: Anna Magdalena war fröhlich dabei.

»Ach Mutter, es regnet so schön!«

»Ach Mutter, es regnet so schön«, echote Margaretha zurück. Sie griff ihrer Tochter an die Stirn – als wenn sie fühlen wollte, ob das Kind Fieber hätte. Beiden war klar, dass sie kein Fieber hatte – jedenfalls noch nicht. Die Berührung der Mutter bedeutete einfach: Bist du noch ganz bei Trost? Anna Magdalena verstand es und schwor tief in ihrem Herzen, sich zu bessern.

»Das Schönste am Leben in Weißenfels ist die Musik, die zur Kaffeezeit gespielt wird«, berichtete ihr Johanna. »Da werden extra neue Kantaten geschrieben für die Frauenstimmen.« Begeistert erzählte sie von Herrn Bach, der geradezu alle Stilrichtungen miteinander verbinden könne. Sie hatte ihrem Vater die Noten eines Stückes mit kleiner Besetzung kopiert, und der führte es zur Freude des Herzogs Moritz in Zeitz auf. Es war für Gamben und Blockflöten geschrieben. Während des Spielens hätte Anna Magdalena am liebsten mit ihrem zopfumkränzten Kopf im Takt nicken wollen. Die Töne klangen so getragen wie die Musik in der Kirche, und doch konnte man dazu tanzen: aufeinander zuschreiten, sich die Hände reichen und würdevoll weitergehen.

Johanna war es, die ihren Vater darum bat, im Zeitzer Schloss nachzufragen, ob Anna Magdalena nicht von den Sängerinnen unterrichtet werden könnte. Schließlich habe ihre Schwester immer nur Musik im Kopf und Weißenfels sei weit entfernt. »Wir werden sehen«, überlegte Vater Wilke. Wer gibt schon gerne die letzte Tochter aus dem Haus? Die Jüngste war für ihn und seine Frau eine wichtige Hilfe.

Zwei Jahre nach Katharinas Hochzeit wurde Anna Magdalena Tante. Und das gleich doppelt, denn ihre Schwester bekam Zwillinge. Nun wussten alle, warum Katharina so dick geworden war. »Ich kann mich endlich wieder bücken und meine Schuhe selber binden«, verkündete sie stolz.

Katharina war von der Geburt ziemlich mitgenommen und stand ganz wacklig auf den Beinen. Darum entschlossen sie sich, die Kinder zu Hause taufen zu lassen. Im Grunde waren ja bis auf den Geistlichen schon alle da: die Eltern Wilke und der zweiundzwanzigjährige Caspar als Paten und die aufgeregten Tanten. Die Jungen waren winzig klein und gaben während der Zeremonie keinen Mucks von sich.

Caspar nahm anschließend beide Kinder – eins rechts, eins links – auf den Arm. »Ich bin jetzt nicht nur Onkel, ich bin auch Pate«, verkündete er stolz, als ob die andern das nicht schon längst gewusst hätten.

»Und ich bin Großvater!«, lachte Wilke.

So groß die Freude über die Kinder auch war, sie brachten viel Arbeit ins Haus. Johanna unterstützte Katharina nach Kräften, damit sie beide weiter singen konnten. Doch schon wenige Monate danach meinte Katharina: »Wenn ich ehrlich bin, hüte ich lieber Kinder, als dass ich mich ständig für die Konzerte kleiden und frisieren muss.« Johanna war erschrocken, als sie das hörte. Sie selbst würde jedoch nie und nimmer das Podium gegen den Herd und die Waschküche eintauschen.

Ob Heiraten ansteckend wirkt? Johanna, die inzwischen zur Sängerin ausgebildet war, lernte in Weißenfels den Hof- und Kammertrompeter Andreas Krebs kennen. Vater Wilke freute sich von Herzen darüber.

Krebs war ein ausgezeichneter Musiker. Er spielte mit solcher Leichtigkeit und Eleganz, dass sich alle mit Johanna einig waren: Wenn jemandem im Schloss ein Königstitel zustünde, dann ihm! Schon bald wurde die Hochzeit angesetzt. Anna Magdalena und ihre Mutter putzten das Haus von oben bis unten, sie kochten und backten für die glückliche Braut. In der Schlosskirche in Zeitz wurden die beiden getraut. Danach wanderte die Gesellschaft auf Umwegen in die Messerschmiedtsgasse zurück. So konnten viele Einwohner die Brautleute bestaunen. Die Frauen trugen allesamt weit ausgestellte Kleider mit Spitzen und Rüschen. Und auch Anna Magdalena hatte zu diesem Anlass ihren ersten Reifrock erhalten! Das Kleid war ihr so meisterhaft auf den Leib geschneidert, dass sie sich ganz stolz fühlte. Endlich konnte jeder sehen, dass sie eine Dame war.

Die Luft ist da zu singen

Zeitz, Weißenfels, Zerbst und Köthen, 1718–1723

»Du bist ein hohles Rohr, in dem der Wind singt, eine Orgelpfeife, die so lange nachklingt, bis sich keine Luft mehr in ihr regt. Die Luft, Anna Magdalena, ist da zu singen!«

In den ersten Übungsstunden hielt das Mädchen vor Schreck den Atem an, wenn die Lehrerin eindringlich mit ihm sprach.

»Stell dich aufrecht hin, deine Füße sind das Einzige, was dich leicht auf dem Boden hält. Und nun singe mir nach und fühle, wo die Töne in dir klingen.«

Anna Magdalena sang mit geschlossenen Augen. Wie sonst hätte sie aushalten können, was ein einzelner Ton, in dieser Weise gesungen, zum Klingen brachte? Und dann fühlte sie es: Mit ihrem Atem stiegen Töne, Menschen, Engel, das Glück und Elend der Menschen betend, weinend, schreiend durch ihre Nase, den Rachen, füllten ihre Brust, weiteten ihren Bauch. Sie wurde mit der Musik zu dem, worüber sie sang: zum Stein und zur Blume. Sie war eine Mutter, ein Kind, sie lachte und weinte. Doch so wie ihr Körper sich restlos der Rolle anvertraute, löste sie sich wieder davon und gab sie ab, gleich einer hölzernen Galionsfigur, an welcher der Wind sich teilt und nur vorbeieilt, wenn sie durch die schäumenden Meere gleitet.

Einem schlichten Satz ihres Vaters hatte sie es zu verdanken, dass der Herzog von Zeitz seine beste Sängerin dazu verpflichtete, einem erst zwölfjährigen Mädchen Gesangsunterricht zu erteilen. »Die Zeit lohnt sich doch, sie wird ja nicht in den Stimmbruch kommen«, hatte er den Herzog gebeten. Es war die Herzogin Maria Amalia von Sachsen-Zeitz, geborene Markgräfin von Brandenburg, die wie so oft die Bedenken ihres Gatten mit einem Lachen wegwischte und wieder eine Gelegenheit fand, etwas Gutes zu tun. Anna Magdalena fand die Herzogin nicht nur schön und mildtätig, in ihren Augen ritt sie wie eine Heilige hoch zu Ross und bewies täglich Güte und Mut.

Mutter Wilke hatte ihren Töchtern die Lebensgeschichte der Herzogin erzählt. Daher wusste Anna Magdalena, dass diese wunderschöne Frau genau wie ihre Mutter fünf Kinder zur Welt gebracht hatte. Ein Bild im Schloss zeigte sie, als sie noch eine junge Frau war. Alle aus Zeitz kannten auch das Gedicht, das in Leipzig über sie verfasst worden war. Die Verse wiederholten nicht die üblichen Lügen der Obrigkeit gegenüber. Nein, es stimmte, sie war wirklich »ein Muster der Natur und Lieblichkeit«. Von ihren fünf Kindern überlebte nur Dorothea Wilhelmine ihre Eltern. Als der hochbegabte Sohn des Herzogs mit nur neun Jahren starb, hatte Anna Magdalena sogar ihren Vater weinen sehen. Der Verlust des Prinzen traf alle so hart, weil er außerordentlich wissbegierig gewesen war; mit acht Jahren beherrschte er bereits die lateinische, italienische und französische Sprache. Die Fürstenfamilie hatte so viele Pläne mit dem Sohn gehabt. Seither verneigten sich die Frauen der Stadt nicht nur vor der Fürstin, sondern sie brachten ihre Trauer auch dadurch zum Ausdruck, dass sie frische Blumen an die Grabstätte legten und mehr denn je für das Wohl der Familie beteten.

Anna Magdalenas Schwestern hatten oft mit der jüngsten Tochter der herzoglichen Familie, Dorothea Wilhelmine, gespielt. Anna Magdalena blieb jedoch nur, diese schöne junge Frau zu bewundern. Sie hatte solch einen leuchtend roten Mund und war immer so elegant gekleidet … Wenn sie sich begegneten, machte Anna Magdalena nur verlegen einen Knicks. Dass sie sich später einmal in Kassel sehen würden und beide dann Mütter wären, daran hätten wohl beide nie gedacht.

Durch die Wohltat der Herzogin wurde Anna Magdalena zu

einem neuen Wesen. Sie war nicht nur ein Mädchen, ihr Körper konnte auch zum Instrument werden. So wie Geigen und Flöten erklangen, konnte auch sie ganz Musik sein. Wie wunderbar Gott sie gemacht hatte. Seit sie singen durfte, fühlte sie sich der Erfüllung all ihrer Träume nah. Selbst wenn die Hand ihrer Meisterin prüfend auf Brust und Bauch lag oder sie in ihren Gesichtszügen das Wohlwollen und die Kritik herauslas: Sie war ausgesucht worden, um eine der Besten zu werden!

Mit dem Jahr 1715 machten sich auf der Moritzburg Ängste breit. Ausgelöst wurden sie vom Bruder des Herzogs, Christian August, dem Kardinal von Sachsen-Zeitz. Der Kardinal zwang den Herzog mit allen Mitteln, seinen liebgewordenen lutherischen Glauben zu verleugnen. Dabei stand Herzog Moritz fest auf Luthers Seite. Er hatte stets die Erinnerung an Luther und seine Nachkommen hochgehalten. Mit viel Aufwand hatte er die Martinskirche renoviert, und die Bevölkerung konnte sich auf seine Loyalität verlassen.

Der Druck auf die Familie wurde immer größer. Der Kardinal versuchte, seinem Bruder finanziell zu schaden. Somit war klar, dass auch das Orchester in Zeitz unsicheren Zeiten entgegensah, denn wenn die Herzogsfamilie zum katholischen Glauben überwechseln würde, müsste sie Zeitz verlassen und das Hofleben würde erlöschen. Vater Wilke wollte nicht abwarten, bis er seine Anstellung verlor. Seine Schwiegersöhne Meißner und Krebs vermittelten ihm rechtzeitig eine Anstellung am Weißenfelser Schloss. Ab und zu kam er noch zu Gastspielen in die alte Heimat.

Dorothea Wilhelmine hatte mittlerweile zwei viel versprechende Ehen ausgeschlagen. Weder den König von Schweden wollte sie heiraten, noch den Zarewitsch, den Sohn von Peter dem Großen aus Russland. Am 27. September 1717 gab es ein letztes großes Fest auf dem Zeitzer Residenzschloss: Dorothea Wilhelmine heiratete mit sechsundzwanzig Jahren den zukünftigen Landgrafen Wilhelm VIII. von Hessen-Kassel, den Erbauer des schönsten Rokokoschlosses in Deutschland. Bei diesem Fest waren auch die Weißenfelser Musiker zugegen. Anna Magdalena und Johanna sangen die Hochzeitsarien, und Vater Wilke spielte für die treue Herzogsfamilie, so schön er nur konnte.

»Ich wünsche dem Kind alles Glück der Welt. Ach, ich wünsche dem Mädchen so sehr, dass es ein leichteres Leben hat als die Mutter.«

Anna Magdalena wunderte sich über die Sorgen der Mutter. »Aber Dorothea Wilhelmine heiratet doch heute und ist glücklich«, sagte Anna Magdalena entrüstet zu ihrer Mutter.

»Ja, aber damit beginnt die Zeit, in der auch ihr Mann und ihre Kinder sterben können!« Die Mutter wollte sich einfach nicht beruhigen und schloss bekümmert: »Anna Magdalena, ich bin mir gewiss: Das Schlimmste steht der Frau noch bevor. Wenn sie ihrem Glauben abschwören und Zeitz verlassen muss ... das wird ihr das Herz brechen.« Mutter Wilke hatte sich, während sie sprach, sehr erregt.

»Das ist wohl so, wenn man älter ist«, dachte Anna Magdalena. Sie selbst sah nur das prächtige Paar und genoss die Tage im heimatlichen Schloss. Sie logierten im Zeitzer Gasthaus »Hotel drei Schwäne« und erhielten für ihren Auftritt ein gutes Gehalt. Was konnte man sich Besseres wünschen?

Es dauerte nicht mehr lang, bis Herzog Moritz zum katholischen Glauben übertrat. Nun musste er mit seiner Frau Maria Amalia Zeitz endgültig verlassen. Für Familie Wilke bedeutete dies, dass sie nie wieder zurückkehren konnte. Deshalb verkaufte sie ihr Haus in der Messerschmiedtsgasse. Doch was erst wie ein Übel erschien, zeigte bald seine guten Seiten. Eltern und Kinder fanden dadurch in Weißenfels wieder zusammen.

Johanna und Anna Magdalena fühlten sich durch die Musik

so verbunden wie damals, als sie noch Kinder waren. Deshalb vertraute sich Johanna eines Tages Anna Magdalena an.

»Ich weiß nicht, ob ich es je der Mutter sagen könnte ... Aber dir, Anna Magdalena, muss ich es sagen, sonst fühle ich mich so furchtbar und lieblos ...« Anna Magdalena ließ ihrer Schwester Zeit. Es dauerte eine ganze Weile, bis sie weitersprach. »Für mich ist die Musik wie mein Leben. Kann ich eine Oper singen, so freue ich mich mehr, als es Katharina tat, als ein Kind in ihr wuchs. Ein neuer Arbeitsauftrag ist für mich so etwas wie die Empfängnis; die Proben sind für mich wie eine Schwangerschaft, und der Auftritt am Abend, wenn ich im Festgewand singe, bedeutet für mich so viel wie eine Geburt. Wenn Andreas dabei im Orchester sitzt, sind wir wie Götter, die über die Ozeane fliegen.« Johanna sprach nicht weiter, sie stand an eine Mauer gelehnt und begann haltlos zu weinen: »Ich schäme mich so! Oh, Anna Magdalena, wenn Mutter das wüsste, wünschte sie, sie hätte mich nie geboren. Erst heirate ich, und dann wähle ich statt der Kinder lieber die Opern.« Anna Magdalena hielt ihre Schwester fest umarmt. Johanna spürte die Kraft der jüngeren Schwester, und während sie noch still mit ihr weinte, war ihr, als ob alles, alles gut werden würde.

Anna Magdalena wusste nicht, woran es lag, dass Johanna keine Kinder bekam. War ihr Körper von Natur aus verschlossen? Oder teilten die Eheleute ein Geheimnis, wie man sich lieben konnte, ohne fruchtbar zu sein? Oder war es das Gespräch zwischen den Schwestern gewesen? Hatte Gott die Verzweiflung gesehen und so geantwortet? Nie wieder sprachen sie über diese Stunde. Die Gedanken waren so ungewohnt und neu, dass sie sich auch nicht trauten, Gott für die Kinderlosigkeit zu danken.

Seit sie mit den Eltern in Weißenfels lebte, wurde Anna Magdalena von der Primadonna des Weißenfelser Hofes, Pauline Keller, im Gesang unterrichtet. Zuerst hatte die berühmte Diva und Cantatrice das Mädchen eingeschüchtert, denn sie konnte auch auf Französisch und Italienisch singen. Anna Magdalena bekam dann immer eine Gänsehaut, obwohl sie kein Wort verstand. Zusammen mit Johanna befolgte sie die genauen Anweisungen ihrer Lehrerin. Anna Magdalena konnte zwar einen Ton so lange halten, wie es erforderlich war – aber manchmal befürchtete sie umzukippen, weil sie keine Luft mehr hatte. Von Pauline Keller lernte sie nun, den Atem einzuteilen und mit dem gesamten Körper zu atmen. Sie holte die Luft aus ihren Armen, den Fingerspitzen, ja sogar aus den Haaren. Eine komische Vorstellung, wie Anna Magdalena fand, aber es half.

Katharina hatte wieder einen kleinen Jungen bekommen. Anna Magdalena spielte gern mit ihrem kleinen Neffen Christoph Friedrich, der – genau wie sie selbst früher – mit seinen Zähnchen an Tischkanten und allen möglichen Gegenständen nagte und in die Finger seiner Pflegemütter biss. Der Junge war oft bei Familie Wilke zu Besuch. Katharina war eine glückliche Mutter, die nun gern ihren Schwestern das Singen überließ.

Caspar, Anna Magdalenas Bruder, war nicht mit nach Weißenfels gezogen, denn er hatte eine Anstellung in Zerbst erhalten. Da er nicht nur die Trompete, sondern auch ausgezeichnet Violine spielte, war er im Orchester vielseitig einsetzbar. Im Zerbster Schloss lernte er bald darauf seine zukünftige Frau kennen.

So wichtig wie der erste Kontakt Wilkes nach Weißenfels für die Familie war, so einflussreich wurde nun der Kontakt zum Zerbster Hof. Die Zerbster Fürstin Sophie war eine geborene

Prinzessin von Weißenfels und eine Liebhaberin von Opern und Sologesang. So arrangierte sie Reisen der Primadonna Pauline Keller und anderer Musiker aus Weißenfels nach Zerbst. Als sie von der außerordentlichen Musikalität der Wilke-Familie hörte, gab sie nicht eher Ruhe, bis Wilke und Andreas Krebs freigestellt wurden, um mit Johanna und Anna Magdalena in ihrem Schloss zu musizieren.

Sie hatten sich leichte Stücke ausgesucht und auch Auszüge aus Opern vorbereitet. Die Schwestern sahen bezaubernd aus in ihren langen, eng taillierten Kleidern. Anna Magdalenas Gewand endete in einer kleinen Schleppe und schimmerte wie die Brust eines Eisvogels. Beide trugen sie die Haare festlich hochgesteckt.

Die Fürstin staunte besonders über die jüngste der Wilketöchter. Leicht wie eine Feder stand sie da und hielt auf der linken offenen Hand das Notenblatt. Den rechten Arm bewegte sie anmutig und sanft, führte ihre Hand mal zum Herzen, dann wieder ballte sie eine Faust. Ansonsten verriet ihr Gesicht keinerlei Gefühle. Die junge Frau sang mit ihrem ganzen Körper. Wie sehr sie sich sammelte, war einzig an ihrer hohen Stirn abzulesen.

Die Fürstin war so angetan von dem Auftritt der beiden Schwestern, dass sie sie in den kommenden Jahren immer wieder nach Zerbst einlud. Sie zahlte den Musikanten und Sängerinnen dafür einen guten Lohn.

Anna Magdalena lernte, bei ihren Auftritten ganz im Dienste der Musik zu stehen. Auch wenn sie Kummer hatte oder nach schlaflosen Nächten müde war – während des Konzerts konnte sie sich selbst vergessen. Sie war nicht die Einzige, die um Freunde oder Familienmitglieder trauerte. Auch andere Sängerinnen, Musiker und Komponisten verloren ihre Liebsten. Sie wollte sich ein Beispiel nehmen an dem Köthener Hofkomponisten Bach. Mehr denn je schrieb er liebliche Musiken und reiste umher, obwohl seine Frau Maria Maria Barbara so plötzlich verstorben war, während er sich mit Fürst Leopold in Karlsbad aufhielt. Sie kannte die Familie, kannte seine lebenslustige Frau, die sich aber mit jedem Kindbett erneut vor dem Tod gefürchtet hatte. Wie viele Kinder musste er versorgen?

Anna Magdalena fragte Fürstin Sophie und erhielt als Antwort: »Vier hat der arme Bach noch. Vier von sieben.«

Bach selbst war es, der für den Köthener Hof eine Sopranistin suchte. Er kannte Anna Magdalena Wilke von ihren Auftritten in Zerbst und fand ihren Gesang und ihre Manieren vorbildlich. Während Anna Magdalenas Lieblingsschwester Johanna mit ihrem Mann den Sprung an den Zerbster Hof geschafft hatte, wurde Anna Magdalena, die Jüngste aus der Familie, an den Köthener Hof berufen. Dort sollte sie als ausgebildete Meistersängerin für den Fürsten singen. Die Eltern blieben mit ihrer Ältesten und den Enkeln in Weißenfels wohnen.

»Wir trennen uns, aber wir singen!«, tröstete Johanna ihre Schwester, der ein Abschied in das weit entfernte Köthen nicht leichtfiel.

»Ehe wir auseinandergehen, möchte ich noch mit dir reden.« Diesmal war es Anna Magdalena, die etwas mit ihrer Schwester besprechen wollte. Anna Magdalena wusste nicht, ob ihre Schwester sie verstehen würde, deshalb bat sie: »Lass uns über die Felder gehen, dann ist es mir leichter.«

Sie nahmen den Pfad am Wasser entlang. Die Weiden hatten ihre Äste gleich einer grünen Kuppel über den Trampelpfad wachsen lassen und die Schatten spielten vor ihnen auf dem Weg. »Das passt«, sagte Anna Magdalena und bedeutete ihrer Schwester, dass sie die Natur, die Bäume, den Schatten und den Weg meinte. »Du weißt, ich liebte schon immer die Vögel; alles, was Federn hat, besitzt in meinen Augen ein himmlisches Kleid.« Sie machte eine Pause, dann bat sie ihre Schwester: »Stell dir den Frühling vor, wenn die Saaten sprießen, die Lerchen im blauen

Himmel singen und die Kiebitze unter ihnen zwitschernd nach Nahrung suchen. Und nun, Johanna, sag mir, was du über die Vögel weißt.«

Innerlich stöhnte Johanna auf. Mit allem hatte sie gerechnet, auf alles war sie vorbereitet, aber nicht auf die Manie ihrer Schwester, ständig in die Stille zu lauschen. Doch sie liebte ihre Schwester, auch dann, wenn sie nicht alles an ihr verstand. Artig zählte sie auf: »Die Spatzen streiten ständig und paaren sich im Frühjahr ungeniert jede Stunde, die Amseln singen am frühen Morgen und bis spät in die Nacht immer am gleichen Platz, der Kuckuck ruft im Frühjahr, aber keiner kennt die zeitlichen Abstände, die Habichte am Himmel sind schön, auch die Weihen, wenn sie ihre Kreise ziehen und schreien, aber sie holen sich die Küken und jungen Hasen.«

Johanna schaute zu ihrer Schwester hinüber und wartete. Diese schaute sie zufrieden lächelnd an. So blieb ihr nichts anderes übrig, als weiter aufzuzählen. Sie bemühte sich ehrlich, sich an all das zu erinnern, was wirklich niemanden interessierte. Dass die Schwalben mal hoch und mal niedrig fliegen, im Winter irgendwohin ziehen und die Gänse und Enten mitnehmen, während die Spatzen beginnen, sich aufzuplustern und sich fett zu fressen.

»Gut«, sagte Anna Magdalena zufrieden, wie eine Lehrerin zu einem Kind spricht, und fragte weiter: »Warst du einmal allein im Moor?«

»Was soll ich denn allein im Moor? Ich bin froh, bei Tag daran vorbeizukommen!« Johanna wurde ungeduldig. Doch ihre Schwester erzählte unbeeindruckt weiter: »Im Moor ist es auch am Tage wie in der Nacht. Alle Geräusche und Regungen sind unheimlich. Kein Vogel singt, als ob sie fürchten, entdeckt zu werden. Es klingen nur ängstliche, eulenartige Schuhu-Laute und kurze, schrille Schreckensschreie auf. Es ist, als ob sich alle fürchten.«

Anna Magdalena blieb stehen und schaute ihrer Schwester in die Augen: »Ich glaube, die Vögel sind die Meister der Gesänge. Sie sind so gut, dass sie die Sprache verlernt haben. Sie sind meine wahren Lehrmeister. – Nun sag mir, kann man aus den Stimmen der Vögel eine Oper machen?«

Johanna zauderte keine Sekunde: »Du bist verrückt!« Das klang jedoch so köstlich, dass beide lachen mussten. Sie lachten und konnten gar nicht mehr aufhören.

Am nächsten Tag verabschiedete sich Anna Magdalena von allen.

»Was sollte ich dir wünschen, meine Liebe?«, fragte die Mutter und fand doch die rechten Worte: »Du wirst jetzt das Gehalt eines Hofrats erhalten und damit gut für dich sorgen können. Gott behüte dich!«

»Und deine Stimme«, fügte der Vater hinzu. Ein schöneres Kompliment hätte er ihr nicht machen können.

Anna Magdalena saß später mit ihrem Gepäck in der Kutsche und schämte sich ihrer Tränen nicht. Niemals hätte sie gedacht, dass sie sich so verlassen und ängstlich wie ein kleines Kind fühlen würde, wenn sie ihre Familie nicht dabeihatte. Aufrecht saß sie zwischen den Reisenden. So aufrecht und schön, trotz ihrer Tränen, dass niemand es wagte, sie zu trösten.

Als die Sonne milder wurde und die Dämmerung anbrach, beobachtete Anna Magdalena, wie sich eine kniehohe Dunstschicht über die Wiesen legte. Die Bäume und Hügel zeichneten sich hell ab, doch die Pferde und Schafe auf der Weide schienen auf Wolken zu gehen. Manchmal flatterten Starenschwärme aus dem Dunst auf, um sich kurz darauf wieder darin niederzulassen. Sie reckte sich, um alles genau betrachten zu können, und wäre am liebsten ausgestiegen.

»Das sieht schön aus.« Ein einfach gekleideter älterer Mitreisender hatte den Satz zu ihr gesprochen. Dabei deutete er auf den Bodennebel und zeichnete mit seinen zerschundenen Händen die Umrisse der Bäume nach. Als eine Schar Krähen über den Himmel flog, bewegte er seine Finger, als spiele er auf einem Tasteninstrument. Und genauso wie die schwarzen Vögel im Dunst eintauchten, ließ er seine Theater spielenden Hände unter der Jacke verschwinden.

Anna Magdalena lachte hell auf. »Ja, es sieht schön aus«, antwortete sie.

»Allein deshalb möchte ich jetzt bald zu Hause sein, dass ich am frühen Morgen die Wiese für die Hasen mähen kann. Ich liebe es, wenn die Sonne aufgeht und der Atem wie eine Wolke vor meinem Gesicht steht.«

»Ich dachte, wer auf dem Land lebt, sieht gar nicht mehr, wie schön die Natur ist!« Sofort tat Anna Magdalena leid, was sie da gesagt hatte, aber der Angesprochene lachte nur: »Wir reden bloß nicht darüber und schauen nicht so neugierig hin wie Ihr, gnädiges Fräulein.« Jetzt musste auch Anna Magdalena lachen. Sie hatte einen ersten und zugleich netten Bürger von Köthen kennen gelernt, und dieser Anfang machte ihr Mut. Sie fragte ihren Begleiter nach dem Schloss.

Er sei noch nie selbst dort gewesen, meinte der Mann, aber er kenne die Musiker und den Kapellmeister Bach. Da seien die besten Musiker aus dem aufgelösten Berliner Hoforchester. Leopold verstehe es, die größten Künstler an seinen Hof zu holen.

»Und was wollt Ihr in Köthen ausrichten?«, fragte er nach.
»Ich werde dort singen, Sopran. Sie brauchen eine Sängerin.«

»So, so, eine Sängerin.« Er schaute sie misstrauisch an. Anna

Magdalena fühlte sich verletzt. Entschlossen begann sie zu pfeifen. Erst wie eine Meise, dann wie eine Lerche, ihr folgte eine Singdrossel und zu guter Letzt trällerte sie einer Nachtigall gleich. »Donnerwetter, das kann keiner meiner Freunde besser, und wir üben uns stets im Vögellocken.«

Anna Magdalena nickte zufrieden. Offenbar war sie nicht die Einzige, bei der die Meisen auch im Kopf piepen, wie die Mutter zu sagen pflegte.

In Köthen wollte Anna Magdalena mit den anderen Reisenden aussteigen. Doch der Kutscher hielt sie zurück: »Wer im Schloss absteigt, wird auch zum Schloss befördert.« So verabschiedete sie sich von dem freundlichen Köthener Bürger. Danach fuhr der Kutscher mit ihr ein Stück aus dem Ort heraus und dann geradewegs auf das Schloss zu. Die Pferde überquerten eine Brücke, die den Wallgraben überspannte, und sie gelangten direkt in den Innenhof.

»Brrrrr«, schnarrte der Kutscher. Mit einer Staubwolke brachte er sein Gefährt zum Stehen. Als er später ein fürstliches Trinkgeld erhielt, wusste Anna Magdalena auch, warum er sie so gern aufs Schloss gebracht hatte.

Noch bevor alle ihre Gepäckstücke ausgeladen waren, versammelten sich immer mehr Leute, um sie zu begrüßen. Damit hatte sie nun gar nicht gerechnet. Zuerst erschien eine ziemlich übermütige Truppe, die sich als die Komödiengruppe des Hofes herausstellte. Das Völkchen machte ein Riesenspektakel und betrachtete sie so ungeniert von allen Seiten, dass sie schon fürchtete, sie würden noch an ihr herumzupfen, um festzustellen, ob sie echt wäre. Weitere Bewohner des Hofes stellten sich ein: Knechte und Mägde, Kinder, Musiker … Sie schauten nicht nur kurz zu ihr hinüber, sondern begrüßten sie freundlich und fragten nach der Reise. Und dann erschien, als ob er einer unter vielen wäre, Fürst Leopold. Auch er hieß sie herzlich willkommen und wies zwei Frauen an, sich um Jungfer Wilke zu kümmern.

Ein Mann griff nach ihrem Gepäck und ging damit geradewegs wieder zum Schlosstor hinaus. Anna Magdalena traute sich nicht zu protestieren. Es würde wohl alles mit rechten Dingen zugehen. »Dann zeigen wir der werten Jungfer Wilke ihre neue Heimat«, sagte die Frau mit umgebundener Schürze. »Geht ihr schon voran, wir treffen uns bei der äußeren Artischocke«, sagte die andere Frau, die aussah, als ob sie selbst auch Sängerin wäre.

»Artischocke?«, fragte Anna Magdalena verdutzt. Die Frau mit der Schürze erklärte schmunzelnd: »Artischocken nennen wir die drei Türme, denn sie sehen aus wie Artischocken.«

»Also, ich weiß nicht einmal, was Artischocken sind«, gestand Anna Magdalena.

»Wenn ich nicht in der Küche arbeiten würde, wüsste ich es auch nicht«, erklärte die Frau. »Fürst Leopold bringt von seinen Reisen die außergewöhnlichsten Dinge mit. Die Artischocken kommen aus Frankreich. Das ist so etwas wie eine große Distel.« Die Frau formte mit ihren beiden Händen eine Art Kelch und meinte: »So groß ist sie etwa und hat so viel Kelchblätter, wie ein Fisch Schuppen hat.« Anna Magdalena versuchte möglichst gleichmütig auszusehen. »Es ging uns wie Euch. Wir wussten auch nicht, was wir mit dem komischen Gemüse machen sollten.« Nach einer kurzen Pause setzte sie hinzu: »Aber damit haben wir keine Probleme mehr. Inzwischen sind hier französische und italienische Köche eingestellt.«

Anna Magdalena staunte. Die Frau redete munter weiter. Leopold reise so gern, erzählte sie, und brächte nicht nur Gemüse und Köche von den Reisen mit … auf dem Anwesen befände sich auch ein großer Garten mit exotischen Gewächsen. Und da ihm die italienische Kirchen- und Opernmusik gefiele, reise er öfter nach Italien um sich die Stücke vorspielen und kopieren zu lassen. Und was er noch alles mitbringen würde … »Ihr werdet es ja noch sehen. Das halbe Schloss ist ein Museum!«

Anna Magdalena war es fremd, wie sich auf dem Hof die Adligen, Angestellten und Bediensteten so ungezwungen getroffen hatten. Anscheinend wurde sie gerade von einer Küchenfrau eingewiesen. Bisher war sie es gewohnt, dass das Personal stets separate Eingänge benutzte. Und die Künstler hielten sich strikt vom Küchenpersonal getrennt ... Bevor sie sich danach erkundigen konnte, wurde sie schon aufgeklärt.

»Ihr müsst die Unordnung vorhin entschuldigen. Wenn jemand neu ins Schloss kommt, treten alle gruppenweise im Spalier an und werden dann vorgestellt. Aber wir haben Euch erst morgen erwartet ... Irgendetwas lief verkehrt.« Das schien hier am Hof aber nicht weiter tragisch zu sein. Anna Magdalena merkte, wie ihre Anspannung nachließ.

»Ich zeige Euch nun die Wirtschaftsgebäude und stelle Euch das Personal vor«, erläuterte die Frau. »Der Fürst möchte Euch damit sagen, dass Ihr Euch jederzeit mit Euren Anliegen an uns wenden könnt.« Fast entschuldigend, doch sehr zufrieden, ergänzte sie: »Fürst Leopold behandelt uns wie eine Familie. Alle, die am Hofe sind. Er ist sehr freundlich.«

Anna Magdalena ging mit ihrer Begleiterin treppauf, treppab; schaute in Küche und Ställe. Irgendwann hatte sie so viel gesehen und gehört, dass sie glaubte, nichts mehr aufnehmen zu können. Schließlich kamen sie zur äußeren »Artischocke«. Dort war an der Tür ein Band angebracht, an dem die Frau kräftig zog. Eine helle Glocke ertönte, und bald darauf erschien eine andere zarte Frau. »An dieser Stelle überlasse ich Euch der Musikerin. Sie wird Euch in Euren Arbeitsbereich als Sängerin einweisen.« Damit verabschiedete sich die Frau.

Die Musikerin war eine Harfenistin, die ebenso freundlich von Fürst Leopold sprach. Sie lobte den Fürsten als hervorragenden Violinisten und Tastenspieler. »Er liebt es, auch selbst den Bass zu singen. So werdet Ihr wohl oft gemeinsam musizieren und singen.« Die Frau führte sie durch die wichtigsten Zimmer und Säle und erklärte ihr einen normalen Tagesablauf im Schloss. Danach endlich brachte sie Anna Magdalena zu ihrer Unterkunft.

Das Zimmer war geräumig und lag gleich neben dem Schloss. Es gab darin eine Anrichte mit Waschgelegenheit und einem großen Spiegel. Alles war blitzsauber und das Bett frisch bezogen. Anna Magdalena konnte alle Mahlzeiten bei der Hausfrau einnehmen. Da diese schon oft Musiker aufgenommen hatte, war sie das laute Üben zu allen erdenklichen Uhrzeiten gewöhnt. Oft mussten ihre Gäste innerhalb eines Tages ein neues Musikstück einstudieren und dann zur Aufführung bringen. Selbst wenn die Musiker im Schloss übten und probten, nutzten sie häufig noch die Nächte, um bis zur Erschöpfung ihre Schwachstellen nachzubessern und dabei die Holzdielen und Ohren der kleinen Kinder zu traktieren. Aber die Wirtin hatte ihren Kindern eine solche Ehrfurcht vor den Künstlern eingeflößt, dass keines aufmuckte. Für die Familie war die angebotene Unterkunft ein Zubrot, wie es sonst nur wenige hatten.

Während Anna Magdalena ihre Koffer auspackte, dachte sie über ihre neue Situation nach. Es gab einiges, was ihr Kopfzerbrechen bereitete. Da waren zum Beispiel ihre langen schweren Haare, um die sie von vielen beneidet wurde. Am frühen Morgen und besonders vor Aufführungen war es ein Geduldsspiel, die Haarpracht zu bändigen, sodass sie in Locken und Rollen dicht am Kopf saßen. Sie konnte es sich einfach nicht angewöhnen, nachts mit einem Tuch zu schlafen, damit die Frisur für den nächsten Tag geschont würde. In Weißenfels hatte immer ihre Mutter mit Wicklern, heißen Eisen, Nadeln und Spangen die schönsten Frisuren gezaubert. Wenn sie dann noch den Saft von Leinsamen in ihre Haare gekämmt hatte, saßen auch die kleinsten Löckchen wie versteinert rund um den Kopf. Was nun? Wer würde ihr hier die Haare in Form bringen? Am Hofe musste sie nicht nur zu den Aufführungen, sondern jederzeit perfekt gekleidet und frisiert sein.

Anna Magdalena gab sich einen Ruck und ging zu ihrer Wirtin. »Könnt Ihr mir raten, wer mir meine Haare richten kann? Ich fürchte, dass ich wohl jeden Morgen gegen sechs Uhr eine geschickte Frau brauche.« Die Wirtin war über die Frage höchst erfreut. Als ob sie schon darauf gewartet hätte, pries sie sogleich ihre geschickte Schwester an, die oft im Schloss Adligen die Haare richte. Sie besitze auch mehr als vierzig Perücken, falls Jungfer Wilke es sich einfacher machen wolle. Nein, sie wollte es sich nicht einfacher machen.

Fortan kam jeden Morgen die Schwester der Wirtin zu Anna Magdalena. Sie brachte einen aus Weiden geflochtenen Koffer mit, in dem sich Lockenwickler, Kämme und Tinkturen befanden. In einem Zinkeimer steckten mehrere Eisenstäbe in glühenden Kohlen. Diese tauchte sie kurz ins Wasser, wischte sie an einem Tuch ab und wickelte Anna Magdalenas Haare darum herum. Manchmal waren die Stäbe noch etwas zu heiß; dann stank es im Zimmer wie sonst nur beim Hufschmied. Aber das kam selten vor: Die Frau verstand ihr Handwerk. Sie war so gut vorbereitet, dass sie manchmal weniger als eine halbe Stunde brauchte, um Anna Magdalena zu einer fürstlichen Frisur zu verhelfen.

»Ist Jungfer Wilke zufrieden?«, fragte sie anschließend und hielt ihr zwei Spiegel entgegen. Ja, sie war zufrieden. Die Frau war ihr Geld wert.

Für Anna Magdalena begannen harte Arbeitswochen. Da außer ihr nur eine weitere Sängerin am Hof lebte, musste sie bei allen Proben zugegen sein. Zwischendurch nahm sie die Notenblätter, ging in eines der Musikzimmer, wo auch ein Cembalo stand, um im Voraus die Stücke zu üben und das Tempo und die Einsätze für ihre eigene Stimme zu finden. Auch die anderen Musiker probten unablässig – manchmal ging es zu wie in einem Bienenstock.

Der Hofkomponist Bach hielt sie alle in Atem, weil er alte und neue Stücke in Vollkommenheit aufführen wollte. Sie kannte Bach von früheren Konzerten in Weißenfels. Damals war sie noch ein Kind gewesen, und er hatte so schneidig gewirkt, als ob er statt der Papierrolle, mit der er den Takt angab, einen Degen in der Hand hielt. Messerscharf waren auch stets seine Kommentare, wenn bei den Proben Fehler und Unstimmigkeiten auftraten. Sie selbst empfand es als große Ehre, dass Bach mit ihrem Gesang zufrieden war und sie nach Köthen geholt hatte. Als sie ihn das letzte Mal gesehen hatte, war er jedoch noch schlanker im Gesicht gewesen. Nun war alles an ihm weicher geworden: die Wangen, der Mund, Kinn und Nase. Ob es vom Kummer um seine Frau kam?

Fürst Leopolds ungezwungene Art war ein hervorragender Nährboden, um in allen Künsten zu experimentieren und verschiedene Stilarten zu mischen. Das gefiel dem Hofkapellmeister Bach. Es war für alle offensichtlich, dass die beiden Männer eine herzliche Freundschaft verband. Als Bachs Frau gestorben war, hatte Fürst Leopold nicht nur die Beerdigungskosten gänzlich übernommen, sondern der Familie eine extra Portion Mehl, Öl und Holz übergeben. Er hatte sich selbst nicht verziehen, dass Maria Barbara starb, während Bach mit ihm in Karlsbad war.

Köthen – das bedeutete für Anna Magdalena eine Stellung, die sie erst nach und nach begreifen musste. Sie war nicht mehr die Schülerin und auch keine normale Sängerin mehr. Sie war an der Spitze angelangt und kannte nun die damit verbundene Arbeit, konnte aber noch nicht alles einordnen. Manchmal hätte sie sich fast noch umgedreht, um festzustellen, wer da hinter ihr stand und gemeint war. Doch sie musste auf alle Herausforderungen selbst reagieren.

In ihrem Zimmer stand ein Schreibsekretär, an dem sie fast täglich saß. Wenn sie nicht für ihre Familie Musikstücke kopierte, schrieb sie an ihre Eltern oder ihre Lieblingsschwester Johanna. Von Johanna hatte sie auch schon dreimal Post erhalten. Die Briefe lagen zwischen zwei aus Holz geschnitzten Waldkäuzen, die ihr der Vater zum Abschied geschenkt hatte, um dazwischen ihre geliebten Bücher aufzustellen.

Ach, der Vater, die Mutter, ihre Schwestern – sie alle fehlten Anna Magdalena. Sie tröstete sich, indem sie einen neuen Brief begann:

Köthen, im Märzen 1721

Meine herzallerliebste Schwester und werte Freundin Johanna. Da ich nun nicht mehr außer Haus gehe am heutigen Tag, habe ich bereits die Nadeln und Spangen aus den Haaren genommen und kann so in großer Bequemlichkeit an meine geschätzte Schwester schreiben. Ich habe es hier sehr gut getroffen. Darüber bin ich täglich unserem gütigen Gotte dankbar. Meine Sorge um eine teure Garderobe hat sich zerstreut, denn wir Sängerinnen werden vom Hof alle Quartale mit Tuch und Garn versorgt. Anders als die Musiker, die sich, um gut gewandet zu erscheinen, den alten Mantel und die Hosen wenden lassen müssen, um einen sauberen Stoff zu zeigen. Wir Frauen können mit dem Stoff auch zur fürstlichen Schneiderin gehen und gegen billige Bezahlung unser Kleid nach Maßen anfertigen lassen. Ich weiß sehr wohl, dass du allerhand Kosten für deine Gewänder aufwendest. Mich dünkt der Gedanke gut, dass wir uns doch gegenseitig, so wir uns begegnen, auch unsere Kleider austauschen können. Ich besitze nun ein außergewöhnliches Gewand zu drei Teilen (Rock, Mieder, Bluse), mit dem du in Zerbst auch Gefallen finden würdest. Unsere Hofschneiderei versteht sich auf ausgefallene Stücke. Zum einen, weil sie allerhand ungewöhnliche Kostü-

me für die Theatergruppe anzufertigen imstande sind, zum andern, weil Fürst Leopold Zeichnungen von seinen Reisen mitbringt, welche die dortigen Moden betreffen. Ich schätze, unser Fürst befindet sich so gerne in der Schneiderei bei der Anprobe, wie er unseren Aufführungen beiwohnt. Er ist ein großer Könner und Genießer.

Obwohl die Schwalben noch nicht heimgekehrt sind, lässt er schon einen Pavillon bauen, zu dessen Planung er mehrere Architekten lud, weil ihm die Akustik wichtig ist. Mich dünkt, dass ihm dabei der Rat unseres Hofkapellmeisters mehr wert ist als der von zwanzig Baumeistern. Herr Bach versteht sich auf den Klang der Musik, egal wo sie präsentiert wird, auf das Meisterlichste.

Immer inniger lerne ich nun die Musiker kennen. Außer einer Altistin sind keine weiteren Sängerinnen zugegen. So fürchte ich in der Winterszeit um meine Stimme, denn der eine oder andere wurde zeitweise durch Husten oder andere Unpässlichkeiten geschwächt. Herr Bach schätzt meine Stimme im Soprano und mit dem Fürsten, der einen vorzüglichen Bass singt, hatte ich auch schon das Vergnügen zu singen. Ich bat trotzdem um die Erlaubnis, mich, wenn es möglich wäre, weiter im Gesang zu bilden. Wohl verlangt Herr Bach immer Perfektion. Aber du hast ja auch erlebt, wie unsere Meisterin mit uns übte und sie unseren Körper zu durchschauen verstand, als ob er aus Glas geblasen wäre. Auf diese Kunst versteht sich der Kapellmeister nicht.

Heute habe ich bereits die dritte Patenschaft übernommen, seit ich hier weile. Das ist für mich eine unverdiente Ehre, zeigt es mir doch, wie viel Vertrauen in meine Person gelegt wird. Ich bitte um Gottes Hilfe dererlei Aufgaben auch zu genügen.

Ich freue mich auf Nachricht aus Zerbst. Grüße mir deinen lieben Gatten und sei aufs Innigste von mir umschlungen. Deine getreue Schwester Anna Magdalena Wilke

Der Weg von ihrer Unterkunft ins Schloss war kurz. Daher konnte sie sich vor den Aufführungen bereits zu Hause ankleiden und brauchte nur die Röcke zu raffen, um hin und her zu eilen. Anna Magdalena freute sich immer, wenn sie am Schlossteich vorbeikam, auf dem die Schwäne sogar über Winter blieben, weil sie gefüttert wurden. Im Vorübergehen suchten ihre Augen die weißen Tiere, und sie war erst zufrieden, wenn sie alle sechs ausgemacht hatte. So elegant wie die Schwäne über das Wasser glitten, so hingebungsvoll wollte auch sie dem Fürstenhaus dienen. Sie verlangsamte ihre Schritte und musste sich doch beeilen. Später, während der Pausen, könnte sie vom Fenster aus auf das Wasser hinunterblicken. Zwei Schwanenpaare waren schon dabei, ihre Nester zu richten. Es würde nicht mehr lange dauern, dann würde die Luft warm werden, und sie würden nachmittags im Pavillon musizieren. Ach, welch eine Wonne! In gut einer Woche sollten auch die neuen Stoffe eintreffen. Dann könnte sie sich einen leichten Stoff wählen. Hoffentlich war einer in Lindgrün mit dabei ... Die Schneiderin könnte ihr vielleicht mit dem Brokatgarn allerhand raffinierte Muster in das Oberteil sticken ...

Auch in Köthen gab es eine wohltätige »Sophie«. Anna Magdalena konnte auf den Rat und die Unterstützung der Fürstenmutter Gisela Agnes bauen. Diese verstand es, ihren lutherischen Glauben und ihren Reichtum so einzusetzen, dass – auch noch lange nach ihrem Tod – in der von ihr erbauten Schule unterrichtet wurde. Sie gründete außerdem ein Waisenhaus, das sich bald zu einer Ausbildungsstätte für Lehrer entwickelte. Die Kinder erhielten dort nicht nur Nahrung und Unterkunft, sondern auch eine praktische Ausbildung. Vor allem die Mädchen und jungen Frauen waren auf Stiftungen wie die von Agnes angewiesen. Sie investierte ihren Wohlstand in die Ausbildung von Mädchen und Jungen gleichermaßen. Sogar aus ihrer Bibliothek durften die Frauen und Mädchen sich Bücher ausleihen – ganz ohne Bezahlung. Sie mussten lediglich versprechen, die Werke sorgfältig zu behandeln. Anna Magdalena machte regen Gebrauch davon. Stets lag ein in Holztafeln oder Leder gebundenes Buch auf ihrem Tisch, und dadurch verbrachte sie die langen Winterabende ausgesprochen vergnüglich.

Ein Nebengebäude des Schlosses hatte Gisela Agnes so hergerichtet, dass darin zwölf Frauen eine Unterkunft fanden. Sie alle waren von adeliger Herkunft und entweder zuvor alleinlebend oder verwitwet. Wie dankbar waren sie ihrer Fürstenmutter für die soziale und finanzielle Absicherung!

Doch was seine hellen Seiten hat, wirft auch Schatten. Gisela Agnes versuchte beständig, ihren Sohn Leopold zu bevormunden, zumal dieser eine schwache Gesundheit hatte. Doch dieser hing dem evangelisch-reformierten Bekenntnis an und wollte ein freies, aufgeschlossenes Leben führen.

Leopold reiste gern und oft, nicht zuletzt, weil er sich dadurch dem Einfluss der Mutter entziehen konnte. Er wollte möglichst viel von der Welt sehen und erleben. Wer wusste schon, wie viel Zeit ihm blieb? Unterwegs lernte er den Glauben in sehr unterschiedlichen Ausprägungen kennen. Kraftvolle Kantaten beeindruckten ihn ebenso wie heitere Stücke. Überhaupt war Musik jeglicher Form für ihn ein Ausdruck von Gottes Größe.

Bach, der in Köthen nicht der Kirchenmusik oder der Orgel verpflichtet war, schrieb hier viele aufwändige Konzerte für Orchester. Das dem Markgrafen von Brandenburg gewidmete Konzert begeisterte Fürst Leopold mehr, als es den Markgrafen erfreute, denn der Fürst hatte die besseren Musiker. Bach ließ sich dabei vom italienischen Vorbild inspirieren, übertraf es aber noch an klanglicher Farbigkeit. Blockflöten, Hörner, schalmeiartige Oboen, Trompeten, der sanfte Ton der Viola und die ruhigen Gamben … Sie gaben den Musikstücken Charakter, und die Querflöte konnte er gleich einer flatterhaften Lerche über der ruhenden Musik schweben lassen. So schien es jedenfalls für Anna Magdalena.

Bach komponierte auch eine Tafelmusik nach der anderen. Während er eine Musik zur Aufführung brachte, improvisierte und komponierte er schon neue Melodien. Violine, Bratsche, Oboe; dazu der tröstliche Text eines Dichters: »Weichet nur, betrübte Schatten.« Nicht nur Anna Magdalena, die sich mit ihrer Stimme einbrachte, auch die anderen Musiker, ob sie nun Bläser, Tastenspieler, Streicher oder Trommler waren, stießen in neue Bereiche vor, die ihnen der Hofkapellmeister eröffnete.

Die Männer machten keinen Hehl daraus, dass es für den Fürsten anstünde, sich zu verheiraten. Der Frühling nahte. Und damit wurden alle, die allein waren, unruhig – ob sie es nun zugaben oder nicht. Die treuen Schwäne besannen sich auf ihre alten Gefährten und zeigten schon voller Anmut ihre Zusammengehörigkeit. Andere Tierarten stritten noch lautstark um Partner und Reviere.

»Vorsorglich«, sagte Bach, »vorsorglich – und weil wir es nur zu oft gebrauchen können, studieren wir Kantaten für eine Vermählung ein.« Nach einer Pause fügte er mit einem schelmischen Blick auf den Fürsten hinzu: »Wer weiß, was uns das Jahr alles bringen wird?«

Anna Magdalena sang die Arien, die zur Erheiterung und als Glückwunsch zur Hochzeitsfeier gedacht waren. Zugleich sprach sie damit auch die neue Sehnsucht Bachs aus:

»Wenn die Frühlingslüfte streichen
und durch bunte Fluren wehn,
pflegt auch Amor auszuschleichen,
um nach seinem Schmuck zu sehn,
welcher, glaubt man, dieser ist,
dass ein Herz das andere küsst …«

Anna Magdalena sah, auch wenn sie konzentriert sang, bereits ihr neues grünes Kleid vor sich.

»Hier quellen die Wellen,
hier lachen und wachen
die siegenden Palmen
auf Lippen und Brust.«

Und sie dachte an ihre Schwestern, ihren Bruder, die ebenso einen Partner gefunden hatten, und wünschte von Herzen:

»Sehet in Zufriedenheit
tausend helle Wohlfahrtstage,
dass bald in der Folgezeit
eure Liebe Blumen trage.«

Anna Magdalena schätzte Bach, weil er es verstand, die Musiker und Sänger wie einen Körper zusammenwachsen zu lassen. Für ihn war die Musik das, wofür es sich zu leben lohnte, und er arbeitete Tag und Nacht wie ein Goldschmied, der schmelzt, feilt, poliert und selbst in den Träumen inspiriert wird. Es war nicht immer einfach, Bach in seinen Gedanken zu folgen, denn ihm erschien alles einleuchtend. Wer neu in das Orchester oder als sein privater Schüler aufgenommen wurde, hatte hart zu arbeiten. Die Mühe ersparte er keinem, und jeder Schüler konnte daran wachsen, wenn er wollte und durchhielt.

Doch ein Dichter war er nie. Klangen in der Serenade für Leopolds Geburtstag die Streicher, Cembali und Flöten noch so lieblich und sangen Anna Magdalena und der Bass korrekt und mit voller Stimme, so erfüllte der Text zwar seinen Zweck, holperte jedoch, da er sich beim Reimen schwer tat:

»Durchlauchtester Leopold,
es singet Anhalts Welt
von neuem mit Vergnügen.
Dein Köthen sich dir stellt,
um sich vor dir zu biegen,
durchlauchtester Leopold!«

Bach war neben seiner Tätigkeit bei Hof immer bemüht, noch Schüler zu unterrichten, denn das besserte seine Kasse auf. Anna Magdalena hörte, dass er für seinen Sohn leichte Stücke komponiert hatte, damit dieser üben konnte. Gern hätte sie auch weiter Klavichordunterricht genommen, doch niemals hätte sie diesen Wunsch Bach gegenüber geäußert, denn er war unerbittlich, was die Perfektion anging. Wenn er einen Schüler bei sich aufnahm, musste dieser erst mehrere Monate nichts anderes lernen, als mit beiden Händen einen sauberen, leichten Anschlag zu erzielen. Ging einem Schüler in diesen Monaten die Geduld aus, so schrieb er kleine Stücke, die in Verbindung mit den Übungen standen. Aber sogar diese Übungsstücke waren so vortrefflich komponiert, dass sie allein schon kleine Kunstwerke waren. Er pflegte neue Stücke erst vorzuspielen und sagte dann: »So muss es klingen.«

»So muss es klingen!« Anna Magdalena klang der Satz schon in den Ohren, wenn sie den Kapellmeister von weitem sah. Doch tröstlich daran war, dass er ihr nur vorspielen konnte, *wie* sie zu singen hatte. Singen konnte sie es nur allein.

Es war für Anna Magdalena eine große Entlastung, als am Köthener Hof noch zwei Sängerinnen angestellt wurden. Die beiden waren Schwestern, und es machte Spaß, mit ihnen zu singen. Doch nicht nur das. Anna Magdalena konnte durch die gute Besetzung endlich wieder einen Besuch in Weißenfels und Zerbst abstatten.

Johanna hatte es sich mit ihrem Mann in Zerbst gemütlich eingerichtet. Sie lebten in einer Wohnung, die ihnen der Hof gegen ein geringes Entgelt zur Verfügung gestellt hatte. Die beiden Schwestern hatten sich so viel zu erzählen, dass sie schon anfingen, bevor Anna Magdalena ihren Umhang abgelegt hatte.

»Weißt du, Johanna, wenn ich die beiden neuen Sängerinnen sehe, wie lustig sie miteinander sind und doch auch voller Hingabe an die Musik, dann frage ich mich manchmal: Warum haben wir zwei das nicht auch so gemacht? Einfach zusammenbleiben.« Doch eigentlich wussten sie beide, dass es so recht war, wie es war. Die eine lebte bei ihrem Mann, und die andere hatte ihre beste Chance ergriffen.

»Und nun zeige mir endlich deine Kleider aus Köthen«, forderte Johanna aufgeregt. »Geduld, Geduld, liebe Schwester, ich muss wohl erst meine Straßenschuhe ausziehen.«

»Und ich will dir erst etwas zu trinken holen und einen Schemel, damit du deine Beine hochlegen kannst.« Und das taten sie auch. Sie setzten sich, tranken Tee aus frischen Kamillenblüten und hatten beide ihre Beine auf einem Schemel.

»Wie ist denn Fürst Leopold? Ich habe ihn noch nie gesehen«, erkundigte sich Johanna. Anna Magdalena überlegte, was ihre Schwester an ihm interessieren würde. Aber dann erzählte sie von seiner Leidenschaft für die Musik und die Künste überhaupt, dass er die Räume mit edlen Damaststoffen verkleiden ließ ... Da er kränkele, müsse er mehrmals im Jahr nach Karlsbad, um seine Gesundheit zu festigen.

»Und wie sieht er aus?« Anna Magdalena wusste, dass sie mit der Antwort geneckt wurde, und wusste sich Rat: »Er sieht aus wie ein großes Hermelinchen, denn er legt nie seinen Umhang ab. Die Haare sind fein und er trägt sie wie ein Fasan. Der Wind muss ihm immer brav von vorne blasen, damit nichts durcheinandergerät. Er hat Augen wie ein treuer Jagdhund, und die darüber liegenden geschwungenen Brauen …« Sie alberten wieder herum, wie sie es früher getan hatten.

»Genug geruht!«, beschloss Anna Magdalena. »Jetzt können wir erst mal mein Gepäck sichten.«

Sie schleppten die zwei Koffer in die obere Etage. Dort befanden sich drei Schlafräume, jedenfalls war es bei Anna Magdalenas letztem Besuch noch so gewesen. Im größten Zimmer stand nun kein Bett mehr. Stattdessen war an den Wänden eine lange Stange angebracht, an der Kleider, Röcke, Jacken und Blusen hingen. Auf dem Bord daneben lagen allerhand Hüte.

»Ihr habt euch ein Ankleidezimmer geschaffen, wie in einem Herrenhaus«, staunte Anna Magdalena.

»Was als Kinderzimmer gedacht war, beherbergt nun meine Lieblingskinder«, prahlte Johanna aufrichtig.

»Und du hast Blusen aus reiner Seide«, staunte Anna Magdalena. »Sind die nicht … kann man die überhaupt bezahlen?«

»Nun, eine ist schon bezahlt, die andere ließ ich mir anschreiben.«

»Du lässt dir Kleider anschreiben? Du hast Schulden Johanna?«

»Was heißt hier Schulden? Über zwei Monate sind sie bezahlt.« Und dann zeigte Johanna ihrer Schwester die praktische neue Hutmode. Die gerafften, steifen Tücher waren mit Bändern und Spitzen versehen. »Ganz einfach geht das dann mit der Frisur«, erläuterte Johanna. »Du bindest sie einfach am Kopf hoch. Über der Stirn drehst du rechts und links die Haare zu einer Locke. Und dann: Hut drauf!«

Tatsächlich, die Bedeckung aus Rüschen und Kordeln ersetzte die Haare. Lediglich an den Schläfen waren sie noch zu sehen.

»Das wäre doch etwas für dich, Anna Magdalena. Nie wieder diese elende Prozedur am Morgen.«

»Ich weiß nicht so recht«, zögerte Anna Magdalena. »Während du mir so einen Hut schmackhaft machen willst, hatte ich doch tatsächlich daran gedacht, meine Haare zu schneiden, damit du dir ein zusätzliches Haarteil daraus formen kannst. Schließlich haben wir die gleiche Haarfarbe«

»Danke für das gütige Vorhaben«, wehrte Johanna ab, »mein dünnes Haar und die Hüte gehen eine wunderbare Verbindung ein, und ich bin am Abend immer traurig, diese meine Blumenkelche abzunehmen. – Übrigens kann man alle neuen Hüte entweder verwegen in den Haaren feststecken oder mit einem Band am Hals binden.« Anna Magdalena versprach, einen solchen Hut einmal auszuprobieren.

»Jetzt sofort«, befahl Johanna, die ihre Schwester kannte.

»Nein, heute Abend erst, ich will mir nicht meine Frisur ruinieren. Die Schwester meiner Wirtin ist eine wahre Meisterin.« Johanna sah wohl, dass Anna Magdalena prächtig frisiert war. Aber die neue Mode war nun mal eine andere. Jedenfalls für Sängerinnen.

»Und das ist mein bestes Stück«, sagte Johanna. Sie stellte sich auf einen Stuhl und langte nach einer Schachtel, die zuoberst auf dem Regal stand. Ein Hut aus zitronengelbem Satin kam zum Vorschein. Johanna genoss das Interesse ihrer Schwester an dem Prachtexemplar. »Das ist der Anfang des Ganzen«, sagte sie geheimnisvoll, »nun zeige ich dir das Muster des dazugehörigen Kleides.« Und Johanna nahm das zusammengefaltete Blatt vom Grund des Kartons. Als es entfaltet war, sah man die Zeichnung eines aufwändigen Kleides – genau passend zu dem gelben Hut, der vor ihnen lag. »Vielleicht ist das Kleid nächsten Monat schon fertig.«

Anna Magdalena begriff langsam: Ihre Schwester, die mehr Kleider besaß als andere Sängerinnen, hatte schon wieder einen teuren Stoff zum Schneider getragen. Und das alles musste sie aus eigener Tasche bezahlen! Würde sie nicht erst in zwei Monaten ihre seidenen Blusen abbezahlt haben? Die Freude über ihr eigenes grünes Kleid war nur noch halb so groß. Nicht, weil es ihr nicht mehr so gut gefallen hätte, sondern sie wollte ja ihrer Schwester eine Freude machen, indem sie es ihr drei Wochen auslieh. Danach sollte sie es einfach gut verpackt mit der Postkutsche zurücksenden.

Johanna gefiel das grüne Kleid trotzdem außerordentlich gut und schlüpfte gleich hinein. Obwohl sie ihr Wunschkleid in Aussicht hatte, freute sie sich wie ein Kind, bald in dem grünen Kleid ihrer Schwester auftreten zu können. »Und jetzt suchst du dir eins von meinen Kleidern aus und ziehst es an«, forderte Johanna ihre Schwester auf. Wie viel Zeit war verstrichen? Die beiden hatten nicht einmal gemerkt, dass Johannas Mann heimgekehrt war.

»Ehe ihr nicht mehr aus euren Rüschen und Bändern herausfindet, will ich wenigstens meine kleine Schwägerin begrüßen.« Anna Magdalena steckte wirklich gerade in einem Kleid, das mit Bändern um den Leib festgezurrt wurde. Anna Magdalena hatte Mühe, sie wieder zu lösen.

Schwager und Schwägerin umarmten sich herzlich. »Da sich die Frauen zu kostümieren pflegen, muss ich ja genau hinschauen. Nicht dass ich mit der Falschen einen groben Scherz mache.«

»Oh, ich scherze gerne zurück«, schäkerte sie.

Vater Wilke ließ es sich nicht nehmen, am nächsten Tag ebenfalls nach Zerbst zu reisen, um wie früher mit seinen beiden Töchtern aufzutreten. Sie waren aufeinander eingespielt und hatten daher keine Mühe, auch neue Stücke vorzutragen. Als der Vater Anna Magdalena die anteilige Gage auszahlen wollte, lehnte sie ab: »Gebrauche es für Katharinas Kinder. Ihr habt mehr Not als ich.« Er wehrte sich nicht, hätte er doch selbst genauso gehandelt.

Der Vater war erleichtert, seine Tochter wohlauf vorzufinden. Später fragte er sie nach Fürst Leopold und wollte wissen, wie es dem Hofkapellmeister ginge, den er von vielen Begegnungen kannte. Aber Anna Magdalena wusste wenig aus Bachs Privatleben. Sie schwärmte ihrem Vater vor, wie wunderbar er komponiere und dass es allen eine Ehre sei, mit ihm zu musizieren. »Zu mir ist er gut«, schloss sie, »er ist zufrieden mit meinem Gesang … aber was weißt du über ihn?«

»Nun ja, er war früher ein Haudegen«, begann der Vater, »und das ist er auch heute noch, wenn man ihn reizt. Er hat die Musik nicht nur im Kopf, nein, er verbindet sie mit seinem persönlichen Glauben und Leben, so wie Luther vor 200 Jahren seine theologischen Einsichten nutzte, um neue Wege zu gehen. Bach wird jedoch deswegen von vielen angegriffen. Sie wollen ihn haben, dann aber doch wieder nicht. Den Pietisten ist er zu weltlich und ausschweifend, während seine Musik an den Höfen zu fromm erscheint. Dort kommen immer mehr Tänze und Opern in Mode.« Wilke sah seine Tochter an und sagte dann wie beiläufig: »Und er braucht wieder eine Frau. Dringend. Es würde mich nicht wundern, wenn er bald käme und um die Hand meiner jüngsten, unverheirateten Tochter anhalten würde.«

Anna Magdalena fiel aus allen Wolken. Die unbekümmerten Gedankengänge des Vaters hatten sie zutiefst erschrocken. Sie war froh, dass der Vater ihr verdutztes Gesicht nicht sah. Für den Kapellmeister – nein, für den hatte sie niemals Augen gehabt. Für die anderen Musiker schon, o ja! Dabei hatte ihr Herz zuweilen laut geklopft. Und die Sänger mit den tiefen, zärtlichen Stimmen … Mit denen träumte sie sich manchmal auf und davon. Aber diese Gedanken hütete sie gut. Von Bach hatte sie nie geträumt. Er war eben der Dirigent, und sie tat wie alle anderen ihre Arbeit. Sie war ja unendlich glücklich, am Hof singen zu können.

Anna Magdalena musste ihrem Vater Recht geben. Bach war

ein respektabler Mann und sollte wieder heiraten. Seine neue Frau würde er sich mit Bedacht aussuchen. Maria Barbara, seine verstorbene Frau, war seine Jugendliebe und zugleich seine Cousine gewesen. Sie war sehr musikalisch, hatte ihren Mann unterstützt und die Kinder zur Musik erzogen. Wie in ihrer eigenen Kindheit war die Stube eine Musizierstube gewesen. Warum heiratete Bach eigentlich nicht die Schwester seiner verstorbenen Frau? Sie war doch von Anfang an mit dabei und versorgte nun die Kinder. Ob sie ihm zu alt war? Oder lag es daran, dass sie weder singen noch nach Noten auf dem Klavichord spielen konnte? Friedelena tat ihr leid. Sie hatte die Hoffnung wohl schon aufgegeben.

Das Gespräch mit dem Vater hatte zur Folge, dass Anna Magdalena fortan Bach nicht mehr unbefangen begegnen konnte. Ja, sie konnte nicht einmal länger auf seine Hände blicken, ohne zu erröten. Er hätte sonst vielleicht in ihren Augen gelesen, dass sie sich in allen Einzelheiten ausmalte, wie es wäre, seine Frau zu sein. Und seine Hände waren von jeher für sie wie Vögel gewesen. Vögel, die flattern und ruhen. Manchmal schnitt er beim Dirigieren die Takte so abrupt ab, dass alles sofort verstummte. Die Streicher legten dann dienstbeflissen ihre Hände über die Saiten, damit der Ton, welcher den Kapellmeister so übel ankam, schwieg. Bach schien sich sogar darauf zu spezialisieren, seine Musiker beim kleinsten Missklang zu erschrecken. Was war an seinem Verhalten anders als bei einem Raubvogel, der sich auf die Erde stürzte? Der Räuber stürzt sich herab und es herrscht Totenstille. In Bachs Händen vibrierte die Musik wie die Luft in den Schwingen der Raubvögel. Sobald er sie bewegte, erklang für Anna Magdalena Musik.

Sie war von sich selbst überrascht, denn nie und nimmer hätte sie sich sonst vorgestellt, mit ihm auch nur eine private Stunde, das Schlafgemach und das ganze Leben zu teilen.

Ehe Anna Magdalena in den nächsten Tagen alle Gedanken zu Ende denken konnte, bat Bach sie, nach der Probe zu einer kurzen Unterredung zu bleiben. Anna Magdalena ging in Gedanken die eben gesungene Arie durch. Was war daran noch zu verbessern? Bach erklärte, er wolle allein mit ihr sprechen, sie jedoch nicht kompromittieren und wähle deshalb das leere Musikzimmer.

»Ich könnte mir keine Situation vorstellen, in der es respektlos wäre, mit dem Herrn Kapellmeister zu verkehren«, gab Anna Magdalena zur Antwort. »Warum solltet Ihr nur mit Musikern allein sein können und nicht auch mit einer Sängerin?«

»Weil mich wohl der beste Musiker nicht dazu bewegen könnte, wozu Ihr mich bewegt.«

Schlagartig begriff Anna Magdalena, was er meinte. Und zugleich fiel ihr ein, dass Bach ja erst vor wenigen Tagen durch Weißenfels gereist war. Er war mit einigen Musikern am Hof von Graf Heinrich XI. in Schleiz gewesen. Ob er wohl auf dem Rückweg mit ihrem Vater gesprochen hatte? So musste es gewesen sein. Er war durch Weißenfels gereist und hatte bei ihren Eltern Rast gemacht … Hatte Bach dort um ihre Hand angehalten? Hatten die beiden über sie gesprochen? Und das, was für ihren Vater so selbstverständlich war, sollte sie nun in wenigen Minuten entscheiden müssen? Anna Magdalena schwirrten die Gedanken durch den Kopf. Doch als sie Bach anschaute, merkte sie, dass auch er nach Worten suchte. Obwohl sie ihm gern das Sprechen abgenommen hätte, wartete sie.

»Mein Bruder«, begann er schließlich, »verlor auch seine Frau. So wie ich meine liebe Barbara verloren habe. So wie ihm ging es auch mir. Wir konnten uns nie eine … eine andere Frau an unserer Seite denken. Eine wahre Freundin und Mutter der Kinder. Nun, er hat wieder mit derselben Hingabe einer Frau die Ehe versprochen …«

Jetzt ist es so weit, dachte Anna Magdalena, und wahrscheinlich werde ich erst gar nicht gefragt. Aber sie hatte sich getäuscht.

»Ich möchte, dass Ihr ... meine Familie kennen lernt und Euch überlegt, ob Ihr ... ja, ob Ihr meine Frau werden möchtet. Ich würde mich aber freuen, wenn Ihr weiter hier singen könntet. In zwei Wochen werde ich Eure Antwort erwarten, denn da komme ich wieder über Weißenfels und könnte Eurem Vater die Aufwartung machen.«

Bei Anna Magdalena überstürzten sich die Gedanken. Sie sollte also zwei Wochen die Familie kennen lernen und sich dann entscheiden? Offenbar hatte er schon seiner Familie Bescheid gegeben, dass in den nächsten Tagen die Sängerin Jungfer Wilke, so oft sie wolle, als Gast zugegen sein dürfe? Anna Magdalena bedankte sich für die »freundlichen Worte«, sonst fiel ihr partout nichts ein, was sie sagen sollte. Am liebsten hätte sie gleich ja gesagt, einfach weil sie den Kapellmeister noch nie so unsicher gesehen hatte.

»Ihr werdet zu gegebener Zeit nicht auf eine Antwort warten müssen.« Der gute Satz kam ihr doch noch über die Lippen. Er freute sich offensichtlich darüber, und es klang wie ein erstes Versprechen, als er sagte: »Kein Tag soll vergehen, an dem ich Gott nicht bitte, mir meinen Herzenswunsch zu erfüllen und mir Euch als meine Frau zu geben.«

Gleich am nächsten Tag, als sich die schlimmste Mittagshitze gelegt hatte, schlug Anna Magdalena den Weg zum Bachschen Haus ein. Sie hatte ihre schlichten, vertrauten Kleider gewählt, die sie auch zu Hause trug. Auf dem Rock hatten bereits die Kinder ihrer Schwester gesessen, und in der Bluse mit den vielen Rüschen versteckten die Kleinen gern ihr Gesicht.

»Tritt ein, wir haben dich erwartet!« Friedelenas Stimme klang freundlich. Anna Magdalena ging zu jedem der vier Kinder, um sich vorzustellen, obgleich sie doch keine Unbekannte war. Wie sie es gewohnt war, begrüßte sie zuerst das jüngste Kind und dann der Reihe nach die anderen. Bernhard war sechs Jahre alt, Emanuel ein Jahr älter, Friedemann war elf, Dorothea dreizehn.

Dorothea freute sich mehr als alle anderen über den Besuch der Anna Magdalena Wilke. Ihr Vater hatte gesagt, dass sie nun öfters vorbeikommen werde, um das Familienleben kennen zu lernen. Das Mädchen hoffte, dass es auch mit ihr singen konnte, denn Tante Friedelena hatte schon Mühe, einen Ton zu halten. Seit dem Tod der Mutter war es, als ob nur noch Vater und Friedemann bestimmten, was gespielt, gegessen und gesprochen wurde. Fasziniert blickte sie auf Anna Magdalenas lange kastanienbraune Haare. Selbst wenn sie durch Bänder und Klammern an ihrem Hinterkopf hochgebunden waren, konnte man ahnen, dass sie bis zur Hüfte reichten.

Dorotheas Hoffnungen wurden nicht enttäuscht. Gleich am nächsten Tag nahm Anna Magdalena Bachs Tochter bei der Hand und setzte sie in den kleinen Saal des Schlosses, damit sie den Komödianten bei ihren Theaterproben zusehen konnte. Friedemann hatte die Einladung mit gespielter Langeweile abgelehnt. Er nutzte förmlich jede Gelegenheit, um der neuen Mutter im Haus einen Strich durch die Rechnung zu machen, und benahm sich manchmal unmöglich. Anna Magdalena hatte trotzdem den sehnsuchtsvollen, neidischen Blick auf die Schwester wahrgenommen, als sie aus dem Haus gingen. Dorothea versuchte, Friedemanns Verhalten abzumildern, indem sie Anna Magdalena erklärte, ihr Bruder sei seit kurzem zu allen Frauen so gemein. Eigentlich sei er aber ganz nett. »Aber nur, wenn wir allein sind. Er hilft mir dann und nimmt mich auch in den Arm. Sobald jemand auftaucht, ist er wie ausgewechselt. Aber versprich mir ... das bleibt unter uns!«

Anna Magdalena beruhigte sie: »Dorothea, du kannst sicher sein, dass ich es niemand erzählen werde. Danke, dass du dich mir anvertraut hast. Denn so bin ich gewiss, dass Friedemann auch seinen Platz hat, an dem er noch der Junge sein kann, der er vom Alter her ist.«

»Ja, Friedemann erzählt mir auch, was ihm Kummer macht, und ich tröste ihn«, verriet das Mädchen.

»Vielleicht meint er, ich wollte ihm seine liebste und einzige Schwester abspenstig machen?«, überlegte Anna Magdalena. Später zeigte sie dem Mädchen noch die Gemälde und die Orangerie des Schlosses. Sie freute sich mit Dorothea über alles Neue, das sie entdeckte. Ihr Vater hatte die Söhne schon oft ins Schloss mitgenommen, an die Tochter hatte er jedoch nie gedacht.

»Ihr kommt viel zu spät zum Abendessen!«, empörte sich Friedemann, als sie am Abend zurückkamen. »Vater hasst Unpünktlichkeit und Tändeleien!« Der Junge hatte sich bei seinen Worten dermaßen aufgeplustert, dass Friedelena vor Peinlichkeit nichts zu sagen wusste. »Nun, so werden wir das nächste Mal auf die Zeit achten und pünktlich sein.« Anna Magdalena antwortete gelassen, denn sie wusste, dass Herr Bach gar nicht zugegen war. Die Grillen des Sohnes brauchten sie nicht zu beunruhigen. Sie zog es vor, in ihren eigenen Wänden das Abendbrot einzunehmen, da brauchte sie sich an keine Uhr zu halten.

Anna Magdalena konnte nicht einschätzen, wie Friedelena ihr gegenüber eingestellt war, doch immerhin entdeckte sie an dieser Frau eine wunderbare Eigenschaft: Sie war ein wandelndes Geschichtsbuch. In ihrem Kopf waren alle wichtigen und alltäglichen Ereignisse gespeichert, die sich in der Familie oder der Gesellschaft zugetragen hatten. Zu ihrem eigenen großen Vergnügen und zur Erheiterung der Freunde nutzte sie jede Gelegenheit, ihre Anekdoten zum Besten zu geben.

»Alle nennen mich nur Friedelena, du kannst mich auch so nennen.« Dieser Satz, von ihr gesprochen, war die Eintrittskarte zu allen wunderbaren, skurrilen und belanglosen Begebenheiten aus dem Leben der riesigen Familie Bach. Friedelena konnte es kaum abwarten, mit jemandem vertraut zu werden, damit sie ihre gesammelten Erfahrungen, ungeachtet der Zeit und des Wissensdurstes der Gäste, erzählen konnte.

»Herr Bach und ich haben einen Großvater. Das war natürlich auch der Großvater von der lieben seligen Maria Barbara, meiner Schwester.«

»Aber, Tante Friedelena, das weiß doch Jungfer Wilke! Wenn ihr Schwestern seid, dann habt ihr doch zwangsläufig den gleichen Großvater.« Dorothea hatte es sich angewöhnt, die Tante bei den Erzählungen etwas im Zaum zu halten. Diese aber beklagte sich: »Damals, als ich noch ein Kind war so wie ihr«, und sie zeigte mit einem Zeigefinger auf Emanuel und mit dem andern auf Bernhard, »damals waren die Menschen noch nicht so aufgeplustert wie heute. Sie benahmen sich, wie sie von Gott geschaffen waren: schlicht und ehrlich. Erst als ich eine junge Frau war, begannen die Fürstenhöfe und die Bürger sich in übersteigerten, wohlklingenden Sätzen zu ergehen, die doch nicht das Geringste aussagten. Jedes Gespräch, die Briefe, Kunst und Religion blasen sich nun auf wie die Auerhähne beim Balzen. Die Männer laufen mit Locken und Perücken umher, sie ziehen Staatsröcke an mit abstehenden Schößen, Borten, Litzen, riesigen Ärmeln und ausladenden Taschenklappen. Die Schuhe brauchen heute ja schon silberne Schnallen – und wehe, ein Mann hat keinen Dreispitz oder Degen in der Hand!«

Friedelena schnappte nach Luft und Friedemann nutzte die Pause und erinnerte die alte Tante: »Pathos muss der Mensch heute haben, Pathos, liebe Tante.« Ehe Friedelena etwas sagen konnte, wurde sie von Dorothea erinnert: »Nähtest du nicht selbst unter die Rüschen von Vaters Hemden noch eine Reihe

Spitze, damit er noch galanter wirkte? Und musste ich dabei nicht immer brav helfen?«

»Nun, was denn heute respektierlich ist, muss wohl sein«, wehrte sich Friedelena. »Ich wollte ja nur sagen, dass es früher anders war.« »Ja, damals herrschten noch ganz andere Sitten!«, ließ sich Friedemann hören, als ob er sich auskennen würde. Dann schwieg er vielsagend.

»Du wirst dich unterstehen, von deinen Vorfahren schlecht zu denken!« Friedelena schlug mit der Faust so entschlossen auf den Tisch, dass Anna Magdalena erschrak. »Jedenfalls mussten auch meine Vorfahren auf die fünfundzwanzig umständlichen Satzungen des ›Instrumental-musikalischen Kollegiums‹ schwören, damit sie als Kunstpfeifer anerkannt wurden«, beharrte Friedelena.

Anna Magdalena warf ein: »Auch meine Vorfahren und selbst mein Vater mussten einen solchen Eid leisten.«

»Wären sie von Natur aus anständige Leute gewesen, hätten sie ja wohl nicht schwören müssen!«, konterte Friedemann. »Uns liegt nämlich ein Luderleben im Blut. Das sollte jeder wissen, der die Familie Bach besucht.«

Anna Magdalena amüsierte sich über diese Worte mehr, als dass sie sich abschrecken ließ.

Friedelena, die genauso gern Texte zitierte wie sie den neuerfundenen Kaffee trank, erinnerte gern an die alten Regeln: »Jawohl, sie mussten schwören, dass sie keine unehrlichen Instrumente wie Sackpfeifen, Leiern oder Triangeln spielen, wie sie Bettler zum Sammeln von Almosen gebrauchen. Denn dadurch schadet man dem Ansehen der Kunst, so dachte man. Es soll sich auch keiner gelüsten lassen, Zoten oder unzüchtige Lieder zu singen, weil dadurch Gott erzürnt oder ehrbare Bürger verärgert würden …«

»Ich finde die Regeln gut, richtig gut«, begeisterte sich Anna Magdalena. »Haben sie doch die Spreu vom Weizen geschieden.

Und somit wurde der Beruf der Musikanten nicht mit Liederlichkeit und Gotteslästerei in einen Topf geworfen.« Anna Magdalena sah Friedemann an: »Ich bin Gott dankbar, dass ich singen darf. Es ist eine Gabe Gottes, und ich singe für ihn.«

Der Junge ging zum Klavichord, holte sein Notenbüchlein herunter, zeigte es Anna Magdalena und sagte: »Mein werter Vater sagt das Gleiche. Schau, was er immer unter die Stücke schreibt.«

Sie las »Soli Deo gloria« und spürte, wie ihr die Tränen in die Augen schießen wollten. »Allein zur Ehre Gottes.« Ihre Eltern hätten so etwas nie geschrieben. Aber Herr Bach tat es.

»Friedemann, würdest du mir ein Stück vorspielen?«, fragte Anna Magdalena zaghaft.

»Wenn meine Brüder zuerst auch ihr Können zeigen dürfen?«, erkundigte sich Friedemann. Und dann spielte der kleine Bernhard fehlerfrei ein kleines Liedchen vor. Anna Magdalena staunte. Als Emanuel an die Reihe kam, hatte sie sich schon auf ein meisterliches Stückchen eingestellt und wurde nicht enttäuscht. Während Emanuel noch spielte, sah Anna Magdalena mit Freuden bei einem Seitenblick, dass Dorothea wie zufällig ihren Arm um Friedemann gelegt hatte und er sich dies gefallen ließ.

»Und nun bist du an der Reihe«, wies Emanuel Friedemann an. Anna Magdalena hatte nach dem Vorspiel der Buben geklatscht. »Ich will aber kein Geklatsche im eigenen Haus«, stellte Friedemann klar, ehe er begann. Er spielte drei kurze Stücke, die sein Vater extra für ihn komponiert hatte. Anna Magdalena war von dem Eifer und der Präzision angerührt. Aber wie hätte es denn auch anders sein können bei einem Vater und Lehrmeister, der genau wusste, »wie es klingen musste«.

»Soli Deo gloria«, sagte Anna Magdalena zu Friedemann, als er fertig gespielt hatte. Und das war für ihn wohl ein überraschenderes Kompliment, als jeder Beifall es gewesen wäre.

Was Anna Magdalena an Bach anrührte, hatte Friedelena wohl stets missverstanden. Wie hätte sie sonst so bitter sagen können: »Ich verstehe nicht, wie mein Schwager trotz der Trauer um seine Frau, meine liebste Schwester, immer so schöne Musik komponieren kann.« Friedelena schüttelte missbilligend den Kopf. »Und warum zweifelt er nicht an Gottes Güte, auch wenn es ihn und uns so hart trifft?« Und dann erlebte Anna Magdalena einen der plötzlichen Trauerausbrüche Friedelenas. Sie schluchzte und jammerte laut auf, sodass die Kinder sie trösten und stützen mussten und selbst noch einmal richtig laut mitweinten.

Anna Magdalena stand hilflos bei dem Häufchen Elend. – Erst Jahre später wusste sie, welche Wohltat Friedelena mit ihrem labilen Gemüt darstellte. Sie sorgte dafür, dass jeder seine Tränen weinen konnte. Doch an dem Tag versuchte Anna Magdalena, das Verhalten Bachs zu erklären: »Ihr tut Eurem Schwager unrecht, wenn ihr meint, er müsse nun zweifeln und klagen. Seine Zweifel müssen in der Musik Antwort und Trost finden. Und wenn er nicht an Gott zweifelt, so doch nur, weil er mit allem zu Gott kommt und ihm vertraut. Wollt Ihr denn nicht einsehen, dass dies genau die Kunst ist, wodurch andere mit ihren Zweifeln gesunden können, wenn sie die Musik hören? Friedelena, versteht doch, dass es gerade dieser Glaube und seine Genialität sind, die durch seine Musik andere Menschen zu Gott hinzieht!« Am liebsten hätte sie Friedelena durchgeschüttelt, weil sie ihrem Schwager eine Kälte vorwarf, die nicht vorhanden war. Erst als Anna Magdalena sagte: »Wäre es Euch lieber gewesen, er hätte vor Trauer keine Orgel mehr berührt und wäre stattdessen jeden Abend in den Ratskeller gegangen und hätte sich betrunken?«, lenkte Friedelena ein. »Nein, nein«, murmelte sie. –

»Vergesst nicht, Bach kann, um Euch alle zu ernähren, nicht seine Gefühle wie ein Schmied in die Eisen schlagen. Das würdet Ihr wohl besser verstehen?«

Friedelena bestätigte bekümmert, was für die junge Frau so einfach aussah. Und dann erzählte sie ihr die Geschichte, wie sie selbst als mittellose Waisen dagestanden hätten. Bach hatte nicht nur ihre Schwester Maria Barbara geheiratet und versorgt, sondern auch sie selbst mit in den Haushalt aufgenommen. »Als Barbara und Johann Sebastian in Dornheim heirateten, fiel auch die Sorge um meine eigene Zukunft von mir ab. Er hatte nämlich Barbara versprochen, mich wie eine eigene Schwester zu behandeln. Trotzdem kann ich es Johann Sebastian immer noch nicht verzeihen, dass er weder beim Tod Barbaras noch bei ihrer Beerdigung zugegen war.«

»Aber das belastet ihn doch selbst, und es fehlt ihm sicherlich, dass er nicht mit euch allen Abschied nehmen konnte«, tröstete Anna Magdalena die verstockte Frau. »Es ist etwas Seltsames mit der Trauer. Oft ist jeder damit ganz allein.« Anna Magdalena versuchte es den Kindern zu erklären. Und die verstanden es und erzählten, wie sie alle ihren Kummer anders erlebten: Dorothea fehlte besonders die Stunde, in der sie morgens mit der Mutter allein gewesen war, während sie ihr half, die Haare zu bürsten und ihr das Mieder enger zu zerren.

»Und mir fehlt Mutter immer, wenn Vater aus dem Haus geht. Aber das dürft Ihr ihm auf keinen Fall sagen!« Friedemann tat es meist sofort leid, wenn er sein Inneres in der vertrauten Familienrunde bloßlegte.

»Ich dachte, Kinder wären *ständig* traurig, wenn die Mutter gestorben ist«, bemerkte Friedelena erstaunt.

»Also, das wäre ja ganz traurig«, sagte Anna Magdalena.

»Abends und morgens reicht mir«, gab Bernhard zu.

Wann immer Anna Magdalena in den folgenden Tagen ins Bachsche Haus kam, hatte Friedelena Zeit, um alle Fragen zu beantworten. Endlich hatte sie jemand gefunden, der sich für die Familiengeschichte interessierte.

»Er saß aus Halsstarrigkeit schon vier Wochen im Gefängnis und allein Gott sei gelobt, dass er ohne böses Nachspiel und nur mit ›angezeigter Ungnade‹ dahin entlassen wurde, wohin er doch wollte: nach Köthen.«

Wie? Bach ist schon im Gefängnis gewesen? Anna Magdalena wunderte sich.

»O ja, o ja. Und wir Weiber wussten zu der Zeit nicht, ob sich Herr Bach in seinem Trotz nicht um alle Anstellungen bringen würde.«

»Aber warum saß er denn im Gefängnis?«

Friedelena wunderte sich, dass sich die Geschichte nicht schon längst unter den Musikern herumgesprochen hatte. Aber so war das eben, wenn sie nicht für die Verbreitung der Nachrichten sorgte; ihr Schwager schwieg beharrlich über gewisse Kapitel seines Lebens. Friedelena konzentrierte sich, um die Angelegenheit kurz und einleuchtend zu erklären: »Im Grunde fing es damit an, dass Sebastian den Musikwettstreit gegen den französischen Musiker Marchand gewonnen hatte. Aber was heißt da gewonnen? Marchand war bei Nacht und Nebel aus Dresden geflohen, weil er sich dem Wettstreit nicht stellen wollte. Nun, durch diese Begebenheit wurde Sebastian bekannter und er erhielt auch Anfragen von Fürsten, die ihn besser bezahlten. So hatte ihn auch Fürst Leopold gefragt. An sich wäre der Wechsel kein Problem gewesen, aber die Dienstherren lagen miteinander im Streit, und deshalb wurde Sebastian nicht aus seinem Amt entlassen. Auf eigene Faust führte Sebastian daraufhin den Musiker Schubart in sein Kantorenamt ein und reiste einfach so nach Köthen. Wie Ihr wisst, ging es nicht lange gut. Er wurde mitten auf der Straße verhaftet und eingesperrt.«

»Einfach so, vier Wochen lang?«

»O ja, das passiert schneller als man denkt. Natürlich haben wir ihn besuchen können. Er hat mit keinem Wort gesagt, dass es ihm leidtäte. Und da wir ihm Papier und Tinte schickten, nutzte er die Zeit und schrieb das Orgelbüchlein im Kerker.«

Anna Magdalena war sich nicht sicher, ob Friedelenas Fantasie nun mit ihr durchgegangen war. »Ich sehe sehr gut an Eurer Stirn, dass Ihr meinen Worten nicht traut«, entfuhr es Friedelena, »aber ich kann es Euch beweisen. Ich kann es beweisen.« Sie holte eine kleine Holzschachtel vom Schrank, in der sie Zeitungsausschnitte sammelte. »Gleich hab ich's«, murmelte sie. »Da ist es ja! Und so steht es in den Akten: ›Am 6. November ist der bisherige Konzertmeister und Hoforganist Bach wegen seiner halsstarrigen Bezeugungen und zu erzwingenden Dimission auf der Landrichter-Stube arretieret worden.‹«

Anna Magdalena konnte nicht anders, sie lachte lauthals los. »Ich stelle mir das grade so vor«, prustete sie. »Das heißt, ich kann es mir gar nicht vorstellen.« Friedelena stimmte in das Gelächter mit ein. Sie freute sich, dass Johann Sebastians zukünftige Frau Humor hatte. »Wahrscheinlich ist es gar nicht so schlimm, wenn der Herr Kapellmeister stur ist. Er findet immer einen Weg.«

Anna Magdalena dachte, das Thema sei nun beendet. Aber Friedelena war nun richtig in Fahrt gekommen: »Was denkt Ihr, wie viel Sorgen wir wegen seiner Temperamentsausbrüche schon hatten! Ich glaube sogar, dass er oft selbst den Streit mit Beschimpfungen beginnt. Und wenn er dann den Degen zieht … Er denkt ja nicht daran, wie böse es für ihn und die armen Kinder ausgehen könnte!« Friedelena kannte ihren Schwager und Cousin mit allen unangenehmen Eigenschaften, schließlich waren sie zusammen groß geworden. Und wer in einer Sippe aufwächst, kennt alle Geheimnisse.

Obwohl sich für Anna Magdalena in diesen Tagen eine ganz neue Welt auftat, sang sie so konzentriert wie immer. Die Musik hielt sie davon ab, zu grübeln. So war es schon immer gewesen. Sobald sie sich der Musik widmete, gab es nichts anderes mehr.

»Ich hätte nicht gedacht, dass eine Sängerin so falsch spielen kann.« Friedemann verdrehte die Augen, weil Anna Magdalena sich schon zum vierten Mal bei einer kleinen Musik auf dem Cembalo verspielt hatte. Ihr stockte der Atem. Es war für sie normal, Musikstücke zu üben und erst nach mehrmaligem Wiederholen fehlerfrei zu spielen. Aber der hochnäsige Ton, mit dem der Junge sprach, ließ ihr das Blut in den Adern gefrieren.

Friedelena hatte es ebenfalls gehört. Sie lief herbei, zog den Buben an den Haaren vom Stuhl und drohte ihm: »Noch einmal, wenn du die Jungfer Wilke beleidigst, werde ich deinem Vater sagen, dass du mehr als eine Tracht Prügel verdienst. So etwas hättest du doch auch nie zur Mutter gesagt.«

»Sie ist aber nicht meine Mutter. Und sie muss immer noch zwischendurch auf die Tasten schauen … und das ist streng verboten!«

»Lass ihn, Friedelena, er ist doch noch ein Kind«, mischte sich Anna Magdalena ein. »Die Freude hast du mir aber sehr verdorben, Friedemann.« Sie klappte den Deckel über die Tasten und stand auf. »Es wird ohnehin Zeit für mich zu gehen.«

Friedemann wollte der Tante zuvorkommen und ging selbst zum Vater, um ihm von dem Vorfall zu berichten. »Du magst denken, was du willst«, meinte dieser daraufhin, »aber ich will nie auch nur ein unrechtes Wort oder Ungehorsam von dir vernehmen, wenn es um Anna Magdalena geht. Ich wäre glücklich, wenn sie hier bei uns spielen und musizieren würde. Und dazu wird sie auf ihre Art üben müssen. Hör doch zu, wie lieblich und rein sie eine Arie singt, dann weißt du, dass sie diese Kunst besser beherrscht als je eine andere Frau zuvor, die du gehört hast. Selbst deine Mutter hätte ihre Stimme bewundert.« Weil sich Sebastian so sehr über den hochmütigen Gesichtsausdruck Friedemanns ärgerte, fügte er noch hinzu: »Anna Magdalena beweist darin mehr Fleiß und Geschick, als du bisher mit den Tasteninstrumenten.«

Das saß. Friedemann wusste nun, auf welcher Seite sein Vater stand.

Trotz der Unstimmigkeiten mit Friedemann fühlte Anna Magdalena sich wohl in Bachs Familie. Es erinnerte sie an die Zeit, als sie noch zu Hause war und die Kinder ihrer Schwester um sie lärmten. Dorothea hatte sich zielstrebig an sie gehängt, denn für sie war die neue Hausfreundin eine Tür in die weite Welt. Nur sieben Jahre trennten die beiden voneinander, und das Mädchen wäre lieber heute als morgen in ihre Fußstapfen getreten.

Anna Magdalena fand sich bereit, dem Mädchen die Zöpfe zu lösen und neue Frisuren auszuprobieren. Hinterher überlegten beide, zu welcher Gelegenheit sich die Haarpracht tragen ließ. Anna Magdalena suchte immer ein passendes Lied für ihr Aussehen. Mal war es ein Opernstück, mal eine einfache Volksweise. Dorothea war glücklich. Sie hatte nicht nur eine neue Mutter gefunden, Anna Magdalena war auch die liebste Frau, die ihr je begegnet war. Im Gegenzug brachte die neue Freundin Anna Magdalena bei, wie man ein Quodlibet singt. Die übrigen Familienmitglieder kamen nicht umhin, mitsingen zu müssen, denn die verschiedensten kurzen Lieder wurden so ausgesucht, dass sie gleichzeitig gesungen werden konnten. Während Friedelena ein trauriges Lied anstimmte, handelte Friedemanns Text von grausigen Räubern, Anna Magdalena zelebrierte eine Ode an die Musik, Dorothea wählte ein Lied schlüpfrigen Inhalts und die zwei Jungs trugen eine Melodie quakender Frösche bei.

»Dies ist ein Vorgeschmack, wie es bei den jährlichen Familienfesten zugeht«, erklärte der Hausherr ihr halb stolz und halb entschuldigend, als er zu einer solchen Aufführung dazukam und gleich mit einstimmen sollte. Bach entschied sich für:

»Kraut und Rüben
haben mich vertrieben;
hätt mein Mutter Fleisch gekocht,
dann wär ich länger blieben.«

Friedemann wählte nun statt der Räuber den von Jungen so begehrten Text:

»Ich bin so lang nicht bei dir gewest,
ruck her, ruck her, ruck her;
mit einem stumpfen Flederwisch
drüber her, drüber her, drüber her.«

Bach hatte über dem Gesang jedoch Lust auf eine Prise Tabak bekommen. Sogleich erfand er dazu einen passenden Text, der ihm erlaubte, nebenbei ein Pfeiflein vorzubereiten:

»Wenn ich meine Pfeife hab, ist es für mich keine Frag',
lasst sie mich stopfen, daran ziehn,
den letzten Krümel verglühn.
Paff, schmauch, rauch auch …«

Er holte sein Lederbeutelchen hervor und stopfte das Kraut in den Pfeifenkopf. Als sie ausgesungen hatten, glühte das Pfeiflein brav bei jedem Zug neu auf und verbreitete einen bittersüßen Geruch.

Friedelena war glücklich und meinte vergnügt: »Keiner der Musikusse kann es lassen ein Pfeiflein zu rauchen, deshalb gibt es auch so viele Liedchen über das Rauchen.«

»Zu Unrecht wird das bedachte Rauchen in Verruf gebracht«, sinnierte Bach. »Wir müssen uns ein erbauliches Liedchen dazu suchen.«

»Das wird gewiss nur jemand dichten können, der selber solchen Nebel verbreitet. Für die armen Frauen, denen vom billigen, schlechten Kanaster sich schon der Magen umdreht, wird wenig Erbauliches zu erwarten sein«, warf Anna Magdalena ein.

»Ich gebe dir Recht, Jungfer Wilke, ein elendes Kraut wird durchs Rauchen auch nicht besser«, bestätigte Bach. Anna Magdalena wusste, dass Herr Bach sehr gut verstanden hatte, was sie zwischen den Zeilen sagen wollte, und sie entschlüsselte auch seine Botschaft, die er unmissverständlich zum Besten gab. »Geb' Gott, dass stets genug Geld für einen wohlriechenden Tabak im Hause ist«, beschloss sie die Plänkelei. Doch Friedemann wollte über das Thema kein Gras wachsen lassen.

»Es stört dich also, wenn Vater raucht«, stichelte er. »Alles, was guttut, stört mich nicht, Friedemann. Und wenn es der Kanaster ist, der wohltut, so soll es so sein. So wie jede Orgel ein Gebläse braucht, muss dein Herr Vater sich ebenso im Gleichgewicht befinden, denn wie sonst könnte er etwas Harmonisches schaffen?«

Friedemann hatte auch diese Gelegenheit genutzt um Unfrieden zu säen. Anna Magdalena tat, als höre sie die scharfen Untertöne nicht. Hier wurde sie automatisch zur Friedensstifterin. Sie sorgte sich selbstverständlich um Bachs Zufriedenheit und besänftigte auch Friedemann in seiner Gereiztheit. In ihrem Elternhaus hatte immer jeder seinen Dickkopf behalten dürfen und sie waren trotzdem vergnügt gewesen. Doch hier waren die Kinder empfindlich und anspruchsvoll. Jedes Missfallen, alle Ungereimtheiten wurden ans Licht gezerrt, um ausgemerzt zu werden. Vielleicht war dies mit ein Grund, dass unter Bachs Händen auch reine Übungsstücke sich zu musikalischen Meisterwerken entwickelten. Alles konnte noch verbessert, verfeinert werden. Die Grundübungen waren dazu da, um zu beflügeln, die Fantasie anzuregen und stets weiter zu wachsen.

Das Klavierbüchlein für den ältesten Sohn war von solcher Kraft – kaum standen die Noten auf dem Papier, kamen doch schon wieder weitere Ausführungen dazu. Friedemann wollte perfekt sein. Er wollte seinem Vater nicht nur gefallen, er wollte, dass sein Vater über ihn staunen sollte.

Anna Magdalena saß in ihrer Unterkunft an dem kleinen Eichentisch mit den gedrechselten Beinen. Sie hatte das Fenster geöffnet, damit ihre frisch gewaschenen Haare trocknen konnten. Sie schnitt sich mit einem scharfen Messer eine Gänsefeder zurecht und tauchte die Spitze in das halb volle Tintenglas:

Köthen, im Oktober 1721

Meine herzallerliebste Schwester und Freundin Johanna. Vor zwölf Tagen bat mich unser werter Hofkapellmeister Bach, den ihr ja schon lange kennt, zu prüfen, ob ich seine Frau werden wolle. Er gab mir dazu die Gelegenheit, seine Familie kennen zu lernen. Nun denke ich, dass er über drei Tage meine Antwort haben möchte, da er dann durch seine Reise über Weißenfels kommt und Vater fragen kann.

Wenn dir diese Zeilen überraschend anmuten, so bedenke, dass ich noch mehr erstaunt war, vom Ansinnen des Meisters zu erfahren. Ich prüfte deshalb mit klarem Verstand, ob ich diesem Mann ein Leben lang meine Hilfe und Herzenszuneigung versprechen kann.

Wenn ich das so bedenke, spricht in mir nichts dagegen, seine Kinder zu erziehen – wobei dies ein Leichtes ist, denn wie du weißt, hat seine Schwägerin das Haushalten gänzlich übernommen, und die älteste Tochter ist mir stürmisch zugetan. Und da Bach mich sehnlichst zur Frau wünscht, habe ich auch keine

Zweifel, ihm nicht zu genügen, denn er ist im Privaten so, dass alles mit den Füßen wohl auf der Erde stehen darf und trotzdem in den Himmel wachsen kann. Noch fürchte ich sein Temperament, mit dem er zuweilen das ganze Orchester in Aufruhr versetzt. Legte er doch neulich erst seinen Taktstock aus der Hand und dirigierte mit dem Degen weiter, damit alle den Ernst der Musik begreifen sollten. Ich bin darüber mehr erschrocken, als dass ich schmunzeln könnte. Da er sich jedoch zu seiner Familie herzlich verhält und seine Strenge einzig dem musikalischen Können gilt, hoffe ich, auch in seine Güte aufgenommen zu werden. Im Übrigen – und du verstehst, was ich meine – ist Herr Bach oft so verwirrt, wenn ich ihm nun begegne, dass ich, im Vertrauen gesagt, auch seine schwachen Seiten kenne, die mich stark machen. Es bleibt wohl das Glück der Frauen, zu spüren, wie sehr sich die Männer nach ihnen sehnen.

Ich werde hier auch weiterhin singen können und vom Fürsten mit Ablauf jeden Monats 16 Taler und 16 Groschen erhalten. Damit bin ich hochzufrieden. Herr Bach erhält das Doppelte. Und wie du weißt, erhalte ich bei Gastspielen oft an einem Tage 6 Taler. Welche Frau kann das schon von sich sagen?

Ich wüsste keinen Grund zu nennen, warum ich die herzliche Bitte des Herrn Bach ausschlagen sollte.

Dies ist meine Nachricht. Ich muss eilen, denn wie du wohl denken kannst, mehren sich jetzt meine Pflichten.

Es grüßt in inniger Zuneigung deine von Gott gnädig angesehene Schwester Anna Magdalena Wilke

Sie faltete den Brief und schob ihn in das Kuvert. Als sie daran dachte, dass sie selber vielleicht bald heiraten würde, fiel ihr die Hochzeit vom November ein und die Worte ihrer Schwester Erdmute: »Dies ist wohl die letzte Hochzeit auf der noch jemand von uns Mädchen Wilke heißt.« Das bedeutete: Die nächste Hochzeit wäre für die jüngste Wilke-Tochter reserviert. Für sie! Das hatte sie damals überhaupt nicht ernst genommen.

Und so kam es tatsächlich: Auf der nächsten Hochzeit, bei der Erdmute zugegen war, nahm die jüngste Schwester den Namen Bach an.

Johanna und die Mutter kamen schon einige Tage früher, um alles für die Feier vorzubereiten. Während die Mutter, Friedelena und die Magd in der Küche schwitzten, warf Johanna einen kritischen Blick auf Anna Magdalenas Brautkleid. Sie fand, dass dieses noch den letzten Schliff vertragen könnte, und gemeinsam gingen sie zur Schneiderin. Diese vergrößerte ein wenig den Ausschnitt und nähte auf den ausladenden Rock noch vier Stufen Stoff. Mit seinen vielen kleinen Falten am Bund stand der Rock fast waagerecht ab.

Alle versuchten, Anna Magdalena die Arbeit, ja sogar das Denken abzunehmen. Und so musste die Braut, ob sie wollte oder nicht, den Entscheidungen anderer Folge leisten, wenn es keine Streitereien geben sollte. Sie war froh, dass trotz ihrer privaten Pläne die normalen Orchesterproben stattfanden. Daran hielt sie sich fest wie ein Schiffbrüchiger an einer Planke Holz.

Der Vater reiste mit Katharinas Familie an. Ihr Bruder kam, die Tanten und die große Verwandtschaft der Bach-Familie. Alle waren ausgelassen und fröhlich. Anna Magdalena erinnerte sich daran, dass es ihr ja auch immer so ergangen war. Aber wenn man dann selbst in das Brautkleid stieg und hoffte, dass alles klappte, war es doch etwas ganz anderes. Sie wurde gegrüßt, geküsst, befragt … aber wo war sie selbst? Johanna und die Mutter halfen Anna Magdalena beim Ankleiden. Zuvor hatten die Schwester der Wirtin und die Mutter Anna Magdalenas Haare in ein Meer von roten Locken verwandelt. Wie Korkenzieher wippten einige Strähnen über ihren Schultern auf und nieder.

Anna Magdalena hatte plötzlich ein ganz mulmiges Gefühl im Magen. Es wurde besser, als ihre Mutter sagte: »Kind, du siehst mir zu blass aus. Jetzt trinkst du erst einmal einen Wein.« Woher Mutter Wilke den bloß hatte? Alle vier Frauen tranken einen Becher und Anna Magdalena noch einen zweiten. Sie sah und spürte selbst, welch wundersame Wirkung eintrat: Ihre Wangen bekamen Farbe, und plötzlich machte es ihr große Freude zu heiraten.

Vater Wilke holte die Frauen ab. Seine Frau hakte sich zu seiner Rechten ein, Anna Magdalena zur Linken. Johanna schmiegte sich an ihre Schwester: »Du siehst wunderbar aus, Anna Magdalena. Wunderbar! Die werden alle staunen, sag ich dir!«

Auf »fürstlichen« Befehl fand am 3. Dezember die Haustrauung statt. Der sechsunddreißigjährige fürstliche Hofkapellmeister heiratete die einundzwanzigjährige Sängerin Jungfer Wilke. Das Bachsche Haus war an diesem Tag Kirche und Gasthaus zugleich. Es wurde gebetet, gesungen, gegessen und vor allen Dingen so viel getrunken, dass sich die Kinder endlich aus den gestrengen Augen der Erwachsenen entlassen fühlten und eigene Feste feierten. Anna Magdalena freute sich über die vielen Geschenke, vor allem jedoch, dass Sebastians Kinder sich ein Musikstück ausgedacht hatten, zu dem Dorothea sang. Friedemann hatte sogar eigene Notensätze für Anna Magdalena kopiert.

Noch nie hatte Anna Magdalena so viel Wein getrunken. Am Abend war es ihr, als ob sie auf weißer Wolle ginge. Nein, das war nicht nur weiße Wolle – sie ging auf weißen Schäfchen, die dauernd in verschiedene Richtungen liefen. Deshalb blieb sie in den Abendstunden brav sitzen und hielt sich immer wieder prüfend an ihrem schwankenden Stuhl fest. Sebastian hatte jedoch seine Frau gut im Blick. Als Mitternacht vorbei war, verabschiedete er sich freundlich von den Gästen. Dann bat er Anna Magdalena, ihn fest zu umarmen und ihre Füße auf seine Schuhe zu stellen. Das war kein leichtes Unterfangen, denn der Rock war äußerst störrisch. Nach einer kleinen Übungsrunde gelang es Sebastian jedoch mit seinem willigen Weib auf den Füßen den Raum zu verlassen. Ausgelassener Beifall und Gelächter begleiteten die beiden die Treppen hinauf.

Als Anna Magdalena am nächsten Morgen die Augen aufschlug, schloss sie diese sogleich wieder. Himmel, hatte sie Kopfschmerzen! Dann hörte sie ihre Mutter sagen: »Nun, wo tut's am meisten weh?«

Anna Magdalena fasste sich mit beiden Händen an den Kopf und sagte: »Überall, Mutter, überall.«

»Ja, der viele Wein gestern Abend ... Du hast einen Kater, Anna Magdalena. Ich habe schon damit gerechnet.«

Johanna stand neben der Mutter im Nebel und erklärte: »Die Männer sind allesamt schon im Schloss und musizieren. Wir sagten, dass wir später nachkommen.«

»Erst bekommst du einen kalten Wickel auf die Stirn und in den Nacken, so lange bleibst du liegen.«

Mutter Wilke entfernte sich, und Anna Magdalena versuchte sich umzuschauen, schließlich erwachte sie in ihrem neuen Schlafzimmer. Sie sah das achtlos hingeworfene Brautkleid auf dem Stuhl liegen. Es lag nicht nur da, sondern es rutschte immer noch etwas tiefer. Auch die Wände waren krumm.

»O je, o je«, entfuhr es ihr. Johanna hatte das wohl falsch verstanden. Sie wollte ihrer Schwester beistehen und sagte geradeheraus: »Ich wusste nicht, dass es beim ersten Mal so wehtut. Ich habe, ohne nachzudenken, meinem lieben Andreas eine Ohrfeige gegeben. Dabei war ich wahrscheinlich noch viel verliebter als du.«

»O je, o je«, gab Anna Magdalena nur von sich. Es gab nichts, woran sie sich erinnerte. Aber das traute sie sich nicht zu sagen. Endlich kam die Mutter. Im Eimer kaltes Wasser, über der Schulter weiche Tücher. Mit einem Tuch tupfte sie sorgsam ihrem Töchterchen den Nacken ab. Dann holte sie eine unansehnliche kleine Flasche hervor, goss einen Schluck davon in einen Becher und befahl: »Trink es in einem Zug!« Es war ein Teufelszeug. Anna Magdalena stand gleich darauf das Wasser in den Augen und sie schnappte nach Luft. Doch das Zimmer hatte sich beruhigt. Nichts drehte sich mehr. Lieb und nett saßen Mutter und Johanna an ihrem Bett. Sie erhielt noch einen Wickel auf die Stirn und musste eine Weile ruhen. Dann waren ihr alle beim Ankleiden und Frisieren behilflich – schöner hätte der Tag nicht beginnen können!

Wenige Stunden später war Anna Magdalena wieder so, wie sie jeder kannte. Aufrecht und charmant plauderte sie mit den Gästen, und als die ersten sich verabschiedeten, schmiedeten sie neue Pläne.

Als Tage später vom städtischen Ratskeller die Rechnung über 32 Maß Rheinwein und einen Eimer ankam, gereute es Bach nicht, die Summe von 27 Talern zu begleichen, denn der Tag hatte ihm Glück gebracht. Anna Magdalena war die anmutigste Braut, die er sich wünschen konnte. Sie kümmerte sich an ihrem Ehrentag um die Gäste und Kinder, sah sogar noch in der Küche nach dem Rechten und war trotzdem immer da, wenn er sie brauchte. Er konnte es noch kaum fassen: Diese schöne, begabte Frau gehörte nun zu ihm.

Anna Magdalena wurde fortan mit »werte Frau Bach« gegrüßt und hatte diesen Wechsel doch nur zur Hälfte begriffen. Denn acht Tage später heiratete Fürst Leopold und darum fand eine Konzertprobe nach der anderen statt. Sebastian war immer noch dabei, an seinen Kompositionen zu feilen. So kam er erst weit nach Mitternacht ins Bett. Und nun, drei Tage vor der fürstlichen Hochzeit, saß Anna Magdalena ebenso lange wach und kopierte die Noten. Am Tage hatte schon Dorothea mit ihr Notenlinien gezogen und Friedemann half wie selbstverständlich mit.

»Danke«, sagte Anna Magdalena zu dem Elfjährigen, »danke

für deine Mithilfe und noch mehr dafür, dass du mit mir Geduld beim Cembalospielen hast.«

»Wir hätten ja auch eine ganz schreckliche Stiefmutter bekommen können«, meinte Dorothea und grinste.

»Das hätte uns Vater nicht angetan!«

»Wer weiß, manchmal laufen grässliche Jungfern herum und lassen sich nicht abschütteln.«

»Darauf wäre Vater nicht hereingefallen, auf so eine alte Schnepfe. Vaters Frau soll ja mindestens schön sein. Und wenn sie nicht singen könnte, hätte er ihr Geplärr nicht hören können.«

Friedelena stand plötzlich auf, ging in die Küche und schloss die Tür hinter sich. Anna Magdalena hatte gesehen, dass ihr Tränen in den Augen standen. Da wusste sie, dass sie den Platz eingenommen hatte, nach dem Friedelena sich wohl gesehnt hatte. Dabei war sie gar nicht so eine gute Ehefrau, wie sie sein sollte. Mit schlechtem Gewissen dachte sie an ihre Hochzeitsnacht zurück. Sie hatte die Tage zuvor alles geplant und vorbereitet und am Abend so viel Wein getrunken wie noch nie. Sie konnte sich nicht mehr an den späten Abend erinnern. Die andern erzählten ihr, wie Sebastian sie auf seinen Füßen nach oben gebracht hatte. Anna Magdalena glaubte es ihnen einfach. Wie sie aus ihren Kleidern gekommen war, blieb ihr ein Rätsel. Das saubere Tuch, das sie zur Schonung der Matratze ausgebreitet hatte, lag auch am nächsten Tag rein und unschuldig da. Sie musste wohl, sobald sie das Bettlaken unter sich spürte, gleich eingeschlafen sein.

»Friederica Henrietta von Anhalt-Köthen wollt' ich sein, dann könnte ich morgen den Fürsten heiraten!«

Anna Magdalena tröstete Dorothea: »Er ist nicht der einzige Fürst auf der Welt. Deiner wird bestimmt noch kommen! Außerdem ist die neue Fürstin schon neunzehn, und du bist noch ein klein wenig zu jung.« Als das nicht half, Dorothea zu trösten, fuhr Anna Magdalena fort: »Übrigens sieht sie nicht nur aus wie eine prunkvoll gekleidete Puppe, sie lässt sich auch in allem so bedienen. Noch nie hat sie sich selbst die Haare gekämmt oder durfte im Fluss schwimmen. Tausche nicht mit der zukünftigen Fürstin, denn sonst kannst du vor lauter Röcken nur noch im Saal hin und her gehen und selbst die kürzesten Wege würdest du in einer Sänfte getragen werden. Aber was noch schlimmer ist: Sie verträgt keine Sonne, keinen Wind, laute Musik macht sie krank und sie muss viermal täglich ruhen, weil ihr so oft die Luft zum Atmen fehlt.«

Anna Magdalena und Johann Sebastian waren beide angespannt. Ob alles so laufen würde wie geplant? Er hatte mehrere Sopranarien geschrieben, die genau auf ihre Stimme passten. Ihr war es vergönnt, während der Musikstücke auszuruhen. Sebastian hingegen musste den ganzen Tag über aufspielen. Am Morgen, um die Gesellschaft zu unterhalten, zwischen den Zeremonien, zur Kaffeepause und erst recht am Abend, als er sich zu einem Wettstreit mit anderen Musikern hinreißen ließ.

Als sie spät in der Nacht nach Hause gingen, waren beide erschöpft und glücklich, den Tag so gut gemeistert zu haben.

Es war die erste Nacht, in der geschah, was für jede weitere Nacht selbstverständlich war. Und doch lag Anna Magdalena noch lange schlaflos neben ihrem geliebten Mann. So schnell ging das also mit Mann und Frau? Es ist schneller vorbei, als eine Geige brauchte, um ordentlich gestimmt zu werden. Anna Magdalena dachte an ihre Hochzeitsnacht zurück. Daran, dass es ihre Mutter war, die sie immer ermuntert hatte, ruhig mit allen anderen einen Schluck Wein zu trinken. Tags darauf hatte sie noch zu ihr gesagt: »Eine Braut kann gar nicht genug Wein an ihrem Hochzeitstag trinken!« Damit wollte sie gewiss Anna Magdalena über ihren Kater trösten. Sie hatte es ja gut gemeint. Aber sie wusste nicht, dass ihre Strategie dazu geführt hatte, dass Johanna ihren Mann geohrfeigt hatte, und sie selbst eher wie ein kleines Kind als wie eine Braut zu Bett gebracht worden war. Über all den Gedanken musste Anna Magdalena lachen.

Johann Sebastian schlief anscheinend auch noch nicht. Im Dunkeln suchte er nach ihrer Hand, küsste sie und meinte: »Ich bin erleichtert, dich lachen zu hören.«

Es war unendlich gut, als Sebastian seinen Arm unter ihren Kopf schob und sie mit dem Rücken an seiner warmen Brust ruhen konnte. »Nun geht es mir so gut wie einem Küken im Ei«, gestand sie ihm. »Ich glaube, das ist die einzige Art, in Frieden zu schlafen und danach fröhlich aufzustehen.«

»Der Vergleich ist gut«, bestätigte sie Sebastian, »denn du bist am Morgen so schön wie am Abend. Mit dir geht für mich nun täglich die Sonne auf.«

Sebastian hatte, wie selbstverständlich, gleich nach der Hochzeit auch für Anna Magdalena Stücke zusammengetragen oder neu komponiert, die seiner Frau gefielen und die sie gut zum Üben nutzen konnte. Anna Magdalena lächelte, wenn er, wie bei allen seinen Schülern, das neue Stück erst selbst vorspielte, um dann aufmunternd zu sagen: »So muss es klingen.« Anna Magdalena lächelte auch deshalb, weil ihr in den Sinn kam, was Sebastian über die körperliche Liebe zu ihr gesagt hatte. »Erst träumt man von einer Melodie, dann möchte man sie möglichst vollendet niederschreiben. Das Ganze ist eine heilige Übung. Hat man die Grundmelodie gefunden, so gibt es viele Variationen, an denen man nicht müde wird sich zu versuchen. Und in allem, meine Liebste, loben wir unseren barmherzigen Gott.«

Anna Magdalena war es immer leicht ums Herz, wenn Sebastian so mit ihr sprach. Dann vergaß sie den Lehrer, den Hitzkopf und den Feinschmecker Bach. Es war selten, dass sie über sich selbst sprachen, und das war auch nicht nötig. Sie fanden sich ebenso innig verbunden, wenn ihnen die Arbeit gelang, die Kinder fleißig übten und der Haushalt gut bewältigt wurde. Friedelena und die junge Magd waren ein großer Segen, denn sie stifteten keinen Anlass zu Ärger und Sorgen. Die Eheleute konnten somit ihre ganze Sorgfalt auf die Musik und die Kinder richten.

Es war eine köstliche Stunde, als Anna Magdalena zu Feder und Tinte griff und für ihre eigene Notensammlung auf das Deckblatt schrieb:

Clavier-Büchlein für Anna Magdalena Bachin
Anno 1722

»Lass uns die tröstlichsten Lieder und muntersten Stücke für unser Fürstenpaar aufführen«, bat Anna Magdalena ihren Mann. Die junge Fürstin Friederica Henrietta war wunderschön, und wenn sie für den Maler täglich drei Stunden für ein Porträt vor dem Kamin stillstehen musste, wirkte sie sehr damenhaft. Aber oft brach sie die Sitzung vorzeitig ab: »Mir ist, als stünde ich für das Bildnis einer Toten. Ich will mich legen, denn ich bin matt.« Fürst Leopold versuchte alles, damit es ihr besser ging, aber sie klagte häufig über Atemnot und Kopfschmerzen und vertrug keine Ablenkung.

Bach litt unter der Situation, zumal er sonst die volle Unterstützung für seine Musik hatte. Ebenso belastend kam hinzu, dass sein Bruder Johann Jakob, noch ehe der Winter vorüber war, im Alter von vierzig Jahren starb. »Es ist, als ob sie uns nur knapp vorausgehen, und es tut weh und macht Angst, wenn die Geschwister sterben. Obwohl wir doch wissen, dass sie nun bei Gott sind.«

Anna Magdalena wusste, wovon sie sprach, wenn sie ihren Mann aus seinen Gedanken reißen wollte.

»Wenn du nur bei mir bist, so fürchte ich keinen Tod. Deine lieben Hände und deine sanfte Stimme können mich über alles hinwegtrösten.« Schön waren die Worte, die er sagte. Anna Magdalena war klar: Sie wollte noch lange, lange mit ihm leben und dachte nicht daran, wie die Fürstin auf den Tod zu warten, ehe er da war.

»Keine Milch, keine warme Milch«, wehrte sich Anna Magdalena. Friedelena schwor darauf, dass Milch die Übelkeit bei ihr vertreiben würde.

»Nicht nur, dass die Milch sich wie Mehlkleister auf die Stimmbänder legt, mir wird schon vom Anblick der weißen Brühe schlecht.« Anna Magdalena versuchte, so gut es eben ging, an etwas anderes als an den ständig rebellierenden Magen zu denken. Selbst bei Konzerten merkte ihr niemand an, dass sie nur mit größter Mühe einfach durchhielt.

Es tat gut, dass sie zu Hause von den Kindern abgelenkt wurde. Trotz ihres oft elenden Zustandes oder gerade deswegen begann Sebastian weiter für sie Instrumental- und Gesangsstücke für ihr Notenbuch zu sammeln. Anna Magdalena fügte selbst noch ausgewählte Texte dazu. So war es zu jeder Zeit möglich, im Hause Bach ein kleines Konzert zu geben, wenn Besuch kam.

»Nein, Friedelena, ich will sie nicht!«

Dorothea und Friedelena waren bestürzt. »Warum willst du nicht die Kleider von Mutter tragen? Sie sind doch extra so geschneidert, dass man nicht die Taille schnüren muss.«

»Ich werde mir zwei neue Kleider schneidern lassen, die ich hinten binden kann, und darüber trage ich ein weiches Tuch. Das ist am besten. Und du, Dorothea, wirst es mir immer, wenn ich singe, zuvor so schnüren, dass keiner meinen Bauch sieht. Dann wird niemand bemerken, in welchem Zustand ich mich befinde.«

Anna Magdalena ließ nicht nur zwei gute Kleider für sich schneidern, sondern auch einen weiten goldfarbenen Kittel, den sie zu Hause tragen konnte. Und weil sie gerade dabei war, wurde auch die Garderobe der Kinder durchgesehen. Die Jungen brauchten dringend Hosen und Friedelena erhielt einen neuen Rock und eine festliche Bluse. Dafür gab sie fast ihr gesamtes Erspartes aus. Den Rest würde sie aufheben, bis Sebastian endlich einsah, dass seine Älteste aus ihren Mädchenkleidern herausgewachsen war.

»Ich warte nicht länger als drei Monate«, nahm Anna Magdalena sich vor. Zwar hatte sie für Dorothea zwei ansehnliche Röcke schneidern lassen, doch ein erstes Kleid für Feste – das brauchte ein junges Mädchen, und zwar mit der ausdrücklichen Genehmigung des Vaters!

»Dorothea, ich weiß wohl, wem wir unsere neuen Röcke zeigen können und wer sich darüber freut, wenn wir unsere Lieder vorsingen.«

»Sag schon, wer?«

»Ich denke, meine Tante Hesemann wird sich über einen Besuch freuen, denn sie erwartet in den nächsten Tagen ein Kind. Und dann sehe ich auch meine Eltern wieder.«

»Deshalb haben wir so viele Noten kopiert?«

»Ja, wir werden sie mitnehmen, denn ich werde dort auch zu einem Konzert erwartet.« Dorothea war außer sich vor Freude. Noch nie hatte sie eine so weite Reise unternommen und außerdem müsste sie nicht auf Emanuel und Bernhard Acht geben, denn die blieben unter Friedelenas Aufsicht in Köthen.

In den Tagen zuvor hatte Anna Magdalena stundenlang Musikstücke kopiert, damit sie ihrer Verwandtschaft eine Freude bereiten konnte. Für ihren Vater hatte sie die schönsten Trompetenstücke ausgesucht, und vor allen Dingen würde sie mit ihrer Schwester Johanna, ihrem Vater und ihrem Bruder ein Konzert geben.

Dorothea musste nun lernen, wie die fünfzinkige Gabel gehalten wurde, damit sie gleichmäßig die Notenlinien zog. »Ich war noch wesentlich jünger als du, als ich es lernte. Ich machte es meinem Vater zuliebe.« Anna Magdalena erinnerte sich gern an die Zeit. Denn damals begriff sie, dass nur der sauber singen und spielen konnte, der sich ganz auf die Musik konzentrieren konnte.

»Was für dich die aufgeräumte Küche und die sorgsam gehüteten Rezepte sind, das ist für den Musikus das Notenblatt«, ermunterte Anna Magdalena die ungeübte Zeichnerin.

»Aber die Noten, die sind noch viel schwerer! Zuerst dachte ich, es ließen sich einfach aus dem Federkiel Tintentropfen verteilen.«

»Oh, die Tropfen verteilen ist die leichteste Übung. Aber sie an Ort und Stelle, gefüllt oder innen hohl zu platzieren, das ist wohl doch eine Kunst. Doch auch das übt sich. Und verzeih mir, wenn ich deinen Vater zitiere.«

»Was meinst du?«

»Übung, Fleiß und Präzision!«

»Ach, das hätte ich mir denken können«, jammerte Dorothea. »Meine armen Brüder hören von ihrem Vater ja nichts anderes.«

»Für mich ist das Notenkopieren aber noch etwas anderes«, schmunzelte Anna Magdalena.

»Nun sag schon!«

»Mit den Linien zeichnen wir den Himmel. Und die Noten und Striche sind für mich wie Vögel, die darin fliegen. Die Musiker und Sänger geben dem Ganzen dann die Stimme.«

Dorothea, die eben eine erste fünfzeilige Notenlinie über ein weißes Blatt gezogen hatte, schaute erstaunt auf: »Also zeichne ich jetzt sozusagen den Horizont.«

»Ja, für mich ist es auch ein Horizont, und wenn wir unser Werk richtig machen, wird sich beim Konzert in Weißenfels der Himmel auftun.« Nach einer kurzen Pause fügte sie hinzu: »Ich bin dem Hof in Weißenfels mein Leben lang zu Dank verpflichtet, denn ohne deren Unterstützung wäre ich keine Sängerin geworden. Weißt du, Dorothea, ich habe schon einen Brief an meine alte Gesangslehrerin Pauline Keller geschrieben und sie gebeten, dass ich ihr in Weißenfels vorsingen kann. Vielleicht rät sie mir, was ich noch besser machen kann … und wie ich auch mit schwellendem Bauch noch mit dem ganzen Körper singen kann. Die erfahrenen Frauen kennen mehr Tricks, als wir ahnen. Oft ist nämlich das, was wie ein Mangel aussieht, nach einiger Übung eine Stärke. Du wirst sehen, was ich meine. Wenn du möchtest, begleitest du mich überallhin.«

»Ich komme gerne mit, das weißt du doch.«

In Weißenfels wurden die beiden so herzlich begrüßt, wie sie es nicht erwartet hätten. Anna Magdalena war nur die »Bachin«, selbst ihre Mutter und die Sängerinnen nannten sie so. Und auch Dorothea wurde hier stets als »Jungfer Bach« angeredet.

»Also, du siehst, zusammen sind wir ein wunderbares Duo«, gab Anna Magdalena das Bachsche Familienlob an sie weiter.

»Am liebsten würde ich hierbleiben«, seufzte das Mädchen. »Dein Vater meinte, hier wäre aus dir eine Sängerin geworden, und ich könnte es auch versuchen.«

»Ich werde mit Vater reden, sobald wir zurück sind«, versprach Anna Magdalena. Beide wussten, dass dieser dafür nicht das geringste Verständnis hätte.

»Wenn Dorothea heiratet, wird ihr die Ausbildung auch nicht von Nutzen sein. Reicht es euch nicht, was ihr bei mir lernt?« So oder ähnlich würde er reden. Was sollte Dorothea darauf sagen? Zu einem Vater, der immer gehen musste und in Eile war, wenn sie mit ihm sprechen wollte? Und hatte er nicht auch Recht?

Dorothea verfolgte das Konzert in Weißenfels wie das Begräbnis ihrer eigenen Wünsche: Da trafen sich die Sängerinnen und sie kicherten zusammen wie Mädchen. Sie schnürte ihre Stiefmutter in das Korsett. Zuvor tasteten die Frauen noch ihren Bauch ab.

»Es bewegt sich schon!«, sagte die Altsängerin.

»Es zappelt schon lange wie ein kleiner Goldfisch im Netz«, erwiderte Anna Magdalena. »Als es kleiner war, fühlte es sich erst an, als ob ein Blatt in meinem Bauch rascheln wollte. Es war ganz sanft. Als ob ein Vögelchen im Schlaf seufzt und seinen Kopf wieder unter die Flügel legt.«

Dorothea kämmte noch Anna Magdalenas Haare. Noch nie hatte sie so schöne Haare gesehen. Mit den vielen glitzernden Spangen steckte sie ihre Haare hoch. »Bei einer Sängerin soll man immer das ganze Gesicht, Hals, Nacken und Dekolleté sehen, damit die Zuhörer nicht nur die Stimme hören, sondern auch ihren Atem sehen können«, wurde sie unterwiesen. Johanna trug einen ihrer geliebten Hüte, während Anna Magdalena wie üblich mit ihren aufgesteckten Locken ein tadelloses Bild abgab.

Während des Konzerts sollte Dorothea neben Tante Hesemann sitzen, deren Mann mitmusizierte. Anna Magdalena sah wunderbar aus. Man spürte ihre Freude, als ihr Vater und der Bruder zu ihren Trompeten griffen und mit den anderen die neuen Stücke aus Köthen vortrugen. Doch ehe die Sängerinnen ihren Auftritt hatten, atmete Tante Hesemann ziemlich schwer, und Dorothea zog es vor, sie schnell nach Hause zu begleiten. Weit nach Mitternacht, als nur noch die Hebammen und der werdende Vater wach waren, wurde das Kind in saubere Tücher gewickelt und der erschöpften Mutter in die Arme gelegt.

Am nächsten Morgen bestaunten alle den winzigen neugeborenen Johann Friedrich, aber dann wurde es auch schon höchste Zeit, wieder heimzukehren.

»Wir werden uns auf dem Heimweg noch Halle ansehen, denn dort haben wir einen längeren Aufenthalt.« Anna Magdalena freute sich, dem Mädchen die Stadt zeigen zu können. »In Halle gibt es etwas ganz Besonderes, da gehen wir hin. Mehr verrate ich nicht.« Sie verließen die Kutsche, die erst nach drei

Stunden weiterfahren sollte, und schlenderten durch die Straßen.

»Da ist es.« Anna Magdalena blieb vor einem vornehmen Gebäude stehen. »Coffi Haus« stand darüber.

»Ein Coffi Haus, ein Coffi Haus!« Dorothea war begeistert. Sie suchten sich einen kleinen Tisch im ersten Stock aus; leider war kein Platz mehr an den Fenstern frei. Die Tische waren mit weißem Damast bezogen und mit frischen Blumen geschmückt. Die Frauen, welche den Kaffee ausschenkten, hatten ihre Dekolletés so großzügig geschnitten, wie es nicht einmal die Herzogin trug. Eine von ihnen kam an den Tisch: »Was darf ich den Damen bringen? Kaffee süß und mit Milch oder Schokolade?«

»Zwei Kaffee süß, bitte«, Anna Magdalena war sich ihrer Sache so sicher, dass Dorothea gar nicht hervorbringen konnte, dass sie noch nie ... Und dann kam der Kaffee und dabei standen ein Kännchen Rahm und ein Schälchen vollgehäuft mit Zucker. Am Nachbartisch saßen ganz feine Damen, die sich zwar eifrig über ein kleines Büchlein unterhielten, sich jedoch noch mehr dafür zu interessieren schienen, wer die beiden neuen Frauen waren, die ihren Kaffee zu sich nahmen. Durch den Raum gingen Männer, die wohl weiter oben ihren Kaffee tranken. Sie trugen meist eine brennende Pfeife bei sich und im ganzen Haus roch es nach Kaffee und Tabak. Dorothea nippte vorsichtig an dem heißen Gebräu und Anna Magdalena sah ihr liebevoll zu.

»Warum findet Vater ein Kaffeehaus unanständig und verachtet Frauen, die dort verkehren?«

»Nun, schau, die Damen am letzten Tisch spielen Karten, manche rauchen sogar. Das gefällt den Männern nicht. Es gefällt ihnen nicht, wenn sie sich so verhalten, wie sie es selber tun. Außerdem sind die meisten Besitzer der Kaffee- und Teehäuser Frauen. Das gefällt den Wirten schon gar nicht. Die Besitzerinnen werden verdächtigt, mit bezahlten Liebesdiensten ihre Häuser zu unterhalten.«

»Und – tun sie es?«, entfuhr es Dorothea.

»Wer kann das wissen? Ich denke aber, es ist eher eine Erfindung der Mannsbilder. Denn, glaube mir, ihnen gefällt eine solche Vorstellung. In Leipzig mussten alle Frauen, die ein Coffi Haus betreiben, ein amtliches Schreiben unterzeichnen, dass sie weder unanständige Weiber beschäftigen noch Glücksspiele betreiben.« Während Anna Magdalena sprach, huschte ihr ein Lächeln über das Gesicht. Das blieb nicht unbemerkt und das Mädchen fragte aufgeregt: »Warum lächelst du?«

»In Leipzig gab es eine Witwe, die nicht unterschrieb. So lange nicht, bis die Bediensteten der Stadt in dem Formular alle männlichen Anreden durchgestrichen und durch die weibliche Form ersetzt hatten. Das war erst letztes Jahr.«

»Woher weißt du das alles?«

»Nun, wenn wir Sängerinnen uns treffen, so erzählen wir uns, sobald wir unter uns sind, von den Kaffeehäusern. Es ist mir, als ob ich schon alle Coffi Häuser in den Städten kenne. Ich muss sie nur noch besuchen.«

Dorothea hatte das Gefühl, in einer ganz anderen Welt zu sein. Sie sah ihre Stiefmutter an und sagte verwundert: »Es ist, als ob ich im Kopf ganz hell werde.«

»Du wirst nicht nur im Kopf heller. Es ist auch so, dass du danach keinen Schlaf finden kannst. Beim Wein ist es anders. Wein vernebelt die Sinne und macht müde. Also, das Schöne am Kaffee ist, dass er wie heiße Medizin den Körper belebt, und man wird davon nicht betrunken.«

»Er schmeckt aber längst nicht so gut wie Schokolade.«

»Das meint gewiss auch dein neues Geschwisterchen, denn es strampelt nun ganz mächtig in meinem Bauch.« Für Dorothea und das Kindchen bestellten sie noch jeweils eine heiße Schokolade. Und weil es so wunderbar schmeckte und sie den anderen, die zu Hause geblieben waren, eine Freude machen wollten, kauften sie schließlich noch eine Tüte Kakao. Dorothea hielt die fettige Tüte mit beiden Händen fest, als ob sie fürchtete, sie solle ihr streitig gemacht werden. Beinah wären sie zu spät zur Kutsche gekommen. Sie rannten, so schnell es ging, zum Platz zurück. Gott sei Dank hatten die andern gewartet.

»Ja, ja, Kaffee macht übermütig!« Woher wusste der Kutscher, wo sie gewesen waren?

Anna Magdalena und Dorothea wurden in Köthen freudig von den Jungen und Johann Sebastian erwartet. Friedelena wurde zur Hüterin über den Kakao ernannt. An den Sonntagen zur Kaffeezeit sollte er für die Kinder gereicht werden. Alle, alle wollten daraufhin Kind sein, Friedelena und Sebastian eingeschlossen. Es wurde beschlossen, dass Bernhard als Jüngster immer eine Tasse mehr erhalten sollte, da er so zart war. Während er seine Extraration trank, waren alle andächtig und gönnten dem Buben seine Freude.

Anna Magdalena war glücklich. Das Kind in ihr wuchs, und die junge Fürstin ermutigte sie, ruhig weite Kleider zu tragen. Sie schenkte ihr sogar einen Ballen blauen Stoff, den sie selbst nicht brauchte, wie sie meinte, weil sie wohl nicht mehr lange zu leben hätte, so schwach fühlte sie sich.

Bach ärgerte sich darüber. »Diese Kreatur wird noch lange leben, aber die Musik wird durch sie in Köthen ein Ende nehmen. Es ist ja schon so weit gekommen, dass wir Konzerte im Schloss abbrachen, weil Madam Kopfschmerzen hatte und sich nicht danach fühlte. Der Fürst geht dann mit ihr wie mit einem Kleinkind im Park spazieren! Oder schlimmer noch: Er setzt sich an ihr Bett und hält ihr stundenlang das Händchen. So ein Weib ist der Ruin für jeden anständigen Mann!« Gut, dass Johann Sebastian so etwas nicht laut im Schloss sagte.

Die Familie saß gemeinsam am Tisch, als Sebastian von dem freien Thomaskantorat in Leipzig erzählte. Sollten sie Köthen verlassen und nach Leipzig ziehen?

»In Leipzig ist eine Oper, und wenn Vater Kirchenmusiker wird, dann können wir gewiss auch in den Kirchen und an der Oper singen.« Dorothea freute sich. Sie würde dann in einer großen Stadt wohnen, in der es Kaffeehäuser gab und Frauen, die Gedichte schrieben ...

»Dorothea, du täuschst dich«, unterbrach der Vater ihre Gedanken. »Die Oper in Leipzig wurde geschlossen. Und in den Kirchen dürfen keine Frauen singen.« Anna Magdalena gab ihrer Stieftochter ein Zeichen, dass sie sich später allein mit ihr unterhalten wollte.

»Mir ist wichtig, dass dort meine Söhne studieren können«, fuhr Bach fort, »und dass ich mich wieder an die Orgel begeben kann und die Gottesdienste mitgestalte. Dazu bin ich gerne bereit, Köthen zu verlassen. Denn wenn der Fürst nicht die Hofmusik weiter vorantreibt – ich wüsste nicht, wer es sonst hier täte.«

»Aber Sebastian, ich könnte in Leipzig nicht mehr singen! Außerdem suchen sie doch in erster Linie einen Schulmeister für Latein und einen Singmeister für den Thomanerchor. Die vorigen Bewerber sind alle abgesprungen, weil die Stadt die Dienste so schlecht bezahlen will ...« Anna Magdalena hatte noch nicht zu Ende gesprochen, als Friedemann sagte: »Es reicht uns, wenn ihr daheim singt, und Vater meinte auch, er braucht euch zum Notenkopieren.«

»Noch ist längst nicht entschieden, ob ich mich bewerbe. Ich werde alles prüfen und dann entscheiden, was zu tun ist. Seid unbesorgt, ich ziehe schon Erkundigungen ein, damit wir richtig wirtschaften können.«

Anna Magdalena war still geworden. Wie sollte sie Dorothea erklären, dass es in Leipzig selbst keinen geachteten Raum für Frauen gab? In den Kaffeehäusern und in den Parks wurden kleine Konzerte mit Sängerinnen abgehalten. Aber davon wollte Sebastian gewiss nichts wissen. Das größte Kaffeehaus in

Leipzig »Zum Arabischen Coffe Baum« wurde von der Lehmannschen Witwe geführt. Man sagte, sie hätte das Haus von August dem Starken bekommen – für vergangene Liebesdienste.

»Stimmt das denn?«, wollte Dorothea wissen. »Es ist doch egal, ob es stimmt. Wichtig ist, ob ich eine gute Anstellung bekomme. Und die gibt es in Leipzig nicht. Die Frauen, die Gedichte schreiben, werden ebenfalls von den Männern nicht anerkannt. Sie halten sich nur mit Schmeicheleien gegenüber ihren Gönnern über Wasser. Aber ihr Herz ist dabei voll Gift und Galle. Lediglich das Ehepaar Gottsched und Marianne von Ziegler sind von der Gesellschaft anerkannt. Die beiden Frauen wirst du dann kennen lernen.«

Die Musiker und Gelehrten Telemann und Graupner hatten sich bereits vor Bach um das Thomaskantorat beworben, dann aber ihre Bewerbung wieder zurückgezogen. Beide hatten es geschafft, durch die neue Arbeitsstelle, die in Aussicht war, bei ihrem alten Arbeitgeber in der Gunst zu steigen, und das bedeutete bessere Bedingungen und ein höheres Gehalt. Somit war Leipzig für sie nicht mehr attraktiv, denn welcher Musiker wollte sich auch noch mit Latein- und Religionsunterricht herumplagen?

Das Gehalt des Thomaskantors betrug nur ein Viertel von Bachs derzeitigem Einkommen, abgesehen davon, dass Anna Magdalena dort nichts mehr dazuverdienen könnte. Allerdings konnte er sein Gehalt aufbessern, indem er auf Beerdigungen und Hochzeiten spielte – zu den amtlich festgelegten Gebühren. Er müsste also darauf hoffen, dass genug Leute stürben! Für jeden Thomasschüler bekam er außerdem ein Viertel von sechs Pfennigen pro Woche. Bach rechnete hin und her, doch es wurde nicht sehr viel mehr.

Was war das für ein Herbst! Bach war nicht enttäuscht, nein er war wütend auf den Fürsten, der nun die Musik wie ein Spiel, eine gute Unterhaltung betrieb. Anna Magdalena kannte ihren

Mann und seine Ungeduld. Es war eine willkommene Abwechslung, dass in diese Zeit das große jährliche Treffen der Familie Bach fiel. Sie reisten dazu allesamt nach Schweinfurt und waren, ohne die Säuglinge, über fünfzig Personen.

Sebastian war glücklich über seine Frau und freute sich darauf, sie allen vorzustellen, und noch mehr wollte er, dass seine Verwandtschaft auch ihren Gesang hören sollte. »Da alle Kinder auch ihre musischen Fertigkeiten unter Beweis stellen, halte ich es für angebracht auch einige Lieder mit Dorothea vorzutragen«, begann Anna Magdalena ihren Schachzug. »Aber gewiss, die Idee ist vorzüglich, meine Liebste«, freute sich Sebastian. Wie zu sich selbst sprach Anna Magdalena: »Wie bin ich froh, dass ich noch Stoff habe und die Schneiderin so geschickt ist, für Dorothea ein anständiges Kleid zu nähen.« Ehe Sebastian widersprechen konnte, war sie entwischt und suchte ihre Tochter.

Die Familienfeier war wie eine Hochzeitsfeier ohne Brautleute. Alle waren ausgelassen, und selbst die Alten und Traurigen wurden über den herzlichen Begegnungen so sehr getröstet, dass sie von behaglichen Tagen sprachen.

Anna Magdalena lernte in Schweinfurt auch Sebastians Vetter Elias kennen. Er war fast so alt wie Dorothea. »Ich bin gespannt, wie er mein Kleid findet«, meinte Dorothea, als sie ihn kommen sah. Auch er hatte das erste Mal einen Degen umhängen und einen Dreispitz auf dem Kopf. Beide waren nun keine Kinder mehr. Als Anna Magdalena zum Cembalospiel ihres Mannes einige Lieder sang, flüsterte Elias andächtig zu Dorothea: »So eine anmutige Frau …«

»Ja«, gab Dorothea ihm Recht. »Sie ist nicht nur schön, sie ist auch die beste Stiefmutter der Welt.«

Im Dezember 1722 bewarb sich Bach um das Thomaskantorat in Leipzig. Anna Magdalena wunderte sich nicht darüber; sie spürte die Befreiung, die für ihn mit dieser Stelle verbunden war.

Dort könnte er wieder seine künstlerische Mission erfüllen, die immer dann am stärksten war, wenn er geistliche Werke schuf. Sebastian hatte sich vorgenommen, eine geistliche Ostermusik zu komponieren. Die Osterpassion, wie der Evangelist Johannes sie beschrieb, dazu Orgel und Gesang. Diese könnte er als Kantor in Leipzig aufführen.

Anna Magdalena ahnte jedoch, dass ihr Mann nicht allein der Kirchenmusik wegen eingestellt werden sollte. »Sie suchen vor allem einen Lehrer … einen Lehrer für die Schule!«, meinte sie. Bach würde sich, wenn er die Stelle bekäme, nicht nur um die Kirchenmusik und den Chor kümmern müssen – er wäre auch der Erzieher für die Knaben, die voller Unfug steckten und im gleichen Gebäude wohnten. Ihre eigene Familie müsste sich dann wohl in das Internatsleben zusammen mit den Schülern einfügen.

Anna Magdalena kam es vor, als würde sie Puppenkleidung bereitlegen. Sie stand vor der hölzernen Wiege, in der schon sieben Kinder aus Sebastians erster Ehe mit Maria Barbara gelegen hatten. Gründlich wusch sie die Wiege mit heißem Wasser und Seife aus. Emanuel und Bernhard halfen ihr dabei, anschließend polierten sie das Holz glatt und glänzend. Weil die hellen Seitenwände mit bunten Ornamenten verziert waren, besorgte Sebastian Farbe, um die verblassten Blütenranken und Zweige aufzufrischen. Alle waren stolz auf die gelungene Wiege.

»So kann der nächste Musikus kommen!« Sebastian war mit dem Werk seiner Familie sehr zufrieden.

Die Kinder erzählten, ihr jüngster Bruder sei schon mit fingerlangen Haaren auf die Welt gekommen und habe sie bald angelacht; dann aber habe er rote Flecken bekommen und sei noch ganz klein gestorben.

»Ich hoffe, dass das kleine Kind mal so groß und kräftig wird, dass es einen Eimer Wasser aus dem Brunnen ziehen kann«, warf Friedelena ein. Sie wusste, dass sie der jungen Frau Mut machen musste. Vor wenigen Wochen hatte sie die Nachricht erhalten, der kleine Sohn ihrer Tante in Weißenfels sei gestorben – und seitdem hatte sie kaum eine Nacht durchgeschlafen. Anna Magdalena pflegte dann in der Schlafstube auf und ab zu gehen, die knarrenden Dielen verrieten sie. Sebastians Schlaf war zu tief, als dass er es bemerkt hätte.

Kein Musikus kam zur Welt, sondern das erste kleine Töchterlein Anna Magdalenas lag im Frühling in der prächtigen Wiege. Die Kinder hatten in der Nacht tief geschlafen, und so wurden sie von ihrer Stiefmutter überrascht, die zusammen mit dem Vater die Kinder aus der Schlafstube abholte. Gemeinsam begrüßten sie das Geschwisterchen mit einem Lied und Gebet. Zu Ehren der jungen Fürstin von Köthen sollte das kleine Mädchen Henrietta heißen. Leider zeigte die Fürstin kaum noch Interesse an der Musik, obwohl Anna Magdalena sich große Mühe gab, sie aufzuheitern. »Es geht bald zu Ende«, wiederholte die Fürstin ständig. Anna Magdalena hatte auf dem Heimweg dann fast ein schlechtes Gewissen. Ihr selbst ging es so gut, so unendlich gut!

»Dorothea, lass uns fröhlich sein. Wir haben alles Glück der Erde und noch weit darüber hinaus.«

Am Abend nahm Anna Magdalena alle Klammern und Bänder aus dem Haar. Sie flocht sich nicht wie die anderen Frauen zwei Schlafzöpfe, sondern knotete ihre offenen Haare an den Enden über dem Bauch zusammen. Da hinein legte sie Henrietta, damit sie von allein die Brust finden konnte, während die Mutter schlief. Morgens steckte das kleine Mädchen immer noch in den Haaren wie in einem Tragetuch. Erst nach dem Frühstück wurde der Säugling in die Obhut Friedelenas gegeben.

Nachmittags unterrichtete Sebastian meist seine Kinder und andere Schüler. Anschließend blieb meist noch etwas Zeit für die Eheleute, um über dies und das zu sprechen. Wie Puzzlesteine sammelten sie schon Texte, die zur Osterzeit passen könnten. Sebastian fand Gefallen an den Worten eines Hamburger Pietisten:

»Erwäge, wie sein blutgefärbter Rücken
in allen Stücken
dem Himmel gleiche geht,
daran, nachdem die Wasserwogen
von unserer Sündflut sich verzogen,
der allerschönste Regenbogen
als Gottes Gnadenzeichen steht.«

Anna Magdalena erzählte ihrer Familie, dass sie als Kind nicht verstanden habe, dass Maria nach der Auferstehung Jesus nicht gleich erkannte und ihn für einen Gärtner hielt. Wahrscheinlich hätte Maria vor lauter Weinen nicht mehr deutlich sehen können.

»Also, wenn man vor meinen Augen einen Freund getötet hätte, dann könnte ich auch nicht so schnell glauben, dass er plötzlich wieder fröhlich herumläuft«, meinte Emanuel.

»Ich würde denken, es wäre eine Verwechslung«, bekräftigte Bernhard.

Dorothea erinnerte sich: »Die ersten Tage und Nächte sind ja die schlimmsten, wenn jemand stirbt.« Und alle dachten an Maria Barbara, die Mutter der Kinder, und die große Trauer, die die Familie damals hatte.

»Auch in der Passion sollte eine Strophe nur von der Trauer

um den toten Jesus handeln«, bemerkte Anna Magdalena. Später sang sie die Sopranarie:

»Zerfließe, mein Herze, in Fluten der Zähren
dem Höchsten zu Ehren,
erzähle der Welt und dem Himmel die Not:
Dein Jesus ist tot.«

Während Henrietta täglich runder und kräftiger wurde, fiel Fürstin Friederica Henrietta regelrecht in sich zusammen. War sie noch am Tag ihrer Hochzeit so glatt wie eine venezianische Puppe, so schien es nun, als ob ihr Körper hinter den Knochen verschwinden wollte. Nicht nur die Wangen, auch am Hals und an den Armen war die Haut eingefallen. Knochen und Sehnen zeichneten sich ab. Obwohl sie von den besten Ärzten versorgt wurde und stets zwei Pflegefrauen zugegen waren, holte sie am dritten April der Tod, dem sie zum Schluss schon so ähnlich gesehen hatte.

Im Schloss war nun das große Bildnis der Friederica Henrietta zu bestaunen und es schien, als ob sie noch unter ihnen wäre. Man erwartete fast, dass sie aus dem Rahmen stieg, ihren in Samt gefassten Hermelinumhang enger um die Schultern legte und zum Spiegel eilte, um die kleinen Locken und die Blumen im Haar zu kontrollieren. Natürlich würde immer alles tadellos sitzen …

Am Abend nach der Trauerfeier gingen Anna Magdalena und Sebastian zu ihrer Familie zurück. Es waren diese kurzen Wege, die sie für sich allein hatten und dazu nutzten, um über ihre Eindrücke zu sprechen. »Bei allem, was heute war, ist mir deutlich geworden, dass wir *leben.* Sebastian, wir leben und können so vieles tun!«

»Auch mir geht es so, dass ich dankbar bin, weil unser Haus voller Leben ist.« Und er fügte hinzu: »Ich wünsche mir von

Herzen, dass wir beide zufrieden miteinander alt werden können.«

»Der Fürst hat nicht viel Glück mit den Frauen«, sinnierte Anna Magdalena. »Seine Mutter ist unzufrieden mit ihm, und als er endlich eine Frau fand, war das Glück nur kurz.«

»Ja, so scheint es. Aber auch für ihn wird sicher noch eine andere Zeit kommen«, sprach Sebastian mehr zu sich selbst als zu seiner Frau.

»Wäre das ein Grund, um hier in Köthen zu bleiben?«, fragte Anna Magdalena.

»Gewiss wird jetzt der Fürst die Musik wieder mehr schätzen. Aber wir wollen doch nicht die Vorteile gering achten, die Leipzig uns bietet! Nur in einer großen Stadt können unsere Söhne eine gute Ausbildung erhalten. Sie können kostenfrei die Thomanerschule besuchen, und die Universität zählt zu den besten des Landes. In Köthen können wir den Kindern das nicht bieten.«

Die Jungen freuten sich auf die große Stadt und eine gute Schule. Die Frauen schwiegen.

Sebastian hatte bereits in Leipzig eine Probekantate aufgeführt. Dabei sang er selbst das Bass-Solo: »Jesus nahm zu sich die Zwölfe ...« Zwar hatte der Leipziger Rat nichts an der Kirchenmusik zu beanstanden, aber ein angesehener Musikdirektor aus einer bekannten Stadt wäre ihnen wesentlich lieber gewesen. Und da der Vorgänger ein hervorragender Jurist gewesen war und die Sprachen ausgezeichnet beherrschte, konnte Bach auch nicht mit dem Vorgänger konkurrieren. Die von der Stadt favorisierten Kandidaten Telemann und Graupner nahmen auch nach längeren Verhandlungen die gebotenen Arbeitsbedingungen Leipzigs nicht an. Also musste man mit Bach Vorlieb nehmen.

Bald darauf kam die Nachricht, man habe ihn unter Vorsitz

des Bürgermeisters gewählt, weil er willig sei, auch Latein und lateinischen Katechismus zu lehren. Bach musste unterschreiben, dass seine Musik nicht theatralisch sein würde, denn bei seiner Vorführung schien er den meisten etwas zu wild, und das sei dem Unterricht gewiss abträglich.

»Ich sollte sogar unterschreiben, die Stadt nur mit Erlaubnis des Bürgermeisters zu verlassen«, erzählte er zu Hause schmunzelnd.

»Und – hast du?«

»Aber gewiss doch!«, verwunderte sich Sebastian über die Frage.

»Dann werden wir uns also gleich auf Kritik und Verweise einstellen müssen«, stellte seine Frau klar.

Das Schloss ist nun eine Schule …

Leipzig, 1723–1732

Die voll beladenen Wagen rumpelten einer nach dem andern vom Bachschen Haus in eine Stadt, die Anna Magdalena noch nie gesehen hatte. Doch nicht nur die Räder drehten sich, auch der Weg, auf dem Friedelena stand, begann plötzlich nach links zu schwimmen.

Dorothea stand neben ihr und sah auch den Wagen nach, die jeder von zwei Pferden gezogen wurden, als ihre Stiefmutter zur Seite kippte. Gerade noch konnte sie Anna Magdalena mit den Händen abfangen, damit ihr Kopf nicht auf die Pflastersteine knallte.

»Holt kaltes Wasser!« Sebastian hatte sofort seine gute Jacke ausgezogen und unter Anna Magdalenas Kopf gelegt. Doch ehe die Kinder das Wasser brachten, wollte Anna Magdalena schon wieder aufstehen. Die Schläfen pochten und ihr Mund war trocken. Wie gut, dass sie zurückgehalten wurde und erst einen Schluck trinken musste.

»Was ist mit dir?«, fragte Sebastian erschrocken.

»Ach, nichts. Ich habe einfach vor lauter Arbeit vergessen, etwas zu essen.«

»Oder sie aß nicht, damit sie nicht auf der Fahrt dem Kutscher an den Hals speit«, informierte Friedelena weiter.

»Ich bin schon wieder wohlauf«, log Anna Magdalena. »Nun lasst uns noch die Kleidertruhen aufladen und die Kinder für die Fahrt richten.« Die Kinder waren aufgeregt und schon längst fertig. Sie freuten sich auf die große Stadt. Die besten Kleider hatten sie angezogen, damit keiner über sie lachen sollte.

»Wir werden erst in die Kutschen steigen, wenn du anständig gegessen hast!«, befahl Sebastian seiner Frau. »Lieber spuckst du dem Kutscher und mir dreimal über den Mantel, als uns Kummer zu bereiten.« Anna Magdalena fand es fürchterlich, noch eine Graupensuppe und einen Kanten Brot unter Aufsicht von fünf Augenpaaren essen zu müssen. Wenigstens die kleine Henrietta schlief zufrieden auf Friedelenas Arm.

»Ihr braucht euch im nächsten Winter nicht mehr zu streiten, wer die Kleine halten darf, es wird wohl ein Geschwisterchen da sein, ehe Henrietta stehen kann«, erklärte Anna Magdalena. »Juhu!« Die Kinder jubelten, und Sebastian strahlte. Wie schnell sich ein Schreck doch in Wohlgefallen auflösen konnte! Nur Anna Magdalena war nicht nach Lachen zumute. Neben der Übelkeit hatten sich die Kopfschmerzen trotz des Essens eisern gehalten. Und die eingenommene Suppe und das Brot fanden bald die Krähen am Straßenrand kurz hinter Köthen.

Wenn in Köthen auch nur eine Kutsche oder ein Planwagen in die Stadt fuhr, blieben die Menschen neugierig stehen. Wie anders war das in Leipzig! Als sie sich noch auf der Landstrasse vor der Stadt befanden, waren ihre Kutschen einige unter vielen, und sie mussten Acht geben, dass sie zusammenbleiben konnten. In der Stadt waren alle damit beschäftigt, selbst den Weg zu finden und die Gäule wohlgeordnet auf dem Pflaster zu lenken. Kaum jemand blieb stehen und schaute. Erst als sie rund um den Brunnen auf den großen Hof vor die Thomasschule fuhren, stellten sich Schaulustige ein.

Die Neuankömmlinge wussten erst selbst nicht, wohin sie blicken sollten. Auf das große kastenförmige Gebäude mit den vielen Fenstern, das ihr neues Zuhause sein sollte? Oder auf die Thomaskirche, die rechtwinklig mit hohen Glasfenstern und klobigem Turm danebenstand? Dorotheas und Friedemanns Augen zog es magisch auf die Seite gegenüber der Thomasschule. Da lag die Silber- und Goldschmiede der Kaufmannsfamilie Bose. Vor dem großen Eingangstor und besonders dahinter schien sich das gesamte Leben Leipzigs abzuspielen. Emanuel und Bernhard wollten als Erstes in den steinernen Brunnen schauen. So fanden sich alle langsam ein.

Friedelena trug Henrietta wie ein zerbrechliches Gut auf allen Wegen mit sich. Anna Magdalena ging einmal rund um die Schule, sah Bänke, Gärten, Lampen säuberlich angeordnet und war damit zufrieden. Als sie zurückkam, stand Sebastian noch vor dem Brunnen, um ihn herum drängten sich seine vier großen Kinder – ein seltener Anblick. Er erklärte ihnen etwas zur Schule.

Bald darauf kamen Nachbarn, Schüler und andere hilfreiche Geister, die sich als Helfer anboten. So standen in wenigen Stunden die Möbel in den frisch renovierten Zimmern. Die Schränke füllten sich, die Matratzen und Federbetten wurden frisch bezogen, und niemand wollte es sich nehmen lassen, in der Küche mit Hand anzulegen. Als ob der größte Held derjenige wäre, der das Feuer rauchfrei in Gang brächte.

Am Abend mussten Emanuel und Bernhard regelrecht eingefangen werden, denn sie nutzten die Ablenkung der Eltern, um durch das riesengroße Haus zu toben. Es wurde erst ruhiger, als die Thomasschüler ihre Nachtruhe einhalten mussten und auch die eigenen Kinder ihre neuen Schlafstuben aufsuchten. Sebastian nutzte die Zeit, um den Klang der Musikinstrumente zu prüfen. Nach dem Transport mussten sie neu gestimmt werden. Wie lange er dazu brauchte, wusste Anna Magdalena nicht. Sie hatte nun endlich Muße, sich selbst ins Bett zu legen und Henrietta die Brust zu geben. Das Mädchen war eine Wonne: Alles an ihr war zart. Sie schaute nun schon mit großen Augen um sich und wenn sie satt und zufrieden war, lächelte sie in ihren Träumen.

Als Anna Magdalena die Augen schloss, hatte sie den Eindruck, unter ihr würden sich noch die Holzräder drehen und sie säße in einem schwankenden Wagen. Vor Erschöpfung schlief sie bald – lang und traumlos.

Obwohl Anna Magdalena ihre Augen noch geschlossen hielt, spürte sie, dass sie beobachtet wurde. Und tatsächlich: Wie zwei geduldige Eulen saßen Dorothea und ein fremdes Mädchen auf der Kleidertruhe neben dem Bett.

»Das ist meine Freundin Sybilla«, strahlte Dorothea. »Sybilla wohnt gegenüber, und ihre Mutter hat uns gestern Brot und Salz gebracht.«

»Ach, dann bist du die Tochter von Frau Bose.« Anna Magdalena wusste nicht, was sie zuerst tun sollte. Aufstehen, die Hand geben oder reden? Und wo war Sebastian? Wie spät war es eigentlich? Schon acht Uhr! Dann war Sebastian schon zum ersten Gottesdienst gegangen und hatte sie schlafen lassen. Doch den zweiten würde sie schaffen. Und wer war es noch, der zu Besuch kam? Schon zum Mittag und drei Tage bleiben wollte? Wie konnte sie nur so lange schlafen? Alle mussten im Sommer um sechs Uhr aufstehen, das hieß für sie, um fünf Uhr in der Frühe den Tag beginnen, damit alles gerichtet war.

Dorothea merkte, wie verwirrt ihre Stiefmutter dreinblickte. »Ich kümmere mich um alles«, sagte sie.

»Du kümmerst dich um alles?«, fragte Anna Magdalena nach. Das hatte Dorothea noch nie so gesagt. »Wir schaffen schon alles«, verbesserte sich Dorothea. Und da wusste Anna Magdalena, wer Dorotheas neue Lehrerin war: Sybilla. Die beiden schienen wirklich alles organisiert zu haben. Sybilla wusste von einer guten Magd, die eine neue Anstellung brauche und sich auch darauf verstehe, die Haare zu richten. Außerdem könne sich Anna Magdalena Zeit lassen, Friedelena hätte alle schon gut versorgt und Friedemann sei bei seinem Vater.

Friedemann und Emanuel durften an den kommenden Werktagen schon die Schule besuchen und fühlten sich dadurch schon ziemlich erwachsen. Bernhard sollte hingegen noch ein Jahr warten, aber an den Nachmittagen auch schon mit seinen großen Brüdern unterrichtet werden.

»Nein, ich lege meine Geige nicht zu den andern Instrumenten in den Schrank! Da ist alles voller Holzwürmer und Holzmehl.« Friedemann war verzweifelt. Selbst Friedelena hatte seit ihrer Ankunft in Leipzig Kummer um Sebastians schöne Ziegenhaarperücke. In der Thomasschule fand sich immer ein Kopf, auf dem die Läuse überleben konnten.

»Anna Magdalena, es ist wohl besser, wenn du hier eine Haube trägst«, beschwatzte sie Friedelena.

»Wie eine Dienstmagd soll ich eine weiße Haube aufsetzen?« Anna Magdalena konnte es nicht fassen. Doch die Angst vor den Plagegeistern kam von allein, mit jedem Schritt, den sie aus der Wohnung machte, weil sie den verwahrlosten Thomasschülern im Flur begegnete.

»Guten Morgen, Frau Muhme«, grüßten diese freundlich und hofften, an den Familientisch geladen zu werden. An dem saßen jedoch ohnehin immer mehr, als abzusehen war.

Das erste Frühstück, das Friedelena in Leipzig bereitet hatte, war eine Wohltat für Anna Magdalena. Als ob der Himmel ein Einsehen gehabt hätte, schmeckte es ihr und blieb, wo es hingehörte.

»Beim Nachmittagsgottesdienst will ich euch alle mit dabei haben«, sagte Anna Magdalena. Die Kinder wurden herausgeputzt, sodass die Familie eine wahre Zierde darstellte. Der Gottesdienst war für die Kinder anstrengend, weil er ganze drei Stunden dauerte. Anna Magdalena ermahnte sie zuvor, keine Fragen zu stellen und auch nicht die Köpfe zu verdrehen, um alle Gemälde und Figuren zu betrachten. Sie sah es Sebastian an, dass er voller Energie war und sich auf sein neues Amt freute.

Schon auf dem Weg zur Kirche wurde sie erheitert: Viele Bürger hatten Käfige vor ihre Fenster gehängt, in denen Hänflinge, Drosseln und Nachtigallen trällerten und sprangen. Sie erfüllten die Luft mit ihrem Gezwitscher. In diesem Augenblick begann sie Leipzig zu lieben.

Am Abend erstellte Anna Magdalena mit Sebastian einen genauen Wochenplan. Morgens um 6 Uhr traf sich die Familie zum Singen und Beten, um 6.30 Uhr war das Morgenmahl und ab 7 Uhr begann der Unterricht. Die Söhne waren eine große Unterstützung für den Vater, denn sie gehorchten ihm und hatten Spaß am Lernen. An ihnen sollten sich die übrigen Schüler ein Beispiel nehmen. Zweimal in der Woche erhielt Anna Magdalena selbst noch Unterricht in Klavierspiel und Generalbass. Die Familienmusikstube war immer besetzt, denn dort trafen sich außer der Familie auch Schüler und Gäste, um gemeinsam zu musizieren.

Im Sommer wurden die Schüler schon um 5 Uhr geweckt und der Unterricht begann bereits um 6 Uhr. Dafür mussten die Knaben um 8 Uhr abends zu Bett gehen. Das sparte Licht und Heizung. In den gesamten Wohnräumen der Schule durfte nämlich kein Licht gemacht werden, um Brände zu verhindern.

»Bis sich jemand findet, Anna Magdalena, musst du mit Dorothea die Noten kopieren. Und ihr müsst gleich damit beginnen, denn wie sollte ich sonst in zwei Tagen mit den Proben beginnen können? Nächsten Sonntag wird die Kantate in der Nikolaikirche vorgetragen. Ich muss jeden Sonntag passend zur Bibellesung eine Kantate aufführen – das wird auch für euch viel Arbeit werden.«

Und so setzten sich Dorothea und ihre Stiefmutter an den Küchentisch und kopierten schnell und fein säuberlich die erste Leipziger Kantate »Die Elenden sollen essen«. Obwohl sie zügig arbeiteten, waren mehr als vier Stunden darüber vergangen. Und das sollte erst ein Teil des Ganzen gewesen sein!

Friedelena war es nur recht, dass Anna Magdalena und Dorothea so viel Arbeit mit den Noten hatten. So konnte sie sich voll auf die Hauswirtschaft konzentrieren. Als sie zwischendurch den beiden einen Tee brachte, damit sie sich ein wenig entspannen sollten, meinte sie zu Anna Magdalena: »Es schadet nicht, den Text der Kantate auch während der Mahlzeiten wörtlich zu nehmen.« Zuerst verstand Anna Magdalena gar nicht, was sie meinte. Doch dann war ihr klar, dass Friedelena auf ihre Übelkeit zu Beginn der Schwangerschaft anspielte.

»Friedelena, ich will mir Mühe geben, brav zu essen. Wenn ich es auch nur dir zu Gefallen tu.« Und nach einer Weile fügte sie hinzu: »Bei einer solch lieben Familie will ich mich über meinen elenden Zustand nicht beklagen.« Sie legte das Schreibzeug zur Seite, stand auf und nahm Friedelena liebevoll in den Arm: »Ich bin so dankbar, wie du mich aufgenommen hast, wie du für die ganze Familie da bist. Mir ist bewusst, dass ich es mit dir gut getroffen habe.« Diese wusste Anna Magdalenas Dank zu schätzen und freute sich darüber, denn sie hatte sich zu Beginn schwergetan, eine andere Frau an der Stelle ihrer Schwester zu sehen. Für ihren Schwager war sie ohnehin schon so selbstverständlich geworden, dass er kaum noch Worte der Anerkennung fand. Dabei erarbeitete sie fleißig ihren Unterhalt in der Familie.

Friedelena musste sich genauso an den neuen Tagesablauf gewöhnen wie Sebastian und Anna Magdalena. Sie hatte sich vorher genau erkundigt, wie die Gottesdienste abliefen, weil sie wissen musste, wie lange Sebastian voraussichtlich außer Haus sein würde. Die Thomasschüler durften die Gottesdienste früher verlassen und aßen dann schon zu Mittag. Im Winter kamen ohnehin alle zwischendurch zum Aufwärmen herüber, denn die Thomaskirche konnte nicht geheizt werden. Wer hielte es denn vier Stunden in der eiskalten Kirche aus? Die Finger wurden ganz steif, und die Lippen verloren ihre Geschmeidigkeit. Ja, während der Wintergottesdienste würde Friedelena dafür sorgen, dass sich die Familie in der Wohnung aufwärmen konnte und nicht mit den Schülern zusammensitzen musste. Während sie sich um saubere Kleidung und Essen sorgte, plante sie schon den nächsten Tag, die kommenden Wochen, und dachte an all die wichtigen Termine und Besuche, die vorgesehen waren.

Friedelena konnte auch in Leipzig ihrer Leidenschaft frönen: Sie sammelte Zeitungsausschnitte. Der erste stammte aus der Leipziger Zeitung vom 23.5.1723, also einen Tag nach ihrer Ankunft:

»Am vergangenen Sonnabend zu Mittags kamen 4 Wagen mit Haus-Rath beladen von Cöthen allhier an, so dem gewesenen Fürstl. CapellMeister zugehöreten; Um 2 Uhr kam er selbst nebst seiner Familie auf zwei Kutschen an.«

»Nur gut, dass nicht darauf geachtet wurde, ob die Frau in gutem Zustand war«, scherzte Friedelena. Sie las auch allen, ob sie es hören wollten oder nicht, den Zeitungsausschnitt aus dem »Hamburger Relationscourier« vor, der von seiner ersten Kantate in Leipzig berichtete:

»Am verwichenen Sonntage hat der, von E.(inem) E.(hrwürdigen) und Hochweisen Rath dieser Stadt, an des in vorigem Jahre allhier verstorbenen Direktoris Chori Musici Hr. Kuhnaues vacante Stelle, von Köthen anhero vocirte Hochfürstl.(iche) Capellmeister Hr. Bach, zum Antrit seine Music vor und nach der Predigt gemachet.«

»Es stand nicht dabei, dass seine Frau und Tochter die Noten kopierten und das Stück auswendig und schön hätten singen können«, klagte Friedelena, als sie Sebastian den Ausschnitt zeigte.

Anna Magdalena fiel es schwer, ruhig und brav in der Kirchenbank zu sitzen und doch alle Einsätze und Schwierigkeiten zu kennen, die ihr Mann zu meistern hatte. Sie hätte eine gute Partie gesungen, darauf hätte er sich verlassen können. Doch nun konnte sie ihn nicht mehr unterstützen. Es war seine Arbeit, nicht die ihre.

Anna Magdalena wusste, was die vielen unterschiedlichen Aufgaben für ihren Mann bedeuteten. Er steckte in einem Korsett, das ihm wenig Spielraum ließ. Trotzdem war es das, was er gerne wollte. Sie musste ihm nun dabei helfen, dass er alles rechtzeitig fertigstellen konnte und die privaten Schüler und Gäste sich wohlfühlten. Obwohl Anna Magdalena mit Sebastians Musik immer vertrauter wurde und auch auf dem Klavier sicher spielte, konnte sie nur im Haus ihr Wissen weitergeben. Sebastian komponierte auch weiterhin Sopranarien auf ihre Stimme hin und war oft verärgert, wenn die Aufführenden nicht die Ausdauer für die Stücke mitbrachten oder mit den hohen Tönen Schwierigkeiten hatten. Bei seiner Frau hatte es doch wunderbar geklappt.

Nach vier Wochen, in denen Sebastian unterrichtete und sich unter Druck setzte, wöchentlich eine neue Kantate zur Aufführung zu bringen, merkte er, dass dies nicht zu schaffen war. Er erinnerte sich an die Weimarer Zeit und war froh, aus dem Reichtum schöpfen zu können. Es mussten sich vor allen Dingen auch Texte finden lassen. Um fündig zu werden, las er Kirchen-Andachten und das Evangelium.

Es musste wohl schon drei Monate her sein, dass sie in Leipzig wohnten, denn der Rat der Stadt zahlte ihnen wieder den vierteljährlichen Betrag: »Siebenundachtzig Taler und zwölf Groschen. Dazu für Holz- und Lichtgeld noch 13 Taler und drei Groschen. Sechzehn Scheffel Korn, zwei Klafter Holz und sechs Kannen Wein.« Einige Tage lang fühlten sie sich wie im Schlaraffenland. Anna Magdalena atmete auf, weil sie sonst ganz anders rechnen musste, denn die Lebenshaltungskosten in Leipzig waren sehr hoch. Sebastian hatte viel Mühe, das Geld herbeizuschaffen. Fast fünfzig Schüler unterrichtete er privat neben seiner sonstigen Arbeit. Da sie im Jahr gut 700 Taler für die Familie benötigten, musste er sein Gehalt mehr als verdoppeln. Aber wenn er einmal dabei war, handelte und feilschte er um jeden Groschen, der ihm zustand. Damit er den Unterricht der Thomasschüler reduzieren konnte, stellte er einen Lehrer ein, den er selbst bezahlte.

Der Kontakt zu Familie Bose war ein Segen. Sie kannte alle einflussreichen Leute in Leipzig und hatte Sebastian dadurch viele Musikschüler vermittelt. Boses Wohnhaus war weit größer und prächtiger als die Thomasschule. Im unteren Teil befanden sich Stallungen für Pferde und ein Hühnerhof, daneben prächtig ausstaffierte Geschäftsräume und Werkstätten. Darüber lagen die Küche, Ess- und Wohnzimmer und noch unzählige weitere Räume für Familie und Bedienstete. Das Großartigste für Anna Magdalena war jedoch ein anderer Raum im gesamten Komplex: Boses besaßen ein eigenes prachtvolles Konzertzimmer. Die Decken waren mit Stuckarbeiten verziert, die Wände mit samtenen Tapeten verkleidet. In Zukunft war es dieser Raum, in dem sie bei Familienfeiern und besonderen Anlässen singen konnte.

Die Zeit verging schnell: Anna Magdalena hatte sogar schon zweimal ihr geliebtes Weißenfels besuchen können; es lag nun näher als zu der Zeit, da sie in Köthen wohnten. Zu ihrer Schwester nach Zerbst konnte sie bisher allerdings nicht reisen; die Entfernung war einfach zu groß. Und so setzte sie sich am Abend an ihren Sekretär und schrieb einen Brief.

Leipzig, im Juli

Meine von Herzen geliebte Schwester Johanna, sei gegrüßt mit dem Segen unseres guten Gottes.

Obwohl meine Finger täglich schwarz sind von Tinte und ich sie oft mit Sand und Bürste bearbeiten muss, ist es das erste Mal, dass ich die Feder ins Fass tauche um einen Brief zu schreiben. Wie dich, liebe Schwester, die Arbeit in Zeitz hält, so ist in unserem neuen Zuhause so viel Leben wie auf einem Jahrmarkt. Und doch fühle ich mich, je bunter das Treiben ist, gar wie eine Königin. Nicht weil ich befehligen dürfte oder nichts zu arbeiten wäre, sondern in unserem Hause treffen sich so feine und musikbegabte Menschen, dass sie für unsere Kinder ein gutes Vorbild und Anregung abgeben.

Anders als im Bachschen Haus zu Köthen, wo wir, wie ich es immer gewöhnt war, ein eigenes Haus bewohnten, so verteilt sich jetzt unsere Wohnung auf zwei Stockwerke. Zum Thomaskirchhof hin liegt unsere Schlafstube. Auf der Ebene sind auch die Mädchenschlafstube, das Speisezimmer und die »gute Stube«. Daneben liegt die Komponierstube Sebastians. Im Stock darüber befinden sich die Schlafstuben der drei Jungen und Friedelenas. Von der »guten Stube« aus kann ich die Thomasmühle und die Pleiße sehen, und der Apelsche Garten mit dem Manufakturgebäude ist eine Augenweide. Die Promenade führt an unserer Wohnung vorüber. Zu jeder Tageszeit wandeln da die Müßiggänger zwischen Thomas- und Barfußpförtchen hin und her. Des Morgens, wenn ich aus der Schlafstube blicke, schaue ich auf den schönen »steinernen Wasserkasten«, daraus schöpfen zwar nur noch wenige Menschen Wasser, aber er ist doch sehr nützlich, um all die Pferde zu tränken, die in die Stadt kommen. Wenn ich da hinausschaue am frühen Morgen, erblicke ich das Haus der Familie Bose. Sie haben eine Gold- und Silberwaren-Manufaktur, und jeder Händler, der Leipzig betritt, kehrt dort ein. Diese Familie kümmert sich gar liebevoll um unser Ergehen, und die Kinder sind in beiden Häusern gleichermaßen willkommen. Die größeren Bose-Kinder haben nun hier auch Musikunterricht. Mit den Mädchen singe und musiziere ich, sodass wir in der »guten Stube« bald täglich ein kleines Konzert abhalten können.

Meine größte Freude ist jedoch mein kleiner Garten, den ich bereits bepflanzt vorfand und in dem ich nun ernten kann. So gehen am Morgen meine ersten Schritte hinunter zu dem Kleinod, wo ich meinem Schöpfer Dank sage für all das, was er mir so Gutes tut. Daraus schöpfe ich die Kraft für die anstrengenden Tage, denn du weißt ja, dass ich wieder ein Kind trage. Doch es ist jetzt eine gute Zeit, da ich das Essen wieder bei mir behalten kann und noch nicht durch die Leibesfülle eingeschränkt bin.

Ob wir uns wohl im nächsten Monat in Köthen treffen könnten? Sebastian und ich werden dort eine Zeit weilen, weil Fürst Leopold so sehr darum bat. Wir werden es für die nächsten Jahre so einrichten, dass wir öfters ins Schloss kommen. Sebastian komponiert auch immerfort noch Stücke, zu denen der Fürst dann, wie er es so sehr liebt, den Bass singen kann. Wohl hat Sebastian dafür nicht die Reiseerlaubnis, aber er will seinen Freund sehen, und die gute Bezahlung werden wir hier im teuren Leipzig gut gebrauchen können.

Das Leben hier ist ganz anders, als ich es gewohnt war. Wir arbeiten nicht für einen Fürsten oder Herzog, sondern sind vielen verschiedenen Räten und Einzelpersonen zu Dienst und Dank verpflichtet. In Leipzig sind nicht die Adeligen bestimmend, sondern die Manufakturen zeigen ihren Reichtum, und die Stadträte streiten um die Entscheidungen. Auch die Kunst liegt in vielen Händen. Doch da bedarf es eines Besuchs hier, damit du auch die Personen kennen lernst, von denen Sebastian jedoch meint, das sei kein guter Umgang für mich. Aber wie du denken kannst, bleibt dazu auch keine Zeit.

Ich freue mich, bis wir uns durch Gottes Gnade wiedersehen. Doch ich will dir noch ausrichten, dass unsere Tante Hesemann in Weißenfels bald wieder ein Kind bekommt, und wir beten, dass es sie über den Verlust des ersten Sohnes hinwegtrösten kann.

In inniger Zuneigung grüßt dich
Anna Magdalena Bachin

Anna Magdalena war nicht die Einzige, die zu später Stunde die Gänsefeder in die Tinte tauchte. Friedemann hatte sich angewöhnt, heimlich in sein altes Schulheft Gedanken aufzuschreiben, die niemand lesen sollte. Er wartete, bis die kleineren Brüder schliefen, und schlich dann zu dem kleinen Tischchen am Fenster. Sein Vater hatte sich in letzter Zeit angewöhnt, ihn »Friede« zu nennen, statt ihn mit seinem richtigen Namen anzureden. »Mein Friede, wie geht es dir?« oder: »Mein Friede, das kannst du noch besser.«

Friedemann merkte so wenig von dem Frieden in ihm. Es klang eher wie Spott in seinen Ohren, denn die Gelassenheit seiner Eltern und Geschwister fehlte ihm. Dabei wollte er doch auch gerne so reif sein wie sein Vater. Ja, er wollte so gut sein wie der Herr Vater und noch besser. Friedemann hatte sich Gedanken über den Tod gemacht. Lange hatte er überlegt, weil ihm immer wieder der Tod der eigenen Mutter vor Augen stand, den die anderen wohl vergessen hatten. Sein Vater pflegte sich immer an die Orgel zu setzen, wenn Fragen und Zweifel ihn quälten. Friedemann hatte für sich noch keinen Ort gefunden, an dem seine Seele zur Ruhe kommen konnte.

»Gott«, so meinte sein Vater, »ist so vollkommen, dass er wie eine einzige Harmonie vom einen Ende der Welt zum anderen reicht und sowohl das Drama und das Wohlergehen einschließt. Aber wir, Friede, wir suchen stümperhaft nach Worten, um es im Dank auszudrücken. Und doch ist es unsere Aufgabe, damit Gott zu ehren.«

Friedemann wollte auch schreiben können. Vielleicht fand er darin seinen Frieden? Vielleicht könnte er auch ein Dichter werden? Ja, er wollte aufschreiben, worüber er mit niemandem sprechen konnte. Denn manchmal wollte ihm schier das Herz in seiner Brust zerspringen, wenn er nicht Herr seiner Gedanken wurde. So schön und gleichmäßig, wie er nur konnte, schrieb er:

»Die Todesfurcht zu zerstreuen.
Das Bild des Todes, das im gedenkenden Herzen lebt,
mag betrübte Seelen in ängstlicher Furcht quälen.
Aber es stärkt das Streben nach ehrbarem Leben
und die Hoffnung auf den künftigen ewigen Himmel.«

Der Dreizehnjährige wusste, wo er sein Heft verstecken konnte: Zwischen zwei Steinen an der Tür hatte sich der Putz gelöst. In diese Spalte passte das Papier genau hinein. So konnte er das Heft hervorholen und wieder verschwinden lassen. Er wollte nicht, dass die anderen Schüler seine Gedanken lasen, denn sie waren meist einfältiger Natur und lachten jeden aus, den sie nicht verstanden. Aber auch seine Eltern sollten nicht erfahren, was ihn wirklich beschäftigte.

Die Weihnachtszeit verbarg sich hinter trüben Wolken und ständigem Nieselregen. Wären da nicht die Lichter, die Lieder und die Erwartung ihrer Geschenke gewesen – es wäre für die Kinder eine trostlose Zeit gewesen. Die größte Weihnachtswonne bereitete den Kindern eine Singdrossel, die Sybilla Bose seit dem Fest besaß und die sich damit abgefunden hatte, unter einem Tuch verdeckt von einem Haus ins andere transportiert zu werden, um ungeachtet aller Umstände ihre Lieder zu singen.

»Es wird nicht mehr lange dauern.« Anna Magdalena legte die Hand auf ihren Bauch. »Geht heute ohne mich in die Kirche. Und du, Friedemann, achtest auf deine Brüder. Ihr wärmt euch während der Predigt mit den anderen Thomanern in der Schule auf. Erst danach kommt ihr hierher, und beim Mittagessen erzählt ihr mir, was ihr in der Predigt gehört habt.« Die Jungen machten sich artig auf den Weg. Sebastian war schon früh losgegangen, um zuvor die Instrumente zu prüfen und alles bereitzulegen.

Dorothea blieb wie immer bei ihrer Mutter. Wenn sie nicht zur Kirche ginge, würde sie sicher gebraucht werden. Doch die Wehen ließen nach und das Haus war seltsam still. Anna Magdalena hatte sich mit Dorothea in die gute Stube gesetzt und sie lauschten auf die Geräusche, die durch die Fenster drangen. Beiden fehlten die Stimmen der Vögel, die im Sommer in ihren Käfigen um die Wette sangen. Die waren nun alle wieder in den warmen Stuben und sprangen hinter den Fenstergardinen von Stange zu Stange.

Die beiden saßen schweigend da. Es schien ihnen, als ob sie in Leipzig noch nie so friedlich hatten sitzen können. Doch wie die Ruhe kam, verflog sie mit der Ankunft der Familie. Alle legten ihre Mäntel und Mützen ab, und Friedelena trug den Berg zur Garderobe im kalten Flur.

»Und nun erzählt, was ihr noch von der Predigt wisst«, forderte Anna Magdalena die Buben auf, als sie heimgekehrt waren. Es war, als ob sie in drei Blasebälge gestochen hätte, denn die Jungs begannen loszuprusten.

»Ihr habt gut lachen, wenn euer Vater schwitzt«, beklagte sich Sebastian. Da jedoch seine Stimme viel friedlicher klang als in der Kirche, wagte sich Friedemann vor: »Jesus, lass dich finden!« Und wieder quietschten die Jungs vor Vergnügen.

»Was gibt es da zu lachen?«, fragte Anna Magdalena. »Das war doch die Alt-Arie heute, die nach dem Chor folgen sollte. Und du, Sebastian, hast noch ein neues Blatt für das Cembalo geschrieben.« Anna Magdalena fragte sich, was geschehen war.

»Nun, genau dieses Blatt fand ich nicht«, klärte Sebastian sie auf. Die Kinder wiederholten: »Jesus, lass dich finden. Das klingt doch wie ›Blatt, lass dich finden.‹«

»Wo war es denn nun?«, fragte Friedelena erschrocken.

»Unter dem hinteren Stützbein des Cembalos. Ich sah es erst, als der letzte Choral vorüber war.«

»Nun erzähl schon, was ist genau passiert?«

»Alles war bestens arrangiert, es fehlte nur das Blatt für den Cembalospieler. Nun, ich suchte und schaute die Noten durch«, fuhr Sebastian fort.

»In der Kirche war es mucksmäuschenstill«, erinnerte sich Bernhard.

»Alle warteten auf den Einsatz. Da musste ich eben selbst an das Cembalo treten und aus dem Kopf mit dem sanften Zwölfachteltakt beginnen ... Der Kontrabassist begriff und legte mir sein Notenblatt so hin, dass ich mit einsehen konnte.«

»Dann ist ja alles noch einmal gut gegangen!« Anna Magdalena war erleichtert. Sie würde wohl nun auch immer bei »Jesus, lass dich finden« an das verlorene Papier denken müssen.

Gottfried, Sebastians neuntes und Anna Magdalenas zweites Kind, ließ sich reichlich Zeit, um auf die Welt zu kommen. Neun Stunden lang mühten sich die Frauen, das Kind im Mutterleib zu drehen, damit es herausgepresst werden konnte.

»Als ob man mich eine Woche hindurch verprügelt hätte. So geht es mir«, gestand Anna Magdalena Friedelena.

»Ruh dich heute noch aus«, riet sie ihr besorgt.

Als Sebastian an ihr Bett trat, lag der noch runzelige, winzige Gottfried an der Brust seiner Mutter. »Wie geht es dir?«, fragte er vorsichtig. In den letzten Stunden waren seine Gedanken nur bei seiner Frau gewesen, obwohl er auf einem Leichenzug spielen musste und vier Schüler unterrichtet hatte. Die Zeit war ihm lang geworden. Unbarmherzig lang.

»Ich bin schon fast wieder auf den Beinen, aber wie du siehst, werde ich noch gebraucht«, scherzte Anna Magdalena tapfer. Wenige Tage danach legten die blauen Flecken an ihrem Bauch noch Zeugnis davon ab, wie halsstarrig das Kind sich angestellt hatte, um die richtige Lage zu finden.

Die Taufpaten für Anna Magdalenas ersten Sohn Gottfried waren der Bürgermeister der Stadt Leipzig und der Advokat Graff. Mit Herrn Graff lernte sie jemanden kennen, dem für die Stadt Leipzig und später für Anna Magdalena eine weitaus wichtigere Bedeutung zukam als die der wechselnden Bürgermeister. Der Name »Graff« hätte genauso gut auch für Helfer und Engel stehen können. Er hatte eine Witwenfürsorge für verarmte Frauen gegründet, die über mehrere Generationen Bestand hatte.

Neben dem kleinen Buben gab es im Hause Bach noch ein ganz wichtiges Thema: Die Johannespassion stand vor der Aufführung und musste eingeübt werden. Anna Magdalena waren einzelne Teile davon vertraut. Sebastian verstand es, die Stücke so zusammenzubringen und zu arrangieren, dass sich die Passion wie ein ganzes Leben darstellte. Sie selbst war neu ergriffen von Jesu Leidensgeschichte. Auch wenn sie ihr längst vertraut war – das Geschehen von Golgatha empfand sie wie eine ganz persönliche Liebesgeschichte. Christus zeigte sich ihr, so wie er damals nach der Auferstehung Maria erschienen war.

Oft waren junge Musiker aus dem Familien- oder Bekanntenkreis bei Bachs zu Besuch. Dann zeigten Friedemann und Emanuel gerne ihr Können, und die Ernsthaftigkeit und Lebensfreude waren den Kindern anzusehen. Das brachte die Eltern auf den Gedanken, dass sie einen Hauslehrer einstellen könnten. Und das nicht nur, um die Kinder zu unterrichten. Sebastian bräuchte auch einen begabten Freund an der Seite, der ihm die Korrespondenz abnahm und ihn zeitweise an der Orgel vertreten könnte. Es gab genug junge Männer aus der eigenen Familie, die sich ein Studium in Leipzig nur leisten konnten, wenn sie nebenbei arbeiteten. Gegen Kost und Logis sollte also jemand die Söhne des Hauses unterrichten. Wer daneben noch sein Studium in Leipzig betreiben wollte, könnte dies tun.

Mit Johann Heinrich Bach kam nicht nur der erste Hauslehrer in die Familie, sondern obendrein ein junger Musikliebhaber. Sooft er konnte, setzte er sich zu Dorothea und Anna Magdalena und half beim Notenkopieren. Die Noten setzte er sauber, jedoch beim Linienziehen tat er sich schwer.

»Liebe Muhme, zeichne mir mit der Notengabel wenigstens die Blätter vor.«

»Das wirst du auch noch lernen, Johann Heinrich. Als ich zwölf war, habe ich auch mehr gekleckst als gezeichnet. Übung ist alles«, tröstete ihn Anna Magdalena.

»Du redest manchmal wie Vater«, bemerkte Dorothea, die sich gewünscht hatte, in Leipzig am gesellschaftlichen Leben teilzunehmen. »Manchmal tut es mir leid, dass wir aus Köthen weg sind. Dort konnten wir im Schloss ein- und ausgehen und fanden sogar Zeit, in Halle das Coffi Haus zu besuchen. Aber hier gehen wir meist nur aus dem Haus, um in die Kirche zu gehen.«

Es kam selten vor, dass sich Dorothea beklagte. Doch der Unterschied zwischen ihr und den Brüdern war groß. Diese konnten lernen, trieben sich in den Straßen herum und wurden angeleitet, selbstständig zu komponieren. Sie füllte immer die Lücken aus, die sich auftaten: kopieren, Kleider und Schuhe bürsten, Kinder hüten, Gäste bewirten. Es ging schon so weit, dass ihr die jüngeren Brüder Befehle erteilten. Wenn sie nicht Freundinnen aus der Bose-Familie hätte, könnte jeder denken, sie wäre ein Hausmädchen. Ein Hausmädchen, das begabt war zu singen. Nicht mehr.

»Das geht zu weit, das ist eine Schande!« Bei Sebastians plötzlichem Wutausbruch zuckten alle zusammen. In den Händen hielt er einen kaum zwei Wochen alten Notensatz. Doch an dem gesamten Stapel fehlte rechts oben ein gutes Viertel. Anna Magdalena schoss durch den Kopf: Ob Henrietta …? Aber ihr Mann tobte weiter: »Ein Lumpenstall ist das Haus. Nicht nur die alten Blätter werden von Mäusen gefressen. Die elenden Nager stopfen sich auch mit der frischen Tinte voll!« Anna Magdalena besah sich den Schaden. Die Vorlagen waren unbrauchbar geworden.

Während Emanuel unbemerkt aus der Tür schlüpfte, um in den Wandschränken nach einem Mäusenest zu suchen, donnerte Sebastian weiter, was er seiner Frau schon oft geklagt hatte und wogegen der taube Rat der Stadt keine Abhilfe schaffte: »Es ist keine Schule hier! Es ist ein Armenhaus! Die Burschen bringen kein Musikverständnis mit, sondern lediglich ihren Hunger, den die Schulspeiserin im Zaum hält. Anstatt ihre Stimmen für den Chor zu bilden, singen sie bei jedem Wetter auf der Straße und saufen sich bei Feierlichkeiten so voll, dass sie nicht mehr ins Bett finden. Welch liederlichen Haufen hat mir mein Vorgänger Kuhnau hinterlassen! Zu schwach war er gegenüber dem Magistrat, sich dafür einzusetzen, dass es hier wenigstens halbwegs gesittet zugeht! Es fehlen auch die Mittel, um die Umhänge, Perücken und Schnabelschuhe des Chors zu pflegen. Sieh doch, wie die Schüler dastehen: wie zerlumpte Bettler!«

Es entsprach Anna Magdalenas Natur, immer die zu verteidigen, die nicht anwesend waren: »Aber er hatte doch genau wie du einen schweren Stand. Und hat ihm nicht der Magistrat doch ein Brett mit Nägeln für die Kirchen bewilligt, damit die Geigen aufgehängt werden können? Und er bekam auch einige Geigenkästen, um die Instrumente zu transportieren.«

»Verstehst du denn nicht, dass er es war, der mit diesem Geplärr um Kleinigkeiten davon ablenkte, dass ihm im Grunde ein Etat zustand, der nie eingerichtet wurde?«

»Sebastian, aber vor ihm hat es ja auch keiner geschafft.«

»Zustände, die nicht zu dulden sind, müssen abgeschafft werden!« Dabei blieb er.

Sebastian versuchte mit aller Macht, die Zustände zu ändern.

In einem *»Kurzen, jedoch höchstnötigen Entwurf einer wohlbestallten Kirchenmusik«* wandte er sich an den Rat der Stadt. Er klagte darin, dass die fünfundfünfzig Schüler an Sonntagen in vier Chöre eingeteilt werden müssten. Für St. Thomas, St. Nikolai, die neue Kirche und die Peterskirche. Der Chor für die Peterskirche sei so schwach, dass er gerade die Stimmen halten könnte. Und dabei hole er sich doch schon viele Studenten dazu, damit wenigstens die Ansprüche der Gottesdienstbesucher befriedigt werden könnte.

Was der neue Kantor wollte und welche Verbesserungsvorschläge er auch vortrug, war seinen Vorgesetzten egal. Ebenso interessierte es sie nicht, ob Bach für die Gottesdienste in der neuen Kirche anständig bezahlt wurde. Konnte er nicht alles mit weniger Aufwand betreiben? Hatte ihn jemand verpflichtet, jeden Sonntag eine neue Kantate vorzutragen? Musste er die besten Musiker und Sänger haben? Nein, nein und abermals nein. Die Gottesdienste waren lang genug; er müsse nur seine Pflicht erfüllen, aber keine Wunder vollbringen. Sebastian ließ nicht locker, schließlich war seine Anstellung eine Verpflichtung auf Lebenszeit. Da wollte er seinem Gott und der Kunst gerecht werden. So begann ein jahrelanger, zermürbender Kampf mit seinen Arbeitgebern.

Anna Magdalena wusste nicht recht, wie sie sich verhalten sollte. Sebastian duldete nicht, dass sie sich einmischte. So verlegte sie sich darauf, dankbar zu sein, wenn ab und zu jemand kam, der ihren Mann unterstützte.

»Wir werden den Freunden Sebastians das beste Essen und unsere ganze Unterstützung zukommen lassen«, sagte Anna Magdalena zu Friedelena. »Sie allein schaffen es, dass Sebastian sich nicht mit allen überwirft, die anders denken als er.«

»Er war schon immer so«, bemerkte Friedelena. »Aber hier kann es ihn Kopf und Kragen kosten, denn die, von denen er abhängig ist, sind in der Überzahl. Oft können sie auch gar nicht anders, als ihm die Bitten abzuschlagen, denn sie verfügen nicht über die Mittel der Fürsten.«

»Er braucht Freunde, damit er nicht in seiner Wut zum Degen greift oder seinen Unmut an Unschuldigen auslässt«, beendete Anna Magdalena das Gespräch. Friedelena war überrascht, wie gut die junge Frau ihren Mann schon kannte.

Ab Mai hieß es für die Thomasschüler wieder, um fünf Uhr in der Frühe aufzustehen. Um diese Zeit waren auch schon die Bediensteten fleißig bei der Arbeit. Anna Magdalena hörte sie unter den Wetterdächern im Hof hantieren. Die Magd des Rektors wusch die Wäsche. Auch Familie Bach würde bald ein Mädchen anlernen, das sich um die Wäsche kümmerte. In Köthen hatte Friedelena das gemacht, aber hier forderte die Küche ihren ganzen Einsatz. Anna Magdalena merkte, dass sie Friedelena entlasten musste, denn vom Arbeiten im kalten Wasser schwollen ihr die Gelenke an.

»Mutter, du stellst dich nicht in den Keller!«, empörte sich Dorothea, als Anna Magdalena die Wäsche erledigen wollte.

»Aber du weißt so gut wie ich, dass einer von uns beim Waschtag dabei sein muss, wenn wir jemand einweisen und die Magd saubere Arbeit leisten soll.«

»So lass mich dafür sorgen, Mutter. Ich bin doch sowieso immer zugegen und stampfe die Wäsche. Am Vortag kann ich die Wäsche einweichen, dann muss Friedelena die Waschküche gar nicht mehr betreten.«

»Wie sollte ich nur ohne dich zurechtkommen? Wir müssen gut zusammenhalten, damit wir nicht nur Hausarbeiten verrichten, sondern auch noch Zeit finden, um zu musizieren.« Anna

Magdalena wusste sehr wohl, dass Dorothea ihren Traum, Sängerin zu werden, bereits aufgegeben hatte, denn Sebastian legte alle Hoffnungen in seine Söhne. Für die Frauen gab es doch Arbeit genug, und es fehlte das Geld, um noch Gesinde einzustellen. Sie dachte nach und meinte dann: »Wir müssen uns etwas einfallen lassen, Dorothea, so geht das nicht weiter.«

»Was meinst du?«, fragte Dorothea.

»Ich meine, dass du, seit wir hier sind, wie eine gute Magd arbeitest.«

»Ach, Mutter, ist schon gut«, besänftigte Dorothea ihre Stiefmutter. »Ich bin zufrieden und abends schlafe ich glücklich ein. In Köthen gab es nicht so viel zu schauen und mit den Kindern von Boses habe ich richtige Schwestern gefunden. Ich wusste nicht, wie schön es ist, Schwestern zu haben. Und eine kleine echte Schwester habe ich ja nun auch mit Henrietta.«

»Ist es nicht köstlich, wie dieses kleine Mädchen nun spricht und schon versucht, die Treppen zu steigen?«

»Ja«, sagte Dorothea. Das nächste Mädchen ist meines, dann kann ich noch stolzer auf sie sein.« »Abgemacht«, sagte Anna Magdalena. »Das nächste Mädchen soll deines werden.«

»Immer eines für mich und eines für dich.« Die beiden lachten und Friedelena schaute mit Henrietta zur Tür herein. »Friedelena bekommt die Jungs.«

»Wer bekommt was?«, fragte Friedelena irritiert nach. »Also«, erklärte Dorothea. »Da es so aussieht, als ob wir noch viele kleine Kinder bekommen, beschlossen wir, dass sich Anna Magdalena und ich die Mädchen teilen und du, weil du die Älteste und Weiseste bist, alle Jungs bekommst.«

»Sehr freundlich von euch«, erwiderte Friedelena. »Da bin ich ja froh, wenn ich wie jetzt die liebe Henrietta hüten darf.« Friedelena tat sich manchmal schwer, wenn die beiden scherzten. Meist begriff sie erst später, wie es gemeint war, und versuchte dann auch mit einem Spaß zu antworten.

Henrietta wollte vom Arm herunter und in den dampfenden Kessel schauen. Wie ein Aal wand sie sich in Friedelenas festem Griff, um auf eigenen Füßen die Welt zu erkunden.

»Das habe ich mir gedacht«, meinte Friedelena. »Es ist nicht gut mit einem kleinen Kind in der Waschküche zu stehen. Ehe man sich versieht, können sich die Kleinen verbrühen.«

»Bei Boses dürfen erst Kinder, die fünf Jahre alt sind, in die Waschküche schauen«, erklärte Dorothea.

»Das sollten wir auch so halten«, meinte Anna Magdalena. »Friedelena, sag, wie findest du das?«

Friedelena gefiel vor allem, dass sie gefragt wurde.

Henrietta wollte auf gar keinen Fall aus der Waschküche gebracht werden. Erst als Friedelena ihr erklärte, sie müssten nachsehen, ob Gottfried schön schliefe und nicht etwa in der Waschküche sei, war die Kleine einverstanden.

»Wie seltsam Kinder manchmal denken«, wunderte sich Dorothea.

»Ich habe als Kind sehr lange seltsam gedacht«, gestand Anna Magdalena. »Und es hat etwas Reines und Schönes an sich.«

»Ich weiß, was du meinst. Die Erwachsenen haben zwar Recht, aber es ist, als ob wir mit dem Erwachsenwerden aus dem Paradies vertrieben würden.«

»Im Evangelium steht, dass den Einfältigen und Kindern Gottes Geheimnisse anvertraut werden ...«, führte Anna Magdalena die Gedanken weiter.

»Vielleicht ist es auch Glück, für Kinder und ihr Lachen zu arbeiten und abends müde einzuschlafen.« Aus Dorotheas Worten klangen jedoch leise Zweifel.

Anna Magdalena ging auf die unausgesprochene Frage Dorotheas ein: »Jeder Mensch muss seinen Weg finden, soll seine Träume haben dürfen.« Sie fasste Dorotheas Schultern: »Du musst sagen, was du dir wirklich wünschst und was du tun möchtest, Dorothea! Auch in kleinen Dingen.«

Anna Magdalena hätte vielleicht irgendwann vergessen, dass sie noch vor wenigen Monaten am Fürstenhof als Sängerin engagiert gewesen war, wenn nicht Fürst Leopold die Bachs schmerzlich vermisst hätte. Die erste von unzähligen Reisen nach Köthen stand bevor. Anna Magdalena, Sebastian, Dorothea und Gottfried reisten in einer eigenen Kutsche in die alte Heimat. Es war eine muntere Truppe.

»Wie das fahrende Volk reisen wir mit Sack und Pack durch die Gegend und besuchen unsere vertrauten Plätze, freute sich Anna Magdalena.«

»Ich habe nichts dagegen, dass wir einen großen Teil vom »Pack« zu Hause gelassen haben«, gestand Sebastian. Und ergänzte, wie zu erwarten war: »Aber das nächste Mal werden wir doch wenigstens Friedemann und Emanuel noch mitnehmen. An ihrem Spiel hätte der Fürst auch Freude.«

In Köthen wurden sie ganz fürstlich im Schloss untergebracht. Dorothea verbrachte die erste Nacht in einem Zimmer, in das ein ganzes kleines Haus hineingepasst hätte. Sie war froh, nicht allein in einem solchen Gemach zu liegen. Der kleine Gottfried durfte bei ihr schlafen, damit die Eltern sich ungestört ausruhen konnten und für das Konzert frisch waren.

Anna Magdalena nutzte die Zeit, um für Dorothea einen Rock und eine Bluse in Auftrag zu geben. Außerdem bestimmte sie, die 60 Taler Besoldung für das Gastspiel sollten für eine Magd verwendet werden. »Da wir in Zukunft wohl öfters im Jahr nach Köthen geladen sind, wird es für eine ständige Hilfe in Leipzig reichen.« Sebastian wusste, dass seine Frau Recht hatte. Anna Magdalena brauchte mehr Unterstützung, um selbst weiter singen zu können und im eigenen Haus das kulturelle Leben mitzugestalten.

Als Bachs nachmittags an den Proben des kleinen Theaters teilnahmen, saßen sie entspannt und gut gelaunt dicht beieinander. Sebastian sah zwischendurch auf Anna Magdalenas Hände und bemerkte, dass sie ihre Geschmeidigkeit verloren hatten. Durch die viele Arbeit und das ständige Scheuern und Bürsten der Tintenfinger war die Haut trocken geworden.

»Welch liebe und wunderbare Frau ich habe«, durchfuhr es ihn. »Ich muss besser für sie sorgen. Für alle muss ich besser sorgen!« Den Anfang der Aufführung bekam er gar nicht mit, zu deutlich wurde ihm plötzlich bewusst, was bei ihm im eigenen Haus noch so dringend nötig war. Er musste erst mit seiner Frau Leipzig verlassen, um das so klar zu sehen. In Leipzig war er immer bemüht, seinen Verpflichtungen nachzukommen. Dabei hatte er seine Frau aus den Augen verloren, die ihn klaglos unterstützte, so gut es ging.

»Nun pass doch auf, Sebastian«, unterbrach Anna Magdalena seine Gedanken. »Du verpasst sonst noch das Beste.«

Dorothea fand ihre Eltern mit den Komödianten ausgelassen zusammensitzend. Anna Magdalena legte Gottfried an ihre Brust, und die kinderlosen Schausteller bemerkten, dass dieses schöne Bild ihnen Lust machte, eigene Kinder zu haben.

Am Abend gestand Anna Magdalena: »Sebastian, ich schätze eine warme Stube im Winter und ein Musikzimmer. Aber an Tagen wie heute würde ich gern wie die fahrenden Musikanten einen Planwagen mein Eigen nennen.«

»Uns beiden liegt noch das Leben unserer Vorfahren im Blut, meine Liebe. Aber was sind wir anderes als fahrendes Volk – eben nur von einem festen Haus zum andern?«

»Ich weiß, was du sagen willst. Auf der ganzen Erde, egal ob auf der Straße, in einer Wohnung oder einem Palast, wandern doch alle mit ihren Freuden und Ängsten zum ewigen Leben hin.« Anna Magdalena hatte bemerkt, dass Sebastian zeitweise nachts sehr nachdenklich war. Zu nachdenklich für einen Mann, der sonst nicht zum Grübeln neigte, sondern eher zu schnell handelte und sich hinterher ärgerte. Da in der Nacht keine Kinder da waren, fiel Anna Magdalena die abendliche Veränderung auf und es amüsierte sie: Während sie ihre Haare löste und diese in munteren Locken um ihre Schultern sprangen, setzte Sebastian seine Lockenperücke ab. Bald waren gar keine Haare mehr auf seinem Kopf.

»Wir könnten damit auch noch im Theater auftreten«, scherzte Anna Magdalena frech.

»Eine Frau ist dazu geschaffen mit ihren Haaren die Blöße ihres Mannes zu decken«, konterte Sebastian.

»Das ist besonders für Sünderinnen wichtig«, erklärte Anna Magdalena.

»Wie meinst du das?« Sebastian war verwirrt.

»Nicht das, was du meinst, mein Lieber! Ich denke einfach, dass die Sünderin ja auch die Füße Jesu mit ihren Haaren trocknete.«

»Ach ja, das meintest du!« Er wusste nur zu gut, dass seine Frau wieder zwischen Ernst und Spaß nicht unterscheiden konnte.

Anna Magdalena war glücklich und übermütig. Sie lachte ihn an und kicherte frech: »Und? Fängst du den Vogel?« Nackt wie sie war, breitete sie ihre Arme aus und versuchte anmutig durch den Raum zu schweben. Sebastian ließ sich nicht lumpen: »Täubchen waren schon immer meine Lieblingsspeise – egal ob gebraten oder in der Suppe.«

Es lag nicht an der Anstrengung, die die Johannespassion verursacht hatte, und auch nicht an der Magen-Darm-Grippe, die im Sommer in der Thomasschule wütete. Anna Magdalena war die Einzige, die nicht aufhörte, auf den Abort zu rennen und sich auf dem Weg dahin die Hand auf den Mund zu pressen. Inzwischen wusste die Familie diese Ankündigung zu deuten. Anna Magdalena musste sich damit abfinden, erst einige Pfunde zu verlieren, um dann sichtbar anzuschwellen.

»Ich trinke mein Essen heute lieber, dann bin ich wenigstens seetüchtig«, entschuldigte sich Anna Magdalena bei Friedelena, die peinlich darauf achtete, dass jeder am Tisch eine ordentliche Portion bekam und der Teller bald leer war. Anna Magdalena war ja schon übel, wenn sie zwei Becher hintereinander trank. Und trinken musste sie reichlich, damit die Milch für Gottfried ausreichend floss. Die Stufen im Treppenhaus schienen ihr endlos. Am liebsten hätte sie sich nach dem ersten Treppenabsatz erst einmal hingesetzt. Wie froh war sie, wenn sie mit Henrietta zur Wohnung hochstieg. Die war genauso langsam. Anna Magdalena zählte an ihren Fingern ab, wie lange der jämmerliche Zustand wohl noch andauern würde. Drei, vier Wochen? Wie durch Zauberei war der elende Zustand dann vorbei, und sie wurde durch die zarten Berührungen, die das Kind im Innern ihres Bauches ausführte, zu einer glücklichen Mutter. Selbst die letzten Wochen mit dickem Bauch waren einfacher als die Unpässlichkeiten zu Beginn einer Schwangerschaft.

Da half nur eines: Musizieren und Singen! Während sie mit andern aufspielte, war einfach alles Weh und Ach vergessen. Das erste Notenbüchlein war schon recht dick geworden durch die zusammengetragenen Musikstücke. Daraus wurde im Haus gesungen und musiziert. Es war Anna Magdalenas Schatz, zu dem alle einen Teil beigetragen hatten. Sebastian wusste, wofür es Zeit wurde: für ein zweites Notenbüchlein. Das war die beste Medizin, die er seiner blassen Frau bieten konnte. Mit zwei fein säuberlich geschriebenen Partiten eröffnete er eine neue Sammlung.

»Damit hätte mich die werte Ziegler wahrlich verschonen können!« Es war Bach unangenehm, von einem Frauenzimmer ein Huldigungsgedicht zu bekommen. Auch wenn es durchaus üblich war, schwülstige Gedichte und Belobigungen zu überreichen, wenn man jemanden bewunderte: Sebastian duldete für sich nur fachmännische Komplimente. Aber die Dichterin

Christiane Marianne von Ziegler, die ihm oft die Texte für seine Kantaten schrieb, war von seinen Aufführungen so angetan, dass sie Bach öffentlich ehren wollte. Und Friedelena hatte endlich einen neuen wunderbaren Zeitungsausschnitt. Daraus zitierte sie bereits auswendig, wenn sie Sebastian sah:

»O Reizung – voller Klang! – der uns, geschickter Chor,
durch süße Zauberung das Ohr,
wie die Sirenen, kann betören.
Das lass sich noch mal hören;
wer muss denn wohl Komponiste sein?
Ist's Telemann? Bach? Oder Händel?«

Anna Magdalena hätte gern mit Frau Ziegler über alles gesprochen, was sie beschäftigte. Doch diese war in den Augen ihres Mannes keine geeignete Gesprächspartnerin, da sie sich zu sehr mit Oberflächlichem aufhielte und überall mitmische. Und doch war sie für Sebastian eine große Hilfe, denn sie verstand es, geistliche Texte in eine vortreffliche und seiner Musik würdige Form zu bringen. Wie oft verfasste sie noch in letzter Minute einen hilfreichen Text. Aber Sebastian konnte seine Abneigung gegen den Dichterinnenkreis nicht ablegen. Die Weiber taten sich ja nicht nur für die Kunst zusammen, sondern hatten auch absonderliche Ansichten, die sich für Frauen nicht schickten.

Anna Magdalena war ihrem Mann, so gut es ging, behilflich, indem sie für ihn die Bibel, das Gesangbuch und verschiedene Gedichtsammlungen las, um auf Inhalte zu stoßen, die sich für Kantaten eigneten. Sie hörte sich um, wer in der Lage wäre, geistliche Texte und gefällige Lieder zu schreiben. Zur Not wurden auch Strophen und Melodien, die Bach früher in Opern verwendet hatte, zu Kantaten umgeschrieben. Das war allgemein üblich, und so wunderte sich niemand, dass die Kantaten manchmal eine gute Portion Pathos besaßen.

Ein ergiebiger Schatz für neue Texte war ein fideler städtischer Beamter. Er hatte sich selbst den wohlklingenden Namen »Picander« zugelegt, und nur wenn er im Dienst war, wurde er ehrerbietig mit Christian Friedrich Henrici angesprochen. Kam er ins Haus, so gab es immer etwas zu lachen. Zu allem und jedem fiel Picander ein köstlicher Spruch ein, er war voller Wärme und Humor. Im Laufe der Jahre schrieb er mehr als sechzig Beiträge zu Kantaten und Teile einer Passion.

»Ich schätze mich glücklich, in diesem Hause zu sein«, pflegte er bescheiden zu sagen. »Dürfte ich nicht dichten, wäre ich gewiss der armseligste Steuerbeamte, den je eine Stadt hatte.«

»Eine Familie, die einen Freund wie dich hat, kann sich glücklich preisen. Du vermagst meinem Mann zu helfen, plauderst mit uns Frauen, und dabei weicht kein Kind zur Seite, da deine Gegenwart so aufregend ist wie ein Jahrmarkt.«

»Ihr scherzt, verehrte Bachin. Doch ihr scherzt so schön. Und wie ich sehe, werde ich mir ein neues Wiegenlied für euch ausdenken müssen.« Er dichtete ein neues Wiegenlied und bat die Frauen, eine schöne Melodie dafür zu finden.

Ein guter Freund ist einer, der nicht nur an fröhlichen Anlässen teilnimmt, sondern gerade in der Not nicht fehlt. Und das bewies Picander, als er nicht nur zur Geburt von Christian, Anna Magdalenas drittem Kind, und im Jahr danach zur Taufe von Elisabeth die Familie mit Geschenken und einem gereimten Dankgebet überraschte. Nein, er war es auch, der zwei Monate später Anna Magdalena einen tröstlichen Text in die Hände legte, als ihre älteste Tochter plötzlich an einem Fieber starb. Sie war erst drei Jahre alt gewesen; mit ihr und ihrem ständigen Geplapper hatte auch Friedelena eine lebenslustige Gesprächspartnerin verloren.

Anna Magdalena begriff noch nicht, was geschehen war. War nicht vor vier Tagen Henrietta an ihrer Hand mit zu Boses gegangen? Hatten sie nicht zusammen geschaut, welche Pferde im Hof standen, und hatten nicht Boses Hühner aus der Mulde ihres Rockes Brotkrümel gepickt? Hatte das Mädchen nicht voller Freude begriffen, dass es nun nach zwei Brüdern eine kleine Schwester bekommen hatte? Und dann war am Abend ihr Gesicht rot vom Fieber, und die Lippen waren geschwollen. Am nächsten Morgen schlug sie um sich, dass Anna Magdalena beruhigend auf sie einsprechen musste. Doch das Kind zitterte, und seine Bewegungen und der Atem verloren sich so langsam, dass es schien, sie wäre eingeschlafen und erhole sich von den Anstrengungen.

»Sie schläft doch nur!«, hatte Anna Magdalena alle angefahren, die behaupteten, Henrietta sei tot. »Sie schläft sich doch gesund!«, sagte sie noch, als bereits der Arzt den Tod festgestellt hatte und die Beerdigung festgesetzt wurde. »Sie schläft doch nur!«, dachte sie, als sie die kalten Händchen faltete, und die Erde über sie geworfen wurde. »Aber sie schläft doch nur!«, klagte sie Sebastian, der sie festhielt und erwiderte: »Ja, sie schläft, sie schläft sich gesund, und am Jüngsten Tag wird sie mit uns im Himmel sein, Anna Magdalena. So wahr Gottes Güte uns nicht verlässt.«

Weil Sebastian seine Tochter an Gott abgeben konnte und auch Friedelena es verstand, zu klagen und zu trauern, konnte sich auch Anna Magdalena fallen lassen und den Verlust beklagen. Jedes Mal, wenn sie die kleine Elisabeth an die Brust legte, setzten wieder Nachwehen ein, dass sie die Zähne zusammenbeißen musste, um nicht laut aufzuschreien. Ihr Unterleib krampfte sich zusammen, als ob sie noch einmal ihre erste Tochter, Henrietta, gebären sollte. Doch diesmal in eine andere Welt und nicht, um sie in die Arme zu nehmen und an die Brust zu legen.

Henrietta wurde auf dem Johannisfriedhof begraben. Friedemann begriff, dass seine kleine Schwester gestorben war. Das liebenswerte Mädchen, zu dem er jedoch nie richtig herzlich sein konnte. Die neuen Kinder waren für ihn immer die Kinder der falschen Mutter gewesen. Er schämte sich deswegen und wusste doch nicht, was er dagegen tun konnte.

Mit einer Schrift, die ihm selber fremd erschien, schrieb er in sein Schulheft: *»Christina Sophia Henrietta mortua est die 29 Junio aeta: 1726.«*

Er würde von nun an besser auf seine Geschwister achten. Und wenn es in seiner Macht stünde, würde er sich für die Geschwister einsetzen. Seine Stiefmutter tat ihm leid. Noch nie hatte er sie so traurig gesehen. »Tu etwas«, hätte er am liebsten zu seinem Vater gesagt. Aber auch der war seltsam still und in sich gekehrt.

Das nächste Kind, das in Anna Magdalena zu wachsen begann, war ein kleiner Junge, der nur einen Tag lebte. Die Erinnerung an ihn ist der Taufstein in der Thomaskirche, der von vier Engeln getragen wurde und auf dem geschrieben stand: *»Lasset die Kindlein zu mir kommen und wehret ihnen nicht, denn solcher ist das Himmelreich.«* Um den Taufstein waren die vier Evangelisten abgebildet: Matthäus mit dem Engel, Markus mit dem Löwen, Lukas mit dem Ochsen und Johannes mit dem Adler.

Als Anna Magdalena nach der Taufe und dem Tod ihres Säuglings erwachte, wusste sie nicht, ob sie geträumt hatte oder ob alles Wirklichkeit war: Sie hatte auf einem sandfarbenen Löwen gesessen, dessen Mähne bis zu ihrer Brust reichte. Beim Gehen peitschte sein Schwanz rechts und links zur Erde und wirbelte Staub auf. Dann legte ihr jemand Lederriemen in die Hände, und als sie aufsah, war davor ein starker Ochse gespannt, der für sie das Feld pflügte. Seine Muskeln bewegten sich mit eiserner Kraft, und an den langen Halslappen und den kräftigen Hörnern konnte sie erkennen, wie erfahren er war. Doch nicht sie war es, die ihn antrieb, es war der Engel an ihrer Seite, von dem eine unglaubliche Kraft ausging. Als sie ihn anblickte, zeigte er nach oben, und sie sah den Adler am Himmel schweben, von dem sie wusste, dass sie selbst dieser Adler war.

»Schau, was ich für dich in den Himmel schrieb«, erklang eine Stimme in ihrem Innern. Diese Stimme weckte sie auf. Es war drei Uhr in der Nacht. Sie setzte sich auf und weckte ihren Mann.

»Was ist damit gemeint, wenn jemand sagt: Schau, was ich für dich in den Himmel schrieb?«, fragte sie Sebastian, nachdem sie ihm den Traum erzählt hatte.

»Der Traum ist für mich sehr wirr«, gestand er. »Aber da es der Taufstein war, der dich zum Träumen brachte, solltest du auch dort die Antwort suchen. Geh gleich in der Frühe hin und sieh, was wohl mit dem Himmel gemeint ist und was Gott dir sagen will.«

Anna Magdalena ging früh am Morgen in die Thomaskirche, um zu erforschen, was es damit auf sich hatte. Doch sie sah, was sie immer sah: einen kunstvollen Taufstein, so prächtig, wie sie noch keinen zuvor gesehen hatte. An langen Ketten hatten sie wieder den schweren Deckel auf das Becken niedergelassen. Sie blickte zur Decke empor. Doch erst als sie wieder zum Taufstein hinabblickte, wusste sie, was gemeint war. Innen im Deckel stand auch ein Spruch, den man lesen konnte, wenn der Taufstein offen war. Sie bat den Küster und einen Thomasschüler, doch den Deckel hochzuziehen, und so konnte sie an der Innenseite lesen: *»Gehet hin in alle Welt und prediget das Evangelium allen Kreaturen – und taufet sie im Namen des Vaters, des Sohnes und des Heiligen Geistes.«*

»Das ist es, was wir bedenken sollen, wenn wir auf die leere Wiege schauen, Sebastian. Wir sollen nicht müde werden.«

Aus diesem Traum schöpfte sie Kraft und neuen Lebensmut. Gott hatte sie getröstet und ihr gezeigt, welch starke Helfer sie hatte. Sie sollte nicht verzweifeln und sich nicht irremachen lassen. Hatte sie nicht auch voll Glauben und Dankbarkeit von

Kurfürstin Christiane Eberhardine Abschied genommen? Und noch klangen die Worte in ihr, mit der die allerwerteste Fürstin bedacht wurde. An ihr wollte sie sich ein tapferes Beispiel nehmen.

Dorothea fand in den alltäglichen Arbeitstexten Trost. »Weißt du, Mutter, jetzt erst verstehe ich die Worte, die Picander für die Matthäuspassion gewählt hat: *Erbarme dich, mein Gott … Schaue hier, Herz und Auge weint vor dir bitterlich.*«

»Er meint damit, dass wir ruhig bitterlich klagen können, denn wir haben doch allen Grund dazu. Gott will uns trösten. Ja, er versteht es, ebenso wie dein Vater, alles vor Gott zu bringen. Und noch viel mehr gilt für uns und deine Brüder, welchen Schlusschoral Sebastian dazu ersann: *Ich verleugne nicht die Schuld; aber deine Gnad und Huld ist viel größer als die Sünde, die ich stets in mir befinde.*«

Hätte man Friedemann gefragt, ab wann Anna Magdalena über den Tod von Henrietta und dem kleinen Säugling hinwegkam, hätte er gesagt: »Mit dem neuen Ofen kam auch neues Leben in sie.« Zuvor hatte sie zwar alles getan, was sie sonst tat, aber sie schien seltsam abwesend. Erst die umfangreichen Baumaßnahmen für den neuen Ofen ließen Anna Magdalena wieder aufleben. Wochenlang lag eine Staubschicht über der Wohnung. Als dann endlich das Monstrum von über zwei Zentnern heraufgeschafft wurde und bald darauf als der beste Ofen Leipzigs gepriesen wurde, war Anna Magdalena wieder richtig glücklich.

Im Frühjahr 1728 reiste Anna Magdalena mit ihren kleinen Kindern und Dorothea für einige Tage in ihre Geburtsstadt Zeitz. »Auch wenn es traurig ist, dass wir zur Beerdigung des Vaters meiner Mutter fahren, so wollen wir uns doch freuen, so vielen Verwandten zu begegnen«, ermunterte sie die Kinder. Ihr Großvater war zuvor sehr krank gewesen, und jeder gönnte ihm nun das bessere Leben im Himmel.

»Wie anders es ist, wenn ein alter Mensch stirbt«, überlegte sie, »da ist neben der Trauer und dem Abschied der Friede spürbar.« Wenn sie hingegen an ihre Tante Hesemann dachte, die fast gleich alt war und ihren Mann verloren hatte, so musste sie sich beherrschen, dass sie nicht weinte und klagte, denn sie kannte ja selbst den Schmerz, einen geliebten Menschen zu verlieren.

Als die Familie zusammen war, geschah das ewige Wunder: Nichts, aber auch gar nichts war auch nur halb so schlimm wie in den Zeiten, in denen man auf sich allein gestellt war. Hier war ein tröstendes Wort, da ein Scherz und überall Erinnerungen an eine glückliche Zeit. Anna Magdalena war für jedes Fest eine Bereicherung. Sie sah die aufrichtige Freude in den Augen ihrer Eltern und Geschwister. Weggewischt waren die Mühen durch die Kinder und den Beruf ihres Mannes. Und sie vergaß vollends ihre Verantwortung für den Haushalt in Leipzig, als sie mit ihren Kindern und den Kindern ihrer Tante durch die Stadt ging und ihnen zeigte, wo sie geboren worden war und welche Spiele sie früher spielten.

»Hast du auch Streiche gemacht?«

»Wahrscheinlich mehr, als ich euch erzählen darf. Und ertrunken wäre ich auch fast.«

Die Kinder wollten alles genau wissen. Anna Magdalena erzählte ihnen, und es war ihr, als ob sie selbst noch einmal ein Kind war. Sie erinnerte sich daran, welch wunderbare Eltern sie hatte, und konnte ihrer Mutter nicht oft genug sagen, wie lieb sie ihr sei. Sie spielte und sang allein oder mit ihrer Familie – so gut, dass sie außerhalb des Familienkreises jedes Mal einen schönen Lohn erhielt.

Zwei Wochen blieben sie in Zeitz, und trotz des traurigen Anlasses der Reise hatten die Kinder viel Spaß miteinander. Obwohl es Anna Magdalena zu dieser Zeit wieder speiübel war, verstand ihre Mutter es, sie aufzuheitern. Sie gab ihr einen Tee, der den Magen beruhigte.

Niemand ahnte, dass dies Christians letzte Reise nach Zeitz war. Im Sommer ging eine Krankheit durch die Thomasschule, die den Kindern die Hälse zuschnürte. Die Knaben vermochten nicht zu singen, aber sie lagen ohnehin mit Fieber im Bett. Gottfried, Christian und die kleine Elisabeth hatten die Ehebetten der Eltern in Beschlag genommen, und der Arzt kam täglich, um nach den Kindern zu schauen. Aber was nützte es? Im Beisein des Arztes wurde der Junge blau im Gesicht, das Herz flatterte, und dann lag da nur noch ein kraftloser kleiner Körper.

Anna Magdalena wollte nicht wahrhaben, was da geschah. Sie rief nach ihrem Kind, flehte: »So mach doch deine Augen auf! Christian! Mein kleines Herzchen, so sag doch was!«

Friedelena brach das Herz, wenn sie die Mutter so flehen hörte. »Lass ihn schlafen, Anna Magdalena. Lass ihn schlafen. Er schläft sich gesund.« Wie hätte sie ihr sagen können: »Lass ihn, er ist doch tot.«

Wie seine Schwester Henrietta wurde auch Christian mit drei Jahren in die Erde gebracht. Von fünf geborenen Kindern waren Anna Magdalena nur zwei geblieben: Gottfried und Elisabeth, die gerade zwei Jahre alt war. Der Johannisfriedhof gehörte für sie mit zur Familie, denn dort lagen die Kinder, die sie ebenso geliebt hatte. Anna Magdalena bangte darum, dass auch die beiden die Krankheit nicht überstehen würden. Aber sie wurden wieder gesund.

»Lasst mir alle Türen und Fenster geschlossen, dass die ungesunde Luft nicht hereinströmt«, mahnte sie die Familie und Gäste. »Die Schüler bringen alle Krankheiten von den Straßen mit und verpesten damit die Luft.« Sebastian und Friedelena waren in Sorge, denn bald würde wieder ein Kind geboren werden, obwohl die Halskrankheit noch nicht vorbei war.

Ein Jahr lang war die Wiege leer geblieben, weil der kleine Ernestus Andreas gleich nach der Geburt gestorben war. Doch jetzt lag ein kleines Mädchen darin: Regina. Sie wurde zu Hause getauft, denn bei ihrer Geburt war sie sehr klein gewesen. Zur Taufe kamen Anna Magdalenas Schwestern Johanna und Erdmute. Sie brachten auch ihre Männer mit, und damit konnte die Wohnstube wieder zur Musikstube werden. Da auch ihr Bruder Caspar das Patenamt übernehmen wollte, aber verhindert war, schickte er dafür einen befreundeten Violinisten, der ihn vertrat. Anna Magdalena hatte sich schon auf den Besuch des Violinisten gefreut und ihm im Voraus Sonaten und Partiten für Violine solo und Suiten für Violoncello solo kopiert. Der Beschenkte freute sich so sehr darüber, dass er auf das Deckblatt schrieb: *»écrite par Madame Bachen. Son Epouse«* (geschrieben von Madame Bachen. Seine Ehefrau.)

Die Freude über ihre Besucher schenkte Anna Magdalena neue Kraft. Sie hatte das Gefühl, dass nun alles gut würde. Da sie endlich wieder ein schönes Kleid anziehen wollte um mit den anderen vor geladenen Gästen zu singen, bat sie Dorothea: »Schnüre mir mein Mieder, so fest es geht.« Johanna sah der Prozedur zu.

»Hört bloß auf damit!«, befahl sie. »Du musst ja den Bauch einziehen und die Luft anhalten, dass du dabei ganz rot wirst! – So eingezwängt kannst du unmöglich singen. Woher willst du denn die Luft nehmen?«

Anna Magdalena setzte sich zu einer Verschnaufpause auf einen Stuhl. »Du hast Recht, zu sehr darf man mich nicht schnüren.« Aber dann lachte sie erheitert: »Ich habe nicht das Gefühl sonst zu wenig Luft zu bekommen. Ich habe eher Angst, mir liefe durch die Schnürerei die Milch davon.«

Johanna verdrehte die Augen: »Also deine Brüste sitzen doch nun wirklich ganz woanders, meine liebe Schwester!«

»Das sagst du so leicht«, erwiderte Anna Magdalena. »Mir rinnt die Milch ins Mieder, sobald das Kind auch nur schreit oder wenn jemand das Geschirr abwäscht. Aber das, meine liebe Schwester, glaubt man erst, wenn man selber einen vollen Milchbusen mit sich herumträgt und die Neugeborenen nach den ersten Schlucken gleich wieder einschlafen.«

Die geladenen Gäste waren von dem Tauffest und der Musik so angetan, dass sie an den folgenden Tagen noch öfter kamen, um Anna Magdalenas Familie zu genießen. Es war auch die Gelegenheit, ihre beste Freundin mit den Schwestern bekannt zu machen. Sybilla Bose wohnte direkt gegenüber und hatte angekündigt, das nächste Mal auch einige Gäste bei sich aufzunehmen.

»Ich bin so froh, dass Sybilla mir gleich so eine gute Nachbarin war«, erzählte Anna Magdalena ihren Schwestern. »Uns ist auch leichter ums Herz, wenn wir wissen, dass du so eine nette Freundin hast«, antwortete Johanna. »Aber es ist auch so«, fuhr Anna Magdalena fort, »ihr seid es und die Eltern, die mich doch erst richtig trösten können. Mir ist, als ob ihr mein zerbrochenes Herz mit eurer Nähe wie in einem Mieder zusammenschnürt. Ich bin dann wieder ein ganzer Mensch, egal wie traurig meine Seele ist. Mit euch kann ich immer lachen und weinen.«

Johanna war mit ihrem Mann über Köthen nach Leipzig gereist. Sie berichteten, wie schlecht es um die Gesundheit von Fürst Leopold stünde. Solche Nachrichten waren nicht neu, denn er kränkelte oft. Aber die beiden erzählten, sie hätten Leopold nicht, wie üblich, in einem manierlichen Gewand angetroffen, sondern er hätte, in eine Decke gehüllt, in der Sonne gelegen. »Obwohl er sich freute, hatte er doch nicht die Kraft, den Kopf zu heben«, bestätigte Johanna.

Bach war bestürzt. »So will ich noch diese Woche meinem hochedlen Freund einen Besuch abstatten.« Bald darauf reiste er nach Köthen und sah selbst, dass weder Gold noch Gut Fürst Leopold retten konnten. Er starb mit nur dreiunddreißig Jahren. Wie er es zuvor mit ihm vereinbart hatte, komponierte Bach eine Trauermusik für den Toten, um den Freund zu ehren. Die Musik sollte noch prächtiger werden als jene, die für die verstorbene Kurfürstin Christiane Eberhardine erklungen war.

Nicht nur Konzerte oder Familienfeste zwangen Bach zum Reisen. Zwischen Weihnachten und Neujahr fuhr er nach Erfurt, um der Beerdigung seiner Schwester Marie Salome Wiegand beizuwohnen. Es war gut, dass sich in Leipzig begabte Studenten fanden, die ihn vertreten konnten. Wenn ihr Mann abwesend war, musste Anna Magdalena alles organisieren. Die Kinder wurden als Boten hin und her geschickt, und auch der Haussekretär, Johann Heinrich Bach, sprang ein. Er hatte regelmäßig für Sebastian Schreibarbeiten erledigt und beim Kopieren der Noten geholfen. Aber damit war es nun vorbei. Im neuen Jahr würde er Leipzig verlassen, weil er sein Studium beendet und eine Anstellung gefunden hatte. Es musste dringend Ersatz gefunden werden.

Auf den Februar freute sich Anna Magdalena ganz besonders, denn sie unternahm zusammen mit Sebastian eine Gastspielreise nach Weißenfels. Dort sang sie mit ihrer Schwester Johanna, die zusammen mit ihrem Mann Andreas Krebs angereist war. Er war der beste Trompeter, den Sachsen aufbieten konnte. »Einundvierzig Adelige und der Kantor Bach waren zugegen«, schrieb die Chronik später darüber. Anna Magdalena war mit Sebastian beim Kammerdiener Ritter untergebracht, während Johanna und Andreas im Piperschen Haus beim Kammermeister Eckhardt wohnten. In dem respektablen Haus hatte auch Heinrich Schütz lange gelebt.

Anna Magdalena nutzte die Zeit, um zwischendurch auch mit ihrer Schwester allein zu sein.

»Wie schaffst du das bloß in Leipzig?«, fragte Johanna.

»Ich bin ja nicht allein. Friedelena kümmert sich um die Küche, und Dorothea nimmt mir immer die Kinder ab. Sie liebt meine Kinder wie eine Mutter. Im Moment kümmert sie sich ja um Regina. Sie sucht mich erst, wenn das Kind die Brust verlangt. Aber wenn ich recht überlege: Es ist ein steter Trubel auf Leipzigs Straßen. Und jeder, der das Haus verlässt, wird darin eingehüllt.« Anna Magdalena schwieg eine Weile, dann fügte sie hinzu: »Oft sehne ich mich einfach nur nach Stille. Kein Geschrei, keine knarrenden Räder.«

»So warst du doch immer! Du mit deinen Spaziergängen, deinen Hühnern und dem Vogeltick.«

»Nun«, antwortete Anna Magdalena leichthin, »ich habe noch einen neuen Tick dazubekommen. Endlich habe ich einen größeren eigenen Garten, so wie unsere Mutter damals. Ich kann darin nicht nur das eigene Gemüse ziehen; ich werde auch ein großes Blumenbeet anlegen. Ich kann kaum abwarten, bis der Frühling kommt. Meine Freunde haben mir schon einige Sämereien geschenkt, und ich schaue immer in die Gärten neben meinem Grundstück, ob es da vielleicht Ableger zu erben gibt. Ich liebe es, im Garten zu arbeiten. Ich tauche dabei in eine andere Welt ein. Außerdem merke ich, dass ich danach besser atmen kann.«

»Nimm dir aber nicht zu viel vor«, warnte Johanna und fügte hinzu: »Ich könnte mir ja ausrechnen, dass du zur Zeit der Kartoffelernte dich nicht über deinen Bauch bücken kannst.«

»Kann ich doch! Schau mich an: Das Kleid trug ich, ehe ich Sebastian heiratete.«

»Ja, aber jetzt bist du verheiratet.«

»Jedenfalls habe ich einen Garten, der den ganzen Tag Sonne bekommt. Und auf den kleinen Hang setze ich zwei Weinstöcke. In manchem Jahr tragen die sogar in Leipzig hervorragend.«

Keine Antwort ist auch eine Antwort, dachte Johanna. Sie umarmte ihre Schwester und sagte: »Jedenfalls singen wir beide wie Nachtigallen. Ich glaube, unsere Männer sind mächtig stolz auf uns.«

Als Anna Magdalena wieder zu ihrem Kind ging, war auch Sebastian schon da.

»In Weißenfels erscheint alles viel leichter«, dachte Dorothea laut. »Was grübelst du da herum?«, fragte ihr Vater. »In Leipzig wird alles in Hetze erledigt. Alles müssen wir in Eile organisieren, und es sind gar so viele Ereignisse, dass man sie erst spät am Abend müde bedenkt.«

Sebastian sagte: »Hier ist mehr Ruhe für dich, weil wir nur die kleine Regina mitgenommen haben. Mit Gottfried und Elisabeth müht sich ja nun Friedelena ab.«

»Ich denke, ich weiß, was du meinst, Dorothea«, sagte Anna Magdalena: »In Leipzig läuft alles nach Plan. Feste Zeiten und Termine, wann Gäste kommen, wann die Kopien fertig sein müssen, ob genug saubere Wäsche da ist und so fort. In Leipzig sind wir es, denen die letzte Ordnung obliegt. Schau, meine Mutter macht hier das Gleiche. Sie zieht die Kinder meiner Schwester groß. Sie richtet meinem Vater die Wäsche ...«

Während sie sich in der elterlichen Stube unterhielten, begann es draußen zu schneien. Morgen sollte Sebastian noch nach der Orgel sehen. Vielleicht würden sie erst in zwei Tagen reisen. Dorothea hatte Recht, sinnierte Anna Magdalena. Hier in Weißenfels im Haus der Eltern konnte jeder seinen Gedanken nachhängen und sie äußern. In Leipzig war einzig wichtig, dass alles klappte. Ihr wurde bewusst, dass Dorothea bereits zwanzig Jahre alt war. Sie hatte nicht wie sie das Glück erlebt, als Sängerin ausgebildet zu werden. Als sie in ihrem Alter war, hatte sie den bewunderten Musikus Bach geheiratet. Es war für sie eine große Ehre gewesen, als er sie gefragt hatte. – Welchen Weg würde Dorothea gehen? Sie hatte zu wenig an sie gedacht. So wie heute war ihr größtes Glück, mit ihrer Schwester Johanna zusammen zu singen und durch die vertraute Umgebung zu gehen. Was konnte sie für ihre große Tochter tun? Das Wenige, das sie vorgeschlagen hatte, waren eine Gesangsausbildung und die Erlaubnis, in den Dichterkreis oder die Theatergruppe der Neuberin gehen zu dürfen. Doch Sebastian fand dies alles unnütz und ungebührlich. Es gäbe doch genug zu tun. Ob sie sich etwa die Hilfe des Mädchens wegdenken könnte?

So dicht und unablässig fielen in der folgenden Nacht die kalten Flocken, dass sich am Morgen die Türen kaum öffnen ließen. Ihr Schwager war bald darauf zu den Eltern gegangen, um dort die Wege mit der alten Schippe frei zu räumen. Die Frauen nutzten die Gelegenheit, um den harten Schnee mit bloßen Fingern von den äußeren Fensterbänken und der beschneiten Hauswand zu kratzen und die liebevoll angefertigten Bälle dem armen Andreas noch möglichst treffsicher in den Nacken zu werfen.

»In Weißenfels ist es schöner als anderswo«, wiederholte Dorothea leise. Dies entging Anna Magdalenas Ohren nicht. Sie sprach mit ihrer Mutter und erklärte ihr, dass Dorothea ihre größte Hilfe und beste Freundin sei, aber sie würde ihr gönnen, einige Zeit in Weißenfels zu verbringen. »Das ist alles, was ich für das Kind tun kann«, gestand sie. Sebastian wurde nicht einmal gefragt.

Als sie auf der Rückreise durch das Schneegestöber fuhren, machte ihr Sebastian die schlimmsten Vorwürfe. Ohne ihn zu fragen, habe sie seiner Tochter erlaubt, in Weißenfels zu bleiben. Da platzte auch Anna Magdalena der Kragen: »Vielleicht sieht meine Mutter in dem Mädchen mehr als eine Notenkopiererin und Waschfrau. Und mein Vater schaut sich endlich nach einem anständigen Mann für sie um!«

»Das ergibt sich von allein«, polterte er zurück. »Da mische sich niemand in Gottes Angelegenheit!«

»Bei deinen Söhnen ist es doch auch deine und Gottes Angelegenheit, warum nicht bei dem lieben Kind?«

Es war nicht verkehrt, nach solchen kurzen Wortgefechten zu schweigen. Anna Magdalena hatte gesagt, was ihr wichtig war. Schließlich war Dorothea ohne Mutter und hatte nur sie als Fürsprecherin.

Sebastian war wohl erschöpft. Er hatte zu wenig geschlafen, weil er dem Herzog von Sachsen-Weißenfels eine vortreffliche Musik bieten wollte; schließlich war er ja mehr als nur ein jämmerlicher Schulmeister und Kantor! Vielleicht wäre es besser um seine Stimmung bestellt gewesen, wenn er gewusst hätte, dass der Herzog bereits beschlossen hatte, dem eifrigen und begabten Bach einen Titel zu verleihen. Einen Titel, nach dem Bach sich schon so lange sehnte, weil er damit mehr Einkommen und Anerkennung verband. Er wurde zum »*Hochfürstlichen Sachsen-Weissenfelßischen Capell-Meister*« ernannt. Obwohl Sebastian nun endlich diese Auszeichnung unter seine Unterschrift setzen konnte, zeigten sich die Leipziger Arbeitgeber davon wenig beeindruckt.

Es waren nur wenige Wochen, die Dorothea in Weißenfels verbrachte, aber sie fehlte Anna Magdalena an allen Ecken und Enden. »Ich darf mich jetzt nicht beklagen«, dachte sie, als sie zu Hause nicht wusste, in wie viele Teile sie sich zerlegen sollte, um alles erledigen zu können. Sebastian hatte kein Wort mehr über die Angelegenheit verloren. Das bedrückte sie und es kam ihr so vor, als wäre sie allein schuld an allem, was ohne Dorothea schwieriger war.

Im März reiste Anna Magdalena mit Sebastian nach Köthen, um die Trauermusik für Fürst Leopold aufzuführen. Wie neun Jahre zuvor stand sie rechts neben dem Orchester und wartete auf ihren Einsatz. Damals war er Hofkomponist gewesen und sie Sängerin. Damals hatte sie noch vor seinen Launen gezittert und war verzweifelt gewesen, wenn sie nicht alles gleich perfekt vortragen konnte. Heute war er Thomaskantor und sie trug seinen Namen. Wie immer hatte sie ihre Texte zuvor auswendig gelernt und konnte sich nun ganz auf die Harmonie mit den anderen Musikern einstellen.

Anna Magdalena trug ihr zartgelbes Kleid, das sich über einen ausladenden Reifrock spannte. Ihre Taille und die Oberarme waren von eng anliegendem Samt bedeckt, während an den Unterarmen und über den Brüsten der Stoff mit Ornamenten bestickt war. Hob sie ihre Arme, fielen die weiten Ärmel bis über die Ellbogen und gaben ihre Handgelenke und Unterarme frei. Wenn sie sang, hob und senkte sich ihr Brustkorb. Sie wusste es: Sie war genauso anmutig wie vor Jahren, aber heute fühlte sie sich viel sicherer. Das machte die Erfahrung der vergangenen Jahre aus. Sie schaute auf Sebastians Hände, die den Takt angaben. Das war für sie das vollkommene Glück. Die einzige Berührung zwischen ihnen lag in seinen Händen. Und in den letzten Jahren hatte er sich angewöhnt, immer kurz aufzublicken, wenn sie einsetzte.

Im April kehrte Dorothea nach Leipzig zurück. Sie kam nicht allein, sondern brachte Christoph Friedrich Meißner mit, den Sohn von Anna Magdalenas ältester Schwester.

»Du hast uns also einen Jungen aus Weißenfels mitgebracht, damit die Thomasschule nicht gänzlich dem Untergang geweiht ist«, scherzte Sebastian, als er seine Tochter wieder in Empfang nahm. Sie waren ohnehin dabei, alle Knaben zu prüfen, um sie aufgelistet nach ihren Leistungen dem Rat zu nennen. Dass der soeben angekommene Neffe dabei an erster Stelle unter den Sopranisten genannt wurde und dahinter stand: *»13 Jahre, feine, perfecte Stimme«*, erfüllte Anna Magdalena mit unendlicher Freude, denn sie wusste, was das für ihre Schwester bedeutete. Als Christoph Friedrich noch ein Kind war, hatte sie ihm nicht nur Kinderreime, sondern ebenso anspruchsvolle Arien vorgesungen und dabei den Inhalt der Texte erklärt. Also hatte die Erziehung Früchte getragen, und nun wohnte ihr Neffe sogar mit ihr unter einem Dach.

Es war wunderbar, wie sehr Sebastian nicht nur seine eigene Familie, sondern auch die ihre mit offenen Armen aufnahm und half, wo er konnte. Er hatte auch die Patenschaft für Caspars neuen Sohn übernommen. Obwohl er selbst zur Taufe nicht nach Zerbst reisen konnte, würde er in Zukunft für den Jungen einstehen. Da war sie sicher.

Anna Magdalena wusste nicht, ob sie sich freuen durfte, weil ihre geliebte Stieftochter wiedergekommen war. Aber es blieb keine Minute, um zu überlegen. Die beiden Frauen fielen sich in die Arme und die Verbindung zwischen ihnen hätte selbst bei Mann und Frau nicht inniger sein können. »Ich dachte, meine Eltern hätten dich nur zu gerne behalten und bald hätten wir für dich eine Hochzeit ausrichten können. Ich habe nie daran gedacht, dass du zurückkommst ... obwohl ich mich stündlich nach dir gesehnt habe, meine liebe, kleine Freundin«, gestand Anna Magdalena und fügte hinzu: »Niemand hat mir in all den Jahren so treu zur Seite gestanden wie du.«

Dorothea war es nicht schwergefallen, nach Leipzig heimzukehren, denn in Weißenfels hatte sie ihre Geschwister vermisst, Friedelenas Unruhe, Familie Bose und vor allen Dingen Anna Magdalena. Vor allem aber hatte sie festgestellt, wie unsicher sie war. Am liebsten wäre sie in Weißenfels gar nicht in die Stadt gegangen. Der Gedanke, allein zum Schloss zu gehen, erfüllte sie mit Schrecken. Nun war sie erleichtert, dass sie wieder gebraucht wurde.

»Wie sollte ich fernbleiben können, wenn ich weiß, dass es hier so viel zu tun gibt und es an allen Ecken und Enden mangelt?«

»Genug, genug«, unterbrach Sebastian. »Hier hat noch niemand gehungert, Gott hat stets für uns gesorgt.«

»Du hast Recht, Vater«, erwiderte Dorothea ruhig. »Aber Gott überlässt es den Frauen, die schweren Körbe vom Markt zu tragen und das Wasser vom Brunnen zu schleppen. Abgesehen davon, dass er sich nicht an den Herd stellt oder Kuchen aufträgt.«

»So etwas hat man dir nur in Weißenfels beigebracht!« Sebastian schlug die Hände vor seiner Brust zusammen und schaute sie an, als ob sie völlig falsch gesungen hätte. Doch Anna Magdalena griff ein und beruhigte Sebastian: »Ihr wurde nichts beigebracht, als was ich nicht schon längst wusste. Und das, mein Lieber, war doch stets zu deinem Besten.«

Nach Dorotheas Rückkehr setzte sich Anna Magdalena für sie ein, dass sie ebenso wie Sybilla Bose die Leipziger Schaubühne besuchen durfte. Denn es war eine Sensation, die Leiterin Karoline Neuber zu erleben. Sie tauschte die Röcke gegen Hosen ein und stellte ein richtiges Mannsbild dar. Herr Gottsched, der auch Texte für Bach entwarf, war der Dramaturg der Neuberin geworden. Er übersetzte nicht nur Theaterstücke aus dem Französischen, sondern schrieb auch selbst neue Stücke. Wenn die Neuberin poetische Stücke vortrug, schwänzelte Gottsched wohlgefällig um die Schauspielleiterin, die ja für ganz Leipzig eine Sensation darstellte. Aber wehe, sie brachte etwas zur Aufführung, das ihm nicht behagte. Dann versuchte er, sie zu denunzieren.

Die Frauen waren beeindruckt, wenn sie eine Frau als Mann verkleidet sahen. Als die Neuberin jedoch den wahren Liebling des Volkes, den »Hanswurst«, aufführen ließ, war es Gottsched zu possenreißerisch und unflätig. Er verbot die Aufführungen mit der Begründung, das Stück sei nicht ehrbar. Für Karoline Neuber war dies ein Rückschlag, denn Gottsched fühlte sich in der Literaturwelt als das Maß aller Dinge. Frauen, die er nicht förderte, hatten kaum noch eine Chance. Doch ihr Erfolg ließ sich nicht aufhalten, die Menschen strömten in die Veranstaltungen. Alle wollten dieses frivole Stück sehen.

Auch Dorothea hatte sich mit Sybilla schon mehrmals über die Aufführung amüsiert. Der Hanswurst hatte sich ein freches Haarschwänzchen gebunden, er trug Hosen wie ein Bauer und obendrauf den feinen Kragen eines Gelehrten. Den Gürtel hatte er tief gezogen und seinen Degen so vor seiner Hose drapiert, dass man eigentlich hätte rot werden müssen. Aber man musste einfach lachen, denn er sprang in seinem strengen zugeknöpften Staatsrock herum wie eine Gummipuppe, und wenn er seinen Zylinder aufsetzte und damit sein albernes Haarbüschel verbarg, wusste doch jeder, was sich darunter verbarg. Die Zuschauer lachten und konnten den Hanswurst nicht oft genug sehen. Die Possen kamen ihnen merkwürdig vertraut vor. Es war ein Spiegel, in den sie schauten.

Für Sebastian war und blieb es ein Übel, wenn seine Tochter sich anschickte, am gesellschaftlichen Leben teilzunehmen. Es gab doch genug Abwechslung im und rund um das Haus, fand er.

Friedelena hatte es über die Jahre gelernt, sich aus Familienstreitigkeiten herauszuhalten. Doch in allem zählte für sie, was ihr Schwager bestimmte. Er war es schließlich, der für den Unterhalt sorgte und trotzdem noch so oft Ärger hatte. Da wollte sie ihm allen Verdruss vom Leibe halten. Anna Magdalena konnte sich allein deshalb schon auf Friedelena verlassen. Das galt bis zu ihrem Tod. Der kam so plötzlich wie unangemeldeter Besuch, der einfach an der Glocke schellte und kurze Zeit später in der Tür stand.

Friedelena hatte eine fiebrige Erkrankung hinter sich gebracht. Sie fühlte sich nur noch etwas matt, hatte sie gesagt und sich einen Stuhl in die Nähe des Herdes gerückt, von dem aus sie die Milchsuppe für das Frühstück umrührte. Gottfried war mit in der Küche und sah plötzlich, wie seine Tante ihre Hand auf die Brust drückte und der Schweiß über ihr blasses Gesicht lief. Er rannte zur Mutter.

Anna Magdalena kniete sich nieder und hielt die schwere Frau auf dem Stuhl fest. »Hol Vater«, wies sie Gottfried an. Der Junge rannte los und kam mit Sebastian und Emanuel wieder. »Die Suppe, hol die Suppe vom Feuer«, bat Friedelena noch. Doch ehe Sebastian seiner Frau Friedelena abnehmen konnte, lief die Suppe aus dem kupfernen Kessel ins offene Feuer. Sie verströmte einen süßen, klebrigen Geruch im Raum. Anna Magdalena griff sich den Herdlappen und hob den brodelnden Topf vom Haken an der Kette.

»Bringt sie in die Schlafstube, damit sie liegen kann«, sagte Anna Magdalena, als sie auf dem gemauerten Herd endlich einen Platz gefunden hatte, wo sie den Kessel abstellen konnte, ohne dass er gleich weiter überkochte. Doch als sie sich den Männern zuwandte, sah sie, dass sie Friedelena einfach auf den Boden gelegt hatten. »Wir bringen sie gleich in die Schlafstube«, sagte Sebastian ruhig. »Zuvor wollen wir noch beten.« Woher wusste er, dass es mit ihr zu Ende ging?

Später legten die Männer Friedelena auf ihr Bett, und Anna Magdalena machte das Morgenessen fertig. Die Kinder und Gäste saßen im Speiseraum. Die Teller und das Brot standen schon auf dem Tisch. Anna Magdalena kochte neue Suppe, da die Hälfte des Breis in die Flammen gelaufen war. Doch dazu musste sie erst das Feuer wieder neu richten und Ofen und Topf säubern. Es gab nichts Schlimmeres für sie, wenn sie schwanger war, als den Geruch von angebrannter Milchsuppe. Als sie das eine ums andere Mal den schmierigen Lappen auswusch, begann sie zu würgen und erbrach sich auch noch in dieselbe Schüssel.

Friedelenas Tod bedeutete nicht nur, um eine temperamentvolle Frau zu trauern und eine menschliche Lücke zu spüren. Sie war der Kitt der Familie gewesen, war immer irgendwo im Haus zu finden gewesen. Sie hatte darauf geachtet, dass alle Termine eingehalten wurden. Friedemann, Emanuel und Bernhard konnten sich benehmen, wie sie wollten, Friedelena war ihnen nie ernstlich böse gewesen.

Bis eine gute Haushälterin gefunden wurde, war Anna Magdalena nicht mehr in der Lage, außer Haus zu gehen. Obwohl Dorothea sich oft um die Kinder kümmerte und inzwischen zwei Mädchen hatte, die sie zum Wäschewaschen anleitete – die Küchenarbeit blieb doch an Anna Magdalena hängen; ebenso die Pflege der Perücken, die Lagerhaltung und die Beschaffung von Holz und Kohlen.

Kaum hatten sie sich an die neue Situation gewöhnt, da musste Anna Magdalena nach Zerbst reisen, weil ihre Schwägerin gestorben war. Nie zuvor hatte sie ihren Bruder weinen sehen. Immer war er »der Große« gewesen und hatte es allen deutlich gezeigt. Nun war er dankbar, wenn ihn jemand in den Arm nahm und festhielt. Und dazu taugten auch seine Schwestern. Wie gut, dass sich Vater und Sohn schon immer gut verstanden hatten. In seinem Mitgefühl, wusste Vater Wilke nicht, was er sagen sollte, und so drückte er ihm immer wieder stumm die Hand und klopfte ihm auf die Schultern. Die befreundeten Musiker seines Sohnes bat er jedoch innig: »Und ihr, sucht mir eine neue liebe Frau für ihn!«

Als Anna Magdalena in der Kutsche saß und nach Leipzig zurückfuhr, kam ihr ein Text von Picander in den Sinn. Erst als sie merkte, dass andere Reisende sie fragend anblickten, wurde ihr bewusst, dass sie das Lied vor sich hinsummte: »Kommt, ihr

Töchter, helft mir klagen.« Es war ihr Lebensgefühl geworden, gemeinsam zu trauern und sich gemeinsam zu freuen.

Dorothea war bei den kleinen Geschwistern in Leipzig geblieben; und so hatte Anna Magdalena die Reise nur mit ihrer Jüngsten angetreten. Als Friedelena noch gelebt hatte, konnte ihre geliebte Stieftochter sie begleiten und ihr den Säugling abnehmen. Doch jetzt musste immer eine von beiden in Leipzig bleiben.

Anna Magdalena dachte an die Matthäuspassion und daran, dass am Karfreitag die Gegner und Kritiker doch begreifen müssten, wie fleißig ihr Mann war. Die Musik müsste ihnen ans Herz gehen. Zwei vierstimmige Chöre übten schon dafür, dazu sang noch in der Einleitung der Knabenchor. Zwei Orchester standen sich gegenüber, eines mit Orgel, das andere mit Cembalo. Alle wurden darin lebendig: Christus, der Evangelist, Judas, Petrus, der Hohepriester und Pilatus. Während sie Stunde um Stunde in der Kutsche durchgerüttelt wurde, fand sie die Zeit, noch einmal über all das nachzusinnen, was sie in den letzten Tagen auf Papier kopiert hatte. Während sie die Noten und Texte schrieb, erschien es ihr, als wäre die Arbeit nicht zu bewältigen, Aber nun ergriff die biblische Geschichte von ihr Besitz: die Abschiedsfeier Jesu, der Verrat durch den heimtückischen Judas. Selbst der liebende, stolze Petrus hielt nicht zu Jesus und log lieber, als in Gefahr zu kommen.

»O Lamm Gottes, unschuldig …« Zum zweiten Mal wurde die Passion aufgeführt. Aber jedes Mal waren die Worte für sie wie eine Nachricht, auf die sie schon lange gewartet hatte.

Sebastian war nach Friedelenas Tod trotz der ohnehin anstrengenden Arbeit darauf aus, noch mehr Privatschüler zu bekommen. Er schlug keine Orgelprüfung aus, um den Familienhaushalt finanzieren zu können. Anna Magdalena konnte mit dem wenigen Geld nicht auskommen, das wusste er. Wenn er dann bemerkte, dass die gut zahlenden Schüler oft die schlechtesten waren, während mancher arme Schlucker, der das Zeug zum Musikus hatte, sich nicht einmal die Läuse und den Hunger vom Leib halten konnte, geriet er in Zorn. Immer wieder wurde er bei der Stadt angezeigt, dass er ohne Erlaubnis die Stadt verließe um anderswo die Orgeln zu spielen. Was blieb ihm denn übrig? Auf ihn, auf sein Gehör verließen sich die Orgel- und Instrumentenbauer. Die Kirchen und Fürsten zahlten wenigstens einen anständigen Lohn. Immer öfter ließ sich Bach während der Unterrichtszeiten vertreten. Am liebsten hätte er den ganzen Unterricht abgegeben.

Sebastian war oft übel gelaunt. Als er an einem Tag zu drei Leichen die Musik bestellen musste, hatte er sich heftig erkältet, weil er stundenlang im Regen herumgelaufen war. Er begann zu husten und Tage später lief Eiter aus seinem rechten Ohr. Ausgerechnet in jenen Tagen hielt sich Händel in Halle auf. Händel, den er nun nicht besuchen konnte! Er musste sich damit zufriedengeben, ihm nur einen Brief zu schreiben. Anna Magdalena hatte ihre liebe Not mit dem kranken und doch so unruhigen Mann. Allerdings wusste sie ein Heilmittel für seinen Unmut: Gottfried, Elisabeth und Regina hatten ihren Vater zärtlich lieb; nun fand er Zeit, sich seinen Kindern zu widmen. So krank und gekränkt er auch war, er bat Anna Magdalena zu schreiben:

»Ruhig und in sich zufrieden
ist der größte Schatz der Welt.
Nichts genießet, der genießet,
was der Erdenkreis umschließet,
der ein armes Herz behält.«

Anna Magdalena war froh, als sich Sebastian nicht mehr in der Stube halten ließ. Er war voller neuer Pläne. So war es immer gewesen: In den Zeiten, in denen er zur Ruhe gezwungen war, keimten in ihm neue Ideen. Anschließend konnten die Gedanken in die Tat umgesetzt werden.

Sebastian übernahm die Leitung des »Collegium musicum«, einer Schar musikbegeisterter Studenten, mit denen er einmal wöchentlich musizierte. Aus dem Stegreif konnte er mit ihnen in Leipzig Konzerte geben. Telemann hatte die Gruppe gegründet und sie konnten alle einstudierten Kompositionen ohne Notenblätter zur Aufführung bringen. Sie spielten Locatelli und – was Bach erfreute – auch Händels Werke.

Da mit dieser Gruppe jede Probe ein Vergnügen war, stellten sich schnell Gäste ein. Jeden Mittwochnachmittag zwischen vier und sechs Uhr spielten sie auf, dass es eine wahre Freude war. Die Musiker versammelten sich im Zimmermannschen Kaffeehaus in der Katharinenstraße. Als der Sommer kam, verlegte man die Aufführungen einfach ins Freie, denn das Kaffeehaus besaß etwas abgelegen einen wunderschönen Garten auf dem Grimmaischen Steinweg. Und dort fanden sich die wohlhabenden und angesehenen Leipziger Bürger ein. Sie tranken den köstlichen Kaffee, die Männer stopften ihre Pfeifen und die Frauen hoben beim Gehen ihre Röcke leicht in die Höhe, damit die Spitzen am Saum nicht schmutzig wurden.

Wenn möglich, fand sich die gesamte Familie Bach zu diesen Konzerten ein. Anna Magdalena liebte die leise Konversation, die dabei geführt werden durfte. Dort trafen sich immer auch Frauen und tauschten die neuesten Nachrichten aus. Ständig wechselte das Publikum – und spätestens, wenn Picander erschien, wurden ihre beiden Hände geküsst. Sie errötete dann jedes Mal, ob sie Handschuhe trug oder nicht.

Am Mittwochabend ging es in der Familie Bach deshalb oft ausgelassen zu. Die Kinder hatten noch von den Lippen bis zur Nase einen dunklen Rand von der heißen Schokolade. Im Kaffeehaus wurden sie gratis bewirtet, denn wenn Bach dirigierte und die Musik aufspielte, waren alle Stühle besetzt und die Kasse füllte sich. Manchmal, wenn sogar die unbequemen Holzbänke belegt waren, mussten aus den Nachbarhäusern noch Sitzgelegenheiten herbeigeschafft werden. Für alle Kinder war später die Erinnerung an einen Mittwoch in Leipzig mit Kaffee, Schokolade und leisem Gelächter verbunden.

Sebastians gute Stimmung konnte innerhalb eines Vierteltaktes in wallenden Zorn umschlagen. Mehr als einmal erhielt ein guter Schüler eine Ohrfeige, weil er sich abfällig über ein gelungenes Musikstück äußerte oder nicht parieren wollte. Sebastian zögerte nicht, seine Schüler mit den schlimmsten Schimpfwörtern zu betiteln oder vor ihren Augen ein Notenblatt zu zerreißen, weil … ja, weil eben so ein liederlicher Hund keine Musik verdiene, sondern eher mit dem Kopf in Hundekot getunkt werden müsse …

Weitaus gravierender war der Streit mit dem Rektor. Sebastian vernachlässigte tatsächlich den Schulunterricht zugunsten anderer Tätigkeiten. Hatte er schon den Lateinunterricht an einen anderen Lehrer übertragen, so fehlte er auch immer öfter in der Singstunde. Er reiste durch die Lande, ohne die Erlaubnis seines Dienstherrn einzuholen, geschweige denn, sich nur abzumelden.

Anna Magdalena konnte nichts dagegen ausrichten, ihr Mann besaß einen Dickkopf wie seinerzeit Luther. Ihr tat auch der neue Chorpräfekt leid, den Ernesti eingesetzt hatte. Sebastian war er nicht gut genug. Er nannte ihn einen »liederlichen Hund« und warf ihn einmal gar während des Gottesdienstes von der Empore die Treppe hinunter. Als der Bursche wieder artig zum Nachmittagsgottesdienst erschien, begann Bach zu toben und stieß ihn noch einmal hinunter. Doch damit war es nicht genug. Bach hatte an diesem Abend beim Essen die Aufsicht über die Thomaner. Als ihm zu Ohren kam, dass dies alles dem alten Rektor gepetzt wurde, zog er den Schüler an Haaren und Ohren vom Tisch hoch und malträtierte ihn so lange, bis der Geplagte freiwillig aus dem Zimmer rannte und sich noch hungrig in seinem Schlafsaal verkroch. An solchen Tagen pflegte Anna Magdalena ihrem Mann möglichst aus dem Wege zu gehen.

Im Oktober lag der alte Rektor Johann August Ernesti zum letzten Gruß in der Kirche aufgebahrt. Er sah aus wie immer: Die silberne Perücke hatte den Ansatz weit hinter der Stirn, und deshalb wirkten die Haare fast echt. Sein Gesicht war blass und faltig, aber diesmal schienen an der Nase keine roten Äderchen durch, was wohl daran liegen musste, dass er am Abend zuvor keinen Wein getrunken hatte. So erklärte es sich jedenfalls Elisabeth, die sich die Toten in der Abseite der Kirche nie entgehen ließ. Seinen Kragen – den feinsten in ganz Leipzig – nahm er mit ins Grab.

Anna Magdalena sah in Ernesti nicht nur den Widersacher Sebastians, denn der Ältere hatte ihrem Mann oft aus der Not geholfen. Die Schüler tanzten Bach auf der Nase herum, in ihren Augen war er ein Pedant, mit dem man nicht klarkommen konnte. Und seine Strenge führte genau zum Gegenteil. Sebastian konnte die Jungen kaum bändigen. Der Rektor hatte sich immer noch halbwegs darauf verstanden und Sebastian oft gegen dessen Willen unterstützt. Anna Magdalena wusste, dass es einige Zeit dauern würde, bis ein Nachfolger gefunden war. Und das bedeutete Unordnung und noch mehr Ärger. Mehr als es zu Lebzeiten Ernestis der Fall gewesen war. Die Kinder hatten ja weder Vater noch Mutter in Leipzig, und Anna Magdalena brachte es nicht übers Herz, sie immer abzuweisen. »Muhme, verehrte Muhme«, wurde sie genannt, und auch unter den Schülern waren viele, die sich an ihrer Freundlichkeit, ihrer Stimme und ihrem wunderbaren Gang erfreuten.

Dorothea und Anna Magdalena hatten sich zum Weihnachtsfest viel Arbeit gemacht. Sie wollten nicht nur die Kinder aus ihrer Familie beschenken, sondern auch eine Feierstunde für die Thomasschüler vorbereiten. Nicht alle Jungen konnten die Feiertage bei ihrer eigenen Familie verbringen, und es tat ihnen gut, dass die schöne Frau des Kantors ihnen ein Weihnachtsfest ausrichtete.

Anna Magdalena hatte den Kindern am Heiligabend Plätzchen geschenkt und ihnen, ehe sie zu Bett gingen, am Cembalo Weihnachtslieder gesungen. Natürlich hatten einige Jungs dabei gekichert und untereinander gewettet, dass der Schemel, auf dem sie saß, gleich zusammenbrechen würde, denn ihr Bauch sei so dick wie bei einer Kuh kurz vor dem Kalben. Anna Magdalena ließ sie gewähren. Sie wusste, dass dieselben Burschen sich nachts oft vor lauter Heimweh in den Schlaf weinten.

Ein Trost für die Jungen war, dass sie in der Weihnachtszeit zusätzlich etwas verdienen konnten. Sie zogen in kleinen Gruppen los und sangen in den Straßen stimmungsvolle Lieder. Die durch das kommende Weihnachtsfest milde gestimmten Bürger warfen dann gern einen Groschen aus dem Fenster. Es war die sicherste und beste Einnahmequelle im gesamten Jahr.

In der Nacht zum Neujahrstag 1730 – Sebastian war noch nicht heimgekehrt – halfen Frau Bose und Dorothea der bestellten Hebamme. Das Neugeborene war sehr zart, es hielt die Augen geschlossen, als wolle es nicht aufwachen.

Dorothea hielt das kleine Wesen im Arm. »Du bist also unsere kleine Louise. Ich habe schon den ganzen Sommer und Herbst auf dich gewartet.« Sie küsste die Kleine zärtlich und gab sie Anna Magdalena zurück, die von der Anstrengung noch rote Flecken im Gesicht hatte.

Sebastian war überrascht, als er nach Hause kam und überall noch Lichter brannten. Die Hebamme und Frau Bose verabschiedeten sich, und Sebastian konnte sich, müde wie er war, neben seine Frau und das kleine Kind legen.

»Ich dachte, das Kindchen würde erst in vier Wochen geboren«, sagte Sebastian.

»Das wäre für das kleine Würmchen auch sicher besser gewesen«, antwortete Anna Magdalena. »Die Hebamme meinte auch, es sei zu früh gekommen. Das sähe man auch daran, dass es noch so viel Flaum auf dem Körper habe. Das ist bei reifen Kindern anders.«

»Gleich morgen werden wir sie taufen lassen. Aber schon jetzt befehlen wir sie der Liebe Gottes an.« Sebastian küsste Anna Magdalena auf die Stirn und er küsste auch die Nasenspitze seiner neugeborenen Tochter. »Dann muss ich heute Nacht meine Arme weit aufmachen, um euch beide warm zu halten.« Und wie üblich schob er zum Einschlafen seinen Arm unter Anna Magdalenas Nacken, und sie schmiegte sich an ihn. Seine freie Hand legte Sebastian auf ihren Bauch, der sich weich anfühlte.

Anna Magdalena schlief nur leicht, denn sie hütete ihr Kindchen, das sein Köpfchen an ihren Hals gelegt hatte. In viel zu kurzen Intervallen zog sich ihre Gebärmutter zusammen. Sie hätte nicht sagen können, was schmerzhafter war – die Wehen vor der Geburt oder die Nachwehen. Immer wieder musste sie laut ausatmen, um nicht zu jammern. In dem kalten Zimmer schien ihr Atem gleich wieder zu ihr zurückzukehren und sammelte sich in kleinen Wassertröpfchen auf Louises Wollmützchen.

Als nach der kurzen Nacht der Morgen anbrach, war Eile geboten. Immer war zu bangen, dass nach der Neujahrsnacht einige Schüler nicht in der Lage waren zu singen. Sebastian wollte ihnen eine ordentliche Strafpredigt zu Mittag halten, damit das Jahr ordentlich begänne.

»Ich habe eine andere Idee«, warf Anna Magdalena ein. »Schick die Jungen nach dem Essen der Reihe nach hier in die Stube, damit sie das kleine Wunder bestaunen. Unser Herrgott in der Krippe hat doch auch zu Hirten und Gelehrten gleichermaßen gesprochen. So wird der Säugling die Knaben ebenso bändigen.« Und die Jungen kamen. Einer nach dem andern trat vor die Wiege und wusste nicht recht, was er sagen sollte.

Louise lebte nur vier Tage. Anna Magdalena musste wieder einmal den Jammer ertragen, ein Kind loszulassen. Nur drei ihrer sieben Kinder waren ihr geblieben. Wieder würde ein Jahr lang die Wiege leer bleiben. Die kommenden Nächte wurden für Anna Magdalena zur Qual. Ihre Brüste spannten und die Milch tropfte in ihr Nachtgewand. Doch so ließ es sich auch leichter weinen. Still, dass es niemand störte. Ganz ruhig lag sie da und schaute gegen die dunkle Zimmerdecke. Ihre Tränen rannen gleichmäßig rechts und links die Wangen hinunter und in ihre Haare hinein. Am Morgen kam Regina ins Bett um »das Schlimmste« wegzutrinken.

»Du hast Fieber« sagte Sebastian jeden Morgen bekümmert zu ihr, wenn er ihre nassen Haare sah.

»Nein«, widersprach sie. »Sorge dich nicht. Ich bin schon wohlauf.«

Bei der Beerdigung waren alle Thomasschüler da. Sie sangen, so gut sie es vermochten, sodass selbst Sebastian an diesem Tag nicht schlecht von ihnen sprach.

»Wenn ich wenigstens frische Blumen hätte«, dachte Anna Magdalena. »Ich hätte so gern ihr letztes Bett mit Blumen ausgelegt, ehe sie in die hart gefrorene Erde des Johannisfriedhofes kommt.« Sie konnte das Kind nur liebevoll in ein weiches Wolltuch hüllen, als ob es davon wieder warm werden würde.

Irgendwann einmal hatte der sechsjährige Gottfried seine Zudecke in den Schlafsaal der Thomasschüler mitgenommen. Dort hatte er mit den Schülern gemeinsam eine Höhle gebaut, als die Erwachsenen nicht da waren. Nun war er der Erste in der Bachfamilie, der überall rote Stiche hatte und nachts lieber vor dem Bett als drinnen schlief. Obwohl Dorothea gleich alles nach Wanzen absuchte, dauerte es wochenlang, bis das Bett davon frei war. Inzwischen hatte das Ungeziefer jedoch von allen anderen Betten Besitz ergriffen. Die gesamte Familie Bach verließ nun am Morgen freiwillig und oft früher als nötig die Schlafstätten. Nach ein paar Wochen war dann das Schlimmste vorbei. Im Schlafraum der Schüler blieb es wie immer: Wanzen, Flöhe und Läuse waren unermüdliche Mitbewohner.

Genau wie Anna Magdalena einen fast aussichtslosen Kampf gegen das Ungeziefer und die Krätze führte, so kämpfte Sebastian gleichsam gegen den Wind, wenn er bessere Schüler und mehr Berufsmusiker forderte. Während Anna Magdalenas hüftlange Haare im Sommer voller Läuse saßen und Dorothea als Gegenmittel eine stinkende und ätzende Flüssigkeit hineinrieb, hegte Sebastian keine Hoffnung mehr, dass der Rat der Stadt oder der Superintendent Salomon Deyling Abhilfe schaffen könnten. Sein Gesuch um bessere Arbeitsbedingungen hatte beim Kurfürsten kaum Wirkung gezeigt. Er wollte nicht mehr bleiben.

Während Anna Magdalena also mit einem klebrigen, stinkenden Tuch um den Kopf Notenlinien zog, schrieb Bach an seinen guten Freund Erdmann, der als diplomatischer Vertreter Russlands arbeitete. Darin beschrieb er seine derzeit unglückliche berufliche Lage. Er habe sich in Leipzig finanzielles Auskommen und Interesse an der Musik erhofft. Doch die Stadt sei teuer und mit der Obrigkeit lebe er »mithin fast in stetem Verdruss, Neid und Verfolgung.« Er wolle mit Gottes Hilfe sein Glück woanders suchen. Er berichtete von seiner musikalischen Familie, und dass seine jetzige Frau »gar einen sauberen Soprano singet«. Auf den einzigen Brief, in dem sich Bach offenbarte und von seinem beruflichen Kummer und dem Ergehen der Familie berichtete, erhielt er keine Antwort.

Bach tat, was seine Aufgabe war: Er komponierte, musizierte und sagte keinen Termin ab, mit dem er zusätzlich die Haushaltskasse aufbessern konnte. Der Rat der Stadt verwarnte ihn, er möge nicht mit dem Instrumentenbauer Silbermann durch die Gegend reisen und Orgeln prüfen und dabei seine Pflichten vernachlässigen, nämlich die Schüler zu unterrichten. Bach jedoch war nicht bereit, etwas an seinem Verhalten zu ändern.

Anna Magdalena litt mehr und mehr unter den Streitigkeiten. Ihr Mann wurde schnell ungehalten, wenn etwas zu langsam ging oder er die Musik nicht so schnell umsetzen konnte, wie er wollte. Noch schlimmer waren die Wohnverhältnisse. Immer mehr Besucher kamen ins Haus und im Winter wurde die Wäsche im Keller nicht trocken. Es war kein Platz, um frisch geschriebene Notenblätter abzulegen und vor Kinderhänden zu sichern. Wenn sie im Musikzimmer spielten, drang nicht nur der Lärm der Schüler durch die Tür, sondern auch der Gestank aus ihren Schlafräumen und der Schulküche.

Mehr als nur Glück und ein Segen, der sich täglich auswirkte, waren der neue Rektor der Thomasschule und dessen liebe Frau. Herr Gesner war nicht mehr jung und doch verstand er es, die Schüler zu begeistern. Dazu kam, dass er Bachs Musik schätzte. Schon bevor er die Stelle antrat, war er mehrmals bei Bachs zu Besuch gewesen und hatte sich über die Hausmusik gefreut. Er griff beherzt ein, wenn Sebastian hitzig wurde, und war einer der Ersten, die Bach als Meister und Vorbild lobten. Seine Anwesenheit war stets eine Wohltat. Anna Magdalena atmete auf.

Gesner freute sich über die Geburt der nächsten Tochter, als ob er der leibhaftige Großvater wäre. Als Anna Magdalena in den ersten Tagen noch voller Angst war, ob die kleine Christine überleben würde, sprach er schon davon, dass er mit ihr im nächsten Jahr über die Promenade spazieren würde. Anna Magdalena konnte nicht genug dieser Worte hören, machte es ihr doch Hoffnung, dass dieses Kind endlich gesund heranwachsen könne. »Ich hänge so an dem kleinen Geschöpf, dass ich oft des Tages keinen klaren Gedanken fassen kann«, gestand sie ihrem Mann. Sie hatte sich vorgenommen, das Mädchen nicht aus den Augen zu lassen.

Als ihr Bruder Caspar wieder heiratete, nahm sie die vier Wochen alte Christine in weichen Kissen mit auf die Fahrt. Da waren ihre Eltern, die Schwestern … und ein vollkommen glücklicher Bruder! Alle staunten, denn er hatte nach dem Tod seiner ersten Frau so großen Kummer gehabt, dass seine Freunde schon geglaubt hatten, er wolle nicht mehr leben. Wie viel größer war nun das neue Glück! Und wie leicht war es, eine solche Schwägerin aufzunehmen. Anna Magdalena sang den beiden das Hochzeitslied, das sie auch für die erste Frau Leopolds von Köthen gesungen hatte. Christine schlief derweil in den Armen der jungen Braut.

Anna Magdalena wohnte jetzt wieder gern in Leipzig. Gesner bewunderte die Musikalität der ganzen Familie. Die großen wie auch die jüngeren Kinder – jeder trug seinen Teil zur Hausmusik bei. Manchmal wurden extra Musikstücke für sie erfunden. Auch eine als Anleitung zum Klavierspielen gedachte Sammlung wurde abgeschlossen; sie war so anmutig und kraftvoll, dass sie selbst in Kathedralen ihren Platz gefunden hätte.

»Ob er ein Stückchen zum Üben schreibt oder wie jetzt an der Markuspassion arbeitet, jede Musik von deinem Mann ist vortrefflich und ganz und gar ergreifend und ergötzlich«, lobte Gesner Sebastian vor Anna Magdalena.

»Das ist auch meine Meinung, und deshalb ist es mir eine Ehre, ihm helfen zu können«, freute sich Anna Magdalena. Gesner lächelte – dann wurde er wieder ernst: »Und du bist nicht nur eine Ehre für ihn! Du bist viel mehr: Frau, Mutter, Muhme, und wo immer du als Sängerin auftratest, vergessen dich die Menschen nicht.« Die Anerkennung Gesners tat Anna Magdalena gut. Er war zu ihr wie ein Vater zu seinem Kind, und auch über Sebastian hielt er seine Hände. Gesner und seine Frau unterstützten sie mit so liebevollen Worten, wie es zuvor nur Picander und Sebastians Neffe Elias getan hatten.

Der Rat der Stadt Leipzig hörte Gesners Bitten an. Durch seine bescheidene, freundliche Art erreichte er mehr als sein Vorgänger oder als Bach selbst in seiner sturen Art bewirken konnte. Es war Gesner zu verdanken, dass Familie Bach ihre Sachen packte. Aber nicht, um Leipzig zu verlassen, sondern um in einem Zwischenquartier die Zeit zu überbrücken, bis der Anbau an die Thomasschule fertiggestellt war.

Alle wunderten sich, wie viel Hausrat sich in der Wohnung befand. Möbel, Musikinstrumente, Geschirr und Wäsche ... Alle packten mit an. Ihr neues Quartier in der Hainstraße lag nicht weit von der Thomasschule, und so konnten sie den Umzug an einem Tag schaffen. Familie Gesner und Familie Bach halfen sich gegenseitig. So eng die Behausung in der nächsten Zeit auch war, es kam mehr Besuch denn je. Trotzdem war es für die Familie erholsam, nicht im täglichen Getriebe der Thomasschule zu leben. Während Bachs außerhalb wohnten, wurden in der Thomasschule einige neue Räume für die Familie dazugebaut.

Normalerweise traf sich die ganze Bach-Sippe im Sommer zu einem Familienfest. So war es Brauch. Da die Feier allerdings in diesem Jahr mehrmals verschoben worden war, begannen sich schon die Blätter zu färben, als sie alle zusammen nach Schweinfurt reisten. Sogar die drei älteren Söhne Friedemann, Emanuel und Bernhard freuten sich darauf, denn es ging immer lustig zu. Alle hatten ihren ersten richtigen Rausch bei solchen Familientreffen gehabt. Da wurden die kleinen Kinder bestaunt, und die Frauen steckten sich gegenseitig die Haare auf. Selbst die halbwüchsigen Buben konnten auf eine Gelegenheit hoffen, einmal bei einem gütigen Erwachsenen an der Pfeife ziehen zu dürfen.

Diesmal fand Gottfried, es sei für ihn an der Zeit, das Tabakrauchen auszuprobieren. Er hatte sich dazu Elias ausgesucht, den Vetter seines Vaters, bei dem sie zu Gast waren. Elias war immer nett zu ihm gewesen. Nun wartete er geduldig auf eine Gelegenheit. Er musste ihm ja beweisen, dass er schon groß war. Und so war Gottfried immer zu Diensten, wenn Elias einen Handlanger brauchte. Er schleppte die Stühle in die ausgefegte Scheune und trug dem Theologiestudenten alles hinterher.

Als eine Pause gemacht wurde und sich die Männer die Pfeifen stopften, fragte Elias: »Hier, willst du mal ziehen?«, Gottfried war wie vom Donner gerührt. Woher wusste er das? Elias war der Erste, an dessen Pfeife er zog.

»Jetzt ist es aber genug mit dem Kind«, mahnte der Vater. »Sonst wird dem Jungen noch schlecht.«

Gottfried wurde nicht schlecht. Ihm war schon schlecht. Er rannte auf den Abort, und das nicht nur einmal. Hinterher sah er noch eine Weile blass aus.

Familienfeiern leben in der Erinnerung immer von den kleinen Szenen, die völlig ungeplant einen reibungslosen Ablauf durcheinander bringen. So war an jenem Nachmittag geplant gewesen, dass Gottfried, seine Mutter und andere ein kleines Theaterstück aufführen wollten, das sie in Leipzig auf der Bühne gesehen hatten. Doch Gottfried war von seinen ersten Tabakwolken noch so wackelig auf den Beinen, dass er keinen guten Bräutigam abgeben würde. Dabei war seine Rolle sehr einfach. Er hatte nichts zu tun, sollte nur von seiner Braut zum Schluss geküsst werden. Auf den Mund. Dass er eigentlich zu jung dafür war, merkte niemand, denn er trug bei der Szene einen Zylinder und den Degen des Vaters. Außerdem war er im letzten Jahr so gewachsen, dass er genauso groß war wie die Braut – seine Mutter.

Je näher der Zeitpunkt der Aufführung kam, umso müder wurde Gottfried. Nachdem er alles, was in ihm war, im Abort gelassen hatte, wollte er seine Ruhe haben. Er legte sich auf zwei Strohballen. Eigentlich wollte er nur kurz die Augen zumachen, aber dann fanden ihn die andern tief schlafend.

»Lasst den armen Jungen schlafen«, sagte Anna Magdalena, der sehr wohl zu Ohren gekommen war, warum Gottfried so elend war. »Wir müssen Ersatz finden.« Wer Gottfried zu vertreten hatte, war klar: Der schuldige Elias sollte dafür herhalten.

»Welch eine Strafe«, lachte Sebastian: »Dafür, dass er mein Söhnchen schlafen legte, bekommt er nun meine schöne Gemahlin zur Frau.«

Elias wurde in seine Rolle eingewiesen, und dann wurde der Vorhang aus alten Betttüchern an den daran befestigten Bändern zur Seite geschoben. Das Spiel nahm seinen Lauf. Es war alles gut gegangen, und es fehlte nur noch der besagte Kuss der Braut, mit dem sie ihren zum Tode verurteilten Liebsten erlösen sollte.

Anna Magdalena stürmte zum Schafott: »Haltet«, rief sie: »Haltet ein. Seht, hier steht die Frau, die ihn noch heute zum Traualtar führt.« Elias stand schon auf dem Podest. Der Henker ließ das Beil Gott sei Dank sinken. Anna Magdalena eilte zu Elias, fiel auf die Knie und schluchzte: »Ihr henket mir nicht meinen Liebsten. Sonst zerbricht mir mein Herz.«

»Nennt Ihr das erretten?«, polterte der Henker.

»Küssen, küssen ...« Das Publikum wusste, was es wollte.

Also erhob sich die Baut. Anna Magdalena hob den Schleier über das Gesicht und legte ihn über ihren Kopf. Und dann war ihr, als ob sich alles in Zeitlupe abspielte. Wie von weit her schrien die Menschen: »Küssen, küssen, küssen ...« So neigte sie sich vor. Schloss die Augen und küsste Elias sanft auf den Mund. Sie war erstaunt, als sie seine weichen Lippen fühlte. Damit hatte sie nicht gerechnet. Sie löste sich von ihm und sah erstaunt auf Elias. Dieser schaute sie genauso erschrocken an. Seine Augen schimmerten feucht.

Die Menschen tobten: »Gerettet, er ist gerettet!«

Der Vorhang fiel. Die Männer fanden, es wäre jetzt Zeit für den Wein, denn schließlich gäbe es ja nun eine Hochzeit zu feiern.

Elias halfen weder Wein noch Wasser, um das Feuer zu löschen, das dieses Theaterstück angerichtet hatte. Ihm brannten Brust und Lippen. Wenn er Anna Magdalena sah, wie sie so munter zwischen den anderen herumging, hätte er weinen können – oder laut schreien. Aber das merkte keiner.

Nach zwei Tagen reisten die Familien wieder an ihre Heimatorte. Auf der Fahrt erzählte man sich alle Erlebnisse noch einmal haargenau. Fast alle.

Die Postkutschen beförderten bei jedem Wetter zuverlässig gute und schlechte Nachrichten. So hatte Sebastian als Erster die traurige Botschaft erfahren. Er hatte nicht wie gewöhnlich seine Post erst nach Hause getragen, um sie zu lesen, sondern gegen seine Gewohnheit gedacht: »Ich werfe schon mal einen Blick darauf, damit ich weiß, worum es geht.« Danach kannte er sich selbst nicht mehr: Es war doch immer alles so klar und einfach zwischen ihm und Anna Magdalena auszusprechen. Und nun wusste er nicht, was er sagen sollte. Viel länger als sonst brauchte er an diesem Tag, um nach Hause zu kommen. Die anderen warteten auf ihn, denn es war Zeit für das Nachtmahl.

Als Sebastian endlich da war, bedeutete ihm Anna Magdalena, sich zu setzen, sie wollten das Tischgebet sprechen. Aber er blieb einfach stehen und murmelte: »Mein armes, armes Kind.« Mutter und Kinder schauten erstaunt von einem zum andern. Was hieß hier *armes Kind* – wenn er dabei seine Frau ansah?

»Ich weiß nicht, was dich so verstört hat, aber nun setz dich. Und hinterher sprechen wir über das, was dich bewegt«, forderte ihn Anna Magdalena freundlich auf.

»Lass die Kinder essen und komm mit mir in die Studierstube«, erwiderte er. Anna Magdalena konnte aus Sebastians Körperhaltung lesen, was sie zu tun hatte. Es war wie beim Dirigieren. Sie sah ihn an und wusste, wohin sie zu gehen hatte und wie schnell sie sich bewegen musste. Und auch, dass sie sich nun auf den Stuhl setzen sollte. Den breiten Stuhl mit den Armlehnen und dem dicken Ledersitz. Sebastian kniete sich neben sie und legte einen Arm um ihre Schultern. Mit der anderen Hand fuhr er in die Brusttasche seiner Jacke: »Diese Nachricht brachte heute die Kutsche von Weißenfels nach Leipzig.«

Anna Magdalena schnappte nach dem Brief: »Nachricht von meinen Eltern!«

Sebastian zog den Brief zurück. »Nachricht von deiner Mutter, aber keine Nachricht, die dich fröhlich stimmen wird.«

»Von Mutter?« Anna Magdalena wurde unruhig. Sonst war es immer ihr Vater gewesen, der Post schrieb. »Also ... Mutter schreibt ...« Anna Magdalena sah ihren Mann an und bedeutete ihm, ihr den Brief zu reichen. Es waren nur zwei Sätze: »Unerwartet ist Vater in der Früh gestorben. Nehmt morgen die erste Kutsche.«

Anna Magdalena sah ungläubig auf die Nachricht. »Mein Vater? Meint sie meinen Vater?«

»Ja, meine Liebe, nun haben wir beide keine Väter mehr.« Sebastian neigte sich zu Anna Magdalena, damit sie ihren Kopf an seine Brust betten konnte. Sie fühlte Knöpfe und Rüschen an ihrer Wange. Der gestärkte Stoff knisterte in ihren Ohren und sie hörte Sebastians dumpfen Herzschlag. »Eine Trommel, eine

Trommel. Das Herz ist eine Trommel ...«, mehr konnte Anna Magdalena nicht denken und empfinden.

Später brachte Sebastian sie an den Tisch zurück, er führte sie wie eine Schlafwandlerin. Das Wehklagen ihrer Kinder weckte sie auf. Und dann war so viel zu planen. Alle wollten mit zur Trauerfeier. Nur Friedemann versprach seinen Eltern, er würde in Leipzig nach dem Rechten sehen und den Vater vertreten. Sie könnten sich auf ihn verlassen. Anna Magdalena war erstaunt. Nun hatte er also doch Mitleid und wünschte ihr, dass Sebastian bei ihr sein konnte.

Anna Magdalena konnte die vielen Bilder in ihrem Kopf nicht aufhalten. Ihr Vater, mit dem sie als Kind gesungen hatte. Ihr Vater, der ihr gezeigt hatte, wie Noten kopiert wurden. Ihr Vater, der so stolz auf sie war. Ihr Vater, der sie so selbstverständlich mit Sebastian zusammenbrachte. Noch mehr aber waren für sie alle Trompetenklänge, die sie hörte, eine unweigerliche Erinnerung an ihren Vater.

»Ich fürchte mich, die Fassung zu verlieren, wenn an seinem Grab Trompeten geblasen werden«, gestand sie Dorothea. »Ich werde dich halten«, versprach die Tochter. Gerade sie, die doch auch so traurig war, weil sie ihren Großvater verloren hatte. Sie fragte ihre Stiefmutter: »Weißt du, dass dein Vater bei deiner Geburt fast drei Stunden lang die Trompete geblasen hat?«

»Mein Vater hat oft zu Hause gespielt«, sagte Anna Magdalena abwesend.

»Nein, er spielte nicht einfach nur so. Ich weiß es von deiner Mutter. Sie hat es mir erzählt.«

»Ihr habt euch viel erzählt in der Zeit, als du in Weißenfels bei meinen Eltern warst, stimmt's?«

»Ja, wir haben viel geredet. Es hat deiner Mutter Freude gemacht.« Und sie fuhr fort: »Ist es nicht ganz normal, wenn du die Tränen nicht zurückhalten kannst, wenn du eine Trompete hörst? Damit hat er dich doch zu deiner Geburt begrüßt.«

»Du hast schon Recht.« Anna Magdalena grübelte. War ihr Vater denn schon so alt gewesen? Sie verstand nicht, warum er plötzlich die Trompete nicht mehr zur Hand nehmen konnte, ganz ohne Vorwarnung. Sie dachte an Friedelena, als sie ihre letzte Milchsuppe auf den Herd gesetzt hatte. Auch damals war ihr nicht in den Sinn gekommen, dass es einen Tag geben würde, an dem es mit der guten Gewohnheit ein Ende haben würde.

Bei der Trauerfeier fiel ihr auf, dass ihre Mutter gealtert war. »Aber sie *ist* doch auch alt!«, wunderte sich Dorothea. »Mir ist das früher noch nie aufgefallen«, gestand Anna Magdalena. Ja, ihre Mutter war alt geworden. Und der Verlust des Vaters führte es allen vor Augen, weil die Heiterkeit plötzlich von ihr gewichen war. Nun würde die Mutter zu Johanna und ihrem Mann ziehen, da sie auf das Gehalt ihres Mannes verzichten musste. Bei Johanna würde sie sich nützlich machen, so gut es ging, auch wenn dort keine Kinder zu versorgen waren.

Dorothea sah die Dinge nun oft viel ehrlicher als Anna Magdalena. Die Stieftochter wurde zur freundlichen Beraterin und opferte sich auf, wie es schon Friedelena getan hatte. Ja, selbst deren Gewohnheit, wichtige Zeitungsartikel aufzuheben, übernahm sie und fügte hinzu, was sie Gedrucktes finden konnte. Ihr Vater hätte für seine Arbeit mehr Achtung verdient. Aber das erkannten eher bescheidenere Menschen wie jener Poet, der – nachdem er ihren Vater hatte spielen hören – dichtete:

»Ein angenehmer Bach kann zwar das Ohr ergötzen,
wenn er in Sträuchern hin durch hohe Felsen läufft,
allein, den Bach muß man gewiß viel höher schätzen,
der mit so hurtger Hand gantz wunderbahrlich greifft.
Man sagt: Daß wenn Orpheus die Laute sonst geschlagen, hab alle Thiere er in Wäldern zu sich bracht;
gewiß man muß dies mehr von unserem Bache sagen,
weil Er, so bald er spielt, ja alles staunend macht.«

Mehr Raum und Not, viel Leben und Tod

Leipzig, 1732–1750

Im Frühjahr konnten sie aus dem Notquartier, das ihnen Freunde der Familie Bose gewährt hatten, wieder ausziehen und die alten, aber auch etliche neue Räume in Besitz nehmen. Im linken Flügel der Thomasschule hatten sie ihre Wohnung nun über drei Etagen verteilt und unter dem Dach noch eine separate Schlafstube. Die Stadt notierte in ihren Haushaltsbüchern zu den Kosten, die ihr für die Kutschfahrten entstanden: »*Mit zweyen Lohn-Kutschern, welche mit ihrem Geschirr den Haußrath und dergleichen aus des Cantoris Bachs Logiren auf die Thomas-Schule in ihre angewiesene Wohnung geschaffet.*«

Allen ging es damit besser: Die Kinder hatten mehr Platz, das Musikzimmer war größer, in Sebastians Musizierstube drang nicht mehr der Lärm der Schüler, und Anna Magdalena genoss den weiten Blick über die Gärten – worunter auch ihr eigener war.

Es gab viel zu tun. Da an dem heißen Umzugstag unerwartet ein heftiger Platzregen niederging, mussten sie in den ersten Tagen die gesamte Fracht trocknen, die auf dem zweiten Wagen verstaut gewesen war. Da standen also die feuchten Schränke mit offenen Türen in den Zimmern herum, bis sie endlich mit der Wäsche befüllt werden konnten. Anna Magdalena fürchtete, es würde sich sonst Schimmel bilden, und der sollte doch durch den Umbau ausgemerzt werden. Da selbst die Matratzen zu abgenutzt waren, um darauf bequem die Nachtruhe genießen zu können, hielten sie erst einen Raum frei, um darin neue Matratzen anzufertigen. Sie befüllten festen Leinenstoff mit Stroh und

Gräsern. Jeder musste mithelfen, die Säcke so fest es ging auszustopfen. Es blieb nicht aus, dass alle, die den Raum betraten, mehrmals niesen mussten und hinterher auch noch recht staubig aussahen.

Da Anna Magdalena mit ihrem dicken Bauch nicht mehr alle Arbeiten übernehmen konnte, schaffte Dorothea umso mehr. Elisabeth hatte ihre Krankheiten gut überstanden und vor kurzem mit viel Trara ihren sechsten Geburtstag gefeiert. Auch sie half mit, wo immer es ging.

Elisabeth war nur zu gut im Gedächtnis geblieben, wie vor wenigen Jahren die kleine Louise bald nach der Geburt gestorben war. Ein Bruder, der nach ihr geboren worden war, sollte auch nicht lange gelebt haben. Jedenfalls wusste sie nur, dass er dagewesen war, weil sie es auf einem Grabstein gelesen hatte. Und von den drei älteren Geschwistern lebte nur noch Gottfried. Sie wollte dafür Sorge tragen, dass dem neuen Kindchen nichts geschah. Das hatte sie sich fest vorgenommen. So wartete sie nun – fast wie ihre Mutter – auf das neue Kind. Mehrmals am Tag durfte sie am Bauch der Mutter horchen, wie das Herz des Kindes schlug. Das kleinste Herz der Familie klopfte in Mutters Bauch viel schneller als ihr eigenes Herz. Von niemandem, der im Haus ein- und ausging, schlug das Herz so schnell. Das machte Elisabeth ganz aufgeregt. Sie probte an ihrer Puppe, wie man ein Kind trägt, füttert und wickelt.

Gerade, als sie sich so schön an den runden Bauch gewöhnt hatte und ihre Puppe immer darauf bestand, auf dem Bauch zu sitzen und sogar verlangte, mit einem Tuch an Mutters Bauch festgebunden zu werden – da war er weg. Natürlich hatte Elisabeth auch wie alle andern gewartet. Aber wer kann denn schon so richtig glauben, dass es dann auch wirklich passiert? Als sie nur wenige Tage nach dem Umzug am frühen Morgen schlaftrunken zur Mutter ins Bett kroch, dauerte es eine ganze Weile, bis sie begriff, dass das Kindlein aus dem Bauch schon in der

Wiege lag. Ihre Mutter hatte sie wie immer, wenn sie nachts kam, in den Arm genommen. Dann merkte sie, dass etwas nicht stimmte. Ja, der Vater schlief nicht wie sonst. Und bei der Mutter fehlte etwas. Der Bauch war weg! Und dann traute sie ihren Ohren kaum. Aus der Wiege klagen zarte Geräusche, wie sie nur ganz winzige Neugeborene machen.

Anna Magdalena hatte ihrer Tochter die Zeit gelassen, bis sie es selber begriff. Sie kannte ihre Elisabeth. Sie wollte schon immer alles gern allein und auf eigene Faust erkunden. Anna Magdalena spürte, wie sich Elisabeth von ihr löste und zur Wiege hinüber schlich. Nach einer Weile stand auch Anna Magdalena auf und leuchtete mit einer Kerze in die Wiege, damit Elisabeth das schlafende Kind besser sehen konnte. Anna Magdalena streichelte Elisabeth über das Haar und die Wangen. Dabei spürte sie, dass dem Mädchen Tränen aus den Augen liefen.

»Gefällt er dir?«, fragte sie leise. Elisabeth nickte. Und sie konnte nicht aufhören, mit dem Kopf zu nicken. Aber sie konnte auch nichts sagen, obwohl sie sonst doch immer mit den Worten so flink war.

»Er schläft jetzt. Und er hat es mir ganz leicht gemacht. Er ließ sich einfach mit einer Wasserwelle aus dem Bauch tragen.« Anna Magdalena bückte sich zärtlich zu Elisabeth und meinte: »Komm, wir schlafen jetzt auch noch ein wenig, bis Christoph aufwacht und es hell wird. Und dann schaust du ihn dir noch mal ganz gründlich an.«

Sie legten sich wieder ins Bett. Der Vater schlief, die Mutter schlief. Elisabeth aber dachte nur daran, dass der kleine Christoph sicher wach war und sich langweilte. Außerdem hatte sie ihre Puppe mitgebracht, und die musste nun dringend mit in die Wiege gelegt werden. Trotz aller Gedanken lag Elisabeth ganz still und wartete artig, bis die Mutter wach war.

Christoph, Anna Magdalenas neuntes Kind, wurde mit dem anbrechenden Tag von allen stürmisch begrüßt und abgeküsst.

Er verhielt sich munter und friedlich und protestierte nicht einmal, wenn er in die Wiege gelegt wurde. Eine wundersame, große Ruhe ging von dem Kind aus. Anna Magdalena und alle, die mit dem kleinen Christoph zu tun hatten, fühlten sich durch ihn erquickt und zuversichtlich.

»Wenn wir unseren Kindern musikalische Bezeichnungen geben würden, über Christoph stünde ›Harmonie‹«, sagte Anna Magdalena, als sie in das sanftmütige Kindergesicht blickte. Elisabeth, die nichts unversucht ließ, um der Welt der Erwachsenen gerecht zu werden, fragte ihre Familie auffordernd: »Und ich, was wäre ich musikalisch?«

»Tutti, Tutti – ohne Ende!«, entfuhr es Bernhard.

»Tutti?«, fragte Elisabeth kleinlaut nach.

»Das ist ein Kompliment«, erklärte ihre Mutter. »Bei Tutti dürfen alle Instrumente spielen. Wir sagen dazu auch Ripenio. Da braucht kein Instrument zu schweigen. Und bei der Orgel sind dann sämtliche Register gezogen.«

Bernhard wollte Elisabeth erschrecken und spielte pantomimisch die Orgel. Dazu bewegte er wild Kopf und Hände und trat mächtig auf die fiktiven Pedale. »Buh buh buh bahhmm …«, dröhnte er.

»Soll heißen, liebe Elisabeth: An dir ist alles dran, was ein Mensch braucht!«, warf ihr Vater zufrieden ein.

»So kann man es natürlich auch sagen«, erwiderte Friedemann, der eher an die zahlreichen Grillen seiner Schwester als an deren Vollkommenheit dachte.

»Ja, mein Spatz, an dir ist wirklich alles dran«, Anna Magdalena lächelte und küsste ihre quirlige Tochter mit den dicken Zöpfen.

Dorothea, Elisabeth und Regina hatten den Kinderwagen gesäubert und zur Ausfahrt vorbereitet. Im Wagen durfte aber nicht nur Christoph liegen, auch Christine hatte dort ihren Sitzplatz.

Obwohl sie schon auf ihren kurzen, runden Beinchen laufen konnte, war es doch praktischer, sie bei diesem kleinen Familienspaziergang im Wagen zu fahren.

Als sie gerade über die neue Holzbrücke gingen, die vom Stadtkern zu den lichten Parkanlagen führte, kamen ihnen seltsam gekleidete Leute entgegen. Die Frauen trugen schwarze, aus Filz genähte Röcke und hatten auf dem Kopf geflochtene Hüte mit kleinen, meist roten Bommelchen. Die Männer steckten in auffallenden Pluderhosen. Auch die Kinder hatten die gleiche Tracht an. Sie sahen aus wie kleine Erwachsene. Dorothea war es gewohnt, dass in den letzten Tagen ganz Leipzig auf den Beinen war, um in den schönsten Kleidern über die schmale geschwungene Holzbrücke zu flanieren. Ihr selbst erschien ja auch kein Weg besser geeignet um den neuen Erdenbürger und den schmucken Kinderwagen vorzuführen. Diese Menschen passten jedoch überhaupt nicht auf den Spazierweg, zumal sie oft noch schwere Rucksäcke mit sich trugen oder einen Holzkarren mit sich führten, in dem einiges an Hausrat sowie die kleinsten Kinder untergebracht waren.

»Die sprechen so komisch«, Elisabeth war ganz zappelig vor Neugierde.

»Du kannst ruhig mit den Leuten reden«, ermunterte sie Dorothea. Die Fremden schauten freundlich in den Kinderwagen, machten Komplimente über das entzückende Kind und erzählten, dass sie erst die Vorhut seien. Da kämen noch viele Vertriebene. Schon während sie miteinander sprachen, füllten sich die Straßen, als hätte sich ein unsichtbares Tor aufgetan. Nicht einen und nicht zwei Flüchtlinge brachten die Mädchen mit nach Hause. Vier Familien waren es, obwohl sie nur gesagt hatten: »Vielleicht kann jemand bei uns wohnen, wir werden fragen, ob es geht.«

Anna Magdalena konnte die Salzburger Emigranten nicht zurückweisen. Ihr Elend, das schließlich zur Vertreibung geführt hatte, nahm sie sich sehr zu Herzen. Es wurde beschlossen, dass die Schlafstube im Obergeschoss für die Männer reserviert sei. Dazu zählten auch alle Jungen, die nicht mehr die Brust der Mutter brauchten. Zuvor hatten sich diese Schlafstube die Jungen aus der Bach-Familie geteilt. Diese wurden nun, ob sie es wollten oder nicht, in die Schlafstube der Thomaner geschickt. Damit auch die Frauen und Mädchen einen Schlafraum fanden, zogen Dorothea, Elisabeth und die beiden kleinen Mädchen in die Schlafstube ihrer Eltern ein.

»Da muss ich am Morgen gut schauen, wo ich hintrete«, sagte Sebastian zu seiner Frau, als er am Abend vorsichtig über die auf dem Boden liegenden Mädchen in sein Bett steigen musste.

»Die würden zwar jammern, aber dann ihrem Vater doch die Ungeschicklichkeit verzeihen«, beruhigte ihn Anna Magdalena. Und nach einer Weile fügte sie hinzu: »Wir leben jetzt auch auf fast so engem Raum zusammen wie die Flüchtlinge. Aber wir haben ein Zuhause und müssen nicht daraus fliehen. Ich bin so froh darüber, Sebastian.«

Als sie am Sonntag gemeinsam mit den Flüchtlingen in der Thomaskirche das Abendmahl einnahmen, da wusste Anna Magdalena, dass sie richtig gehandelt hatte. Es blieb nicht das letzte Mal, dass sie – wie die meisten Bürger – den Flüchtlingen Obdach gewährte. Allerdings hatte sie jetzt neben ihren üblichen Tagespflichten auch noch Gäste zu versorgen. Die Unterstützung ihres Mannes durfte dabei selbstverständlich nicht leiden ... Sie nahm wenig Rücksicht darauf, dass sie erst vor vierzehn Tagen entbunden hatte – und wurde krank. Ihre Brüste entzündeten sich. Hohes Fieber zwang sie ins Bett, und die Salben halfen nicht. Das bedeutete, dass sie aufhören musste, Christoph zu stillen.

»Nur so kann die Entzündung ausheilen«, riet der Arzt eindringlich und verordnete einen Tee, der den Milchfluss verhinderte.

Anna Magdalena quälte sich durch die Tage und Nächte. Christoph lutschte genauso fröhlich einen Milchbrei aus dem groben Tuchzipfel und vermisste die Brust der Mutter glücklicherweise nicht. Aber Anna Magdalena hatte noch ein anderes Kind, das dringender als der Säugling die ständige Nähe der Mutter brauchte. Die einjährige Christine hatte sich bei den Flüchtlingen mit einer unbekannten Krankheit angesteckt: Auf ihrem Körperchen waren lauter rote Flecken. Doch während die Flecken bei den anderen Kindern nach wenigen Tagen Unwohlsein verschwunden waren, gruben sich die roten Stellen bei der kleinen Christine immer tiefer und verschwammen miteinander. Das Mädchen brüllte sich Tag und Nacht die Schmerzen aus dem Leib.

Die ganze Familie machte sich große Sorgen um das immer schwächer werdende, mittlerweile krebsrote Kind. Alle hatten Mitleid mit dem Mädchen. Selbst seine großen Brüder kamen nach dem Studium und gingen mit ihrer Schwester auf und ab, in der Hoffnung, dass die körperliche Nähe und die gleichmäßige Bewegung ihr ein wenig Linderung verschafften.

Was immer sich machen ließ, wurde getan. Frau Bose besorgte teure Salben. Sie gaben dem Kind verdünnten Wein zu trinken, damit es zwischendurch schlafen konnte, und legten Essigtücher um die Füßchen, um den heißen Körper zu entlasten. Doch nach zwei langen, quälenden Wochen hatte sich der Kampf entschieden. Sie mussten das kleine Mädchen, das nun endlich keine Schmerzen mehr fühlte, dem Tod überlassen. Rektor Gesner weinte bitterlich. Das Kind war auf besondere Art auch seines gewesen.

Anna Magdalena wusste nicht, wohin mit ihrer Müdigkeit und Trauer. Gott sei Dank schenkte ihr aber der kleine Christoph so viel tiefes Vertrauen, dass sie nur staunen konnte. Dieses Kind hatte, seit es geboren wurde, noch nie geweint. Christoph wartete friedlich auf alles, was da kam. Er hatte sich ohne Schwierigkeiten an den Brustersatz gewöhnt und schenkte nun jedem sein schönstes Lachen, sobald er angeschaut wurde. Wenn Anna Magdalena schwer zumute war und sich die Trauer um Christine breitmachte, war es Christoph, bei dem sie allen Kummer fahren lassen musste. Er begann zu lachen und vor Freude laut zu gurgeln, wenn er von ihr aufgenommen wurde. Wie damals, als die Natur zu ihr sprach, drückte jetzt das Kind im Schlafen und Wachen Ruhe und Hoffnung aus – und es schien Anna Magdalena, dass dies aus Gottes Händen kam.

»Ein Sonnenschein ist das Kind«, sagte sie zu Sebastian.

Und er gab ihr Recht. Auch ihn wärmte dieses Kind, das nur darauf zu warten schien, dass jemand einen kleinen Scherz mit ihm machte, sodass es vor Freude glucksen und quietschen konnte.

Gesner war es schließlich, der Anna Magdalena dazu ermutigte, trotz aller Arbeit und Trauer zusammen mit Sebastian nach Kassel zu reisen. Sie hatten die Einladung zur Orgelweihe in der Martinskirche schon vor einigen Wochen erhalten. Auch Dorothea sprach der Mutter gut zu: Sie könne doch zu Hause für Christoph sorgen, da er ja von der Brust entwöhnt sei.

Bachs reisten über Weißenfels, wo sie die Mutter besuchten. Johanna erzählte, dass alles nun viel einfacher für sie sei, da ihre Mutter den gesamten Haushalt erledige. Anna Magdalena wusste, was das bedeutete: Johanna hatte damit noch mehr Zeit für ihre aufwändige Garderobe. Denn selbst an Tagen, an denen sie nicht auftrat, war sie fein herausgeputzt. Die Mutter versuchte, glücklich zu erscheinen. Sie freute sich so sehr, ihre Tochter und den Schwiegersohn zu sehen. Als Anna Magdalena sie jedoch am Abend bei einem gemeinsamen Spaziergang nochmals fragte: »Mama, wie geht es dir?«, meinte sie leise: »Es ist halt anders, wenn man nicht den eigenen Haushalt hat. Ganz anders.«

»Und Vater fehlt dir sicher auch?«, fragte Anna Magdalena voller Mitgefühl. Sie wusste, wie innig die Ehe ihrer Eltern gewesen war.

Und die Mutter gestand: »Die Tage sind keine Tage ohne ihn. So ist es eben. Ich stelle mir vor, er wäre nur auf Reisen und käme in zwei Tagen wieder. So muss ich alles, was ich mit ihm besprechen und erleben will, nur um zwei Tage verschieben und abwarten.« Nach einer kleinen Weile fügte sie hinzu: »Aber das gelingt mir immer weniger. Und dann weine ich um ihn, als ob er eben erst gestorben wäre ...«

Anna Magdalena nahm ihre Mutter in die Arme und flüsterte eindringlich: »Ich bin so froh, dass du da bist, Mutter. So froh!«

Es war die letzte große Reise, die Anna Magdalena mit ihrem Mann machen sollte. Eine ganze Woche lang wohnten sie im Gasthaus »Stadt Stockholm«. Sie wurden in Kassel vorzüglich bewirtet und mit einer Sänfte von einem Ort zum anderen getragen. Anna Magdalena wunderte sich darüber, dass ihr Mann sogar einen Diener bestellt hatte, der sich um alles kümmerte, sodass sie, wie noch nie in ihrem Leben zuvor, ausruhen konnte. Und für wenige Tage war sie das, was sie zwar immer war, aber selten spürte: die Frau eines großartigen Musikers. Eine Frau, die ohne Mühe jede seiner Sopranarien besser singen konnte als andere. Eine Frau, die fachkundig Noten studierte und sammelte und die sich zu seiner Begleitung ganz selbstverständlich ans Klavier oder Cembalo begab.

Es war für Bachs immer wieder erstaunlich, wohin es die Menschen durch ihre Heirat verschlug. Die liebreizende Tochter der schönen Herzogin Maria Amalia von Zeitz war nun in Kassel verheiratet: mit Wilhelm VIII., dem zukünftigen Landgrafen von Hessen-Kassel. Hatten ihre Eltern damals die Moritzburg und Zeitz aus religiösen Gründen verlassen müssen, was einen schmerzvollen Einschnitt in ihrem Leben bedeutet hatte, so war doch wenigstens eine ihrer Töchter, Prinzessin Dorothea Wilhelmine, glücklich. Ihr Mann baute auf der Höhe der Stadt Kassel eines der schönsten Rokokoschlösser Deutschlands. Mit Dorothea und Wilhelm hatten sich zwei Menschen getroffen, die Kultur und Lebensqualität schätzten.

Anna Magdalena, nun selbst verheiratet und Mutter, traf sich in Kassel mit Dorothea Wilhelmine, welche sie bereits in Zeitz wegen ihrer Anmut und ihres Charmes bewundert hatte. Die Prinzessin hatte seit ihrer Kindheit die kunstvollsten Stickarbeiten angefertigt und Stoffbespannungen für Stühle geschaffen, die in die Kunstgeschichte eingegangen sind.

Bei der Orgelweihe am 28. September 1732 waren in der Martinskirche zu Kassel nicht nur alle Sitzplätze belegt, sondern auch an den Seitenwänden und auf den Treppen standen die Menschen, um Bach zu hören. Unweit von Anna Magdalena saß der erst zwölfjährige Landgraf Friedrich II. von Hessen-Kassel. Dieser ernsthafte Junge war sichtlich begeistert und fasste in Worte, was alle Anwesenden empfanden:

»Herrn Bachs Füße eilen so beflügelt über die Pedale, dass die wuchtigsten Klänge wie Blitz und Donner in den Ohren der Hörer widerhallen.« In seiner demütigen Bewunderung nahm Friedrich am Ende des Konzerts seinen Ring vom Finger und schenkte ihn dem Meister der Orgel. Diese spontane Geste tat nicht nur Sebastian gut. Auch seine Frau wusste: Es war höchste Zeit gewesen, dass sie eine solch warmherzige, ehrliche Anerkennung fanden. Denn der Alltag in Leipzig kam sie manchmal hart an, und sie fanden selten Stunden für sich allein.

Auf dem langen Heimweg nach Leipzig hatten die Eheleute Zeit, alle Erlebnisse der vergangenen Tage zu besprechen, aber auch über die Zukunft der drei ältesten Söhne nachzudenken. Alle Söhne waren begabt genug, ihren Weg als Musiker zu gehen. Doch war ihr Charakter stark genug? Friedemann hatte einen Hang, manchmal ohne Erklärung das Haus zu verlassen und wiederzukommen, wann es ihm passte. Keiner wusste, wo er war, geschweige denn, was er machte. Bernhard traf sich immer öfter mit zwielichtigen Gestalten und ging mit wechselndem Erfolg dem Glücksspiel nach. Gewiss hätten beide gleich nach der Thomasschule eine Anstellung finden können; Sebastian hatte jedoch darauf bestanden, dass sie noch zusätzlich ein Studium absolvierten. Sie hatten in Leipzig damit beginnen können. Nun ging es darum, dass sie selbstständig wurden. Aber solange sie noch da waren, nahmen sie ihrem Vater viel Arbeit ab. Sie konnten ihn vertreten, und Sebastian hatte ausreichend Zeit, sich dem Komponieren zu widmen.

»Ohne deine großen Söhne würdest du es nicht schaffen, die Matthäuspassion so sorgfältig auszuarbeiten«, sagte Anna Magdalena. Und Sebastian antwortete:

»Ja, so ist es, ich werde sie vermissen.« Was immer sie miteinander besprachen, die Bilder der vorüberziehenden Landschaft beeindruckten die beiden gleichermaßen. Sie saßen, wie schon lange nicht mehr, zu zweit in einer kleinen Kutsche, während der Kutscher im Freien auf dem Bock frieren musste. Es ist wie in einem Märchen, dachte Anna Magdalena: Der Nachmittag gehört uns und die Abenddämmerung hüllt nicht nur die Natur, sondern auch uns in rötliches Licht und leichten Nebel. Wir fahren in einer kleinen sonnenbeschienenen Kutsche mit Baldachin nach Norden.

»Wenn die Söhne nicht mehr da sind, wirst du nicht mehr so viele Aufträge annehmen können«, spann Anna Magdalena das Gespräch weiter.

»Du hast Recht«, bestätigte Sebastian. »Sie sind mir eine große Hilfe. Doch es ist nun an der Zeit, dass sie sich beruflich beweisen, um bald eine Familie ernähren zu können.«

»Bei Emanuel kann ich mir das auch sehr gut vorstellen.« Anna Magdalena kuschelte sich in ihr Wolltuch und rückte ein wenig näher an ihren Mann. »Aber Friedemann verschenkt sein

Herz an jeden Rock, und Bernhard würde wohl kaum sein Geld nach Hause bringen.« Sie seufzte: »Es kann sich ja noch ändern. Wir vertrauen einfach weiter auf Gott.« Anna Magdalena und Sebastian waren nun schon so lange verheiratet, dass sie keine Worte mehr um ihre Liebe machten. Wenn in Momenten wie diesem eine kurze Weile ihre Hände ineinanderlagen, so war dies ein größeres Versprechen, als es vor einem Altar abgelegt wurde, und drückte mehr Dank aus, als tausend Worte sagen konnten.

In Leipzig angekommen, wurden die beiden von den Daheimgebliebenen stürmisch begrüßt. Anna Magdalena nahm den kleinen Christoph aus den Armen ihrer zuverlässigen Stieftochter entgegen: »Ich danke dir von Herzen, Dorothea, dass du so fein auf unseren Sonnenschein geachtet hast.« Anna Magdalena spürte in diesem Augenblick ein tiefes Glück in sich. Die Woche in Kassel hatte ihr so gutgetan, und hier zu Hause empfing sie eine wohl bestellte Familie. Doch die Tage in Kassel sollten ihre letzte unbeschwerte Zeit gewesen sein.

Beim nächsten Fieber, das im Haus wütete, war es Gottfried, Anna Magdalenas ältester Sohn, der diesem zum Opfer fiel. Zwar überlebte er die Krankheit, wurde aber doch ein anderer Mensch. Mit seinen neun Jahren konnte Gottfried bereits besser lesen und schreiben als andere Kinder in seinem Alter und versprach ein guter Musikus zu werden. Vier Tage hatte das Fieber den Jungen in seinem Griff. Als es endlich sank, konnte er einige Zeit seinen Kopf nicht mehr nach vorne neigen. Selbst die Augäpfel wollten nur nach oben sehen.

Endlich war das Fieber verschwunden, doch Gottfried hatte alles verlernt. Er fragte nach den Namen seiner Geschwister, freute sich über die witzigen Buchstaben, die er zu schreiben aufgetragen bekam, und glaubte alles, was ihm erzählt wurde, auch wenn es weder Hand noch Fuß hatte. Niemand aus der Familie konnte es fassen, dass Gottfried, der zuvor ein ganz normaler Junge gewesen war, sich so benahm wie die Leute, denen auf der Straße nachgerufen wurde, sie seien Deppen. Anna Magdalena ließ sich jedoch in ihrer Mutterliebe nicht beirren. Je schwächer Gottfrieds Geist war, umso mehr schätzte sie die freundliche Art ihres Kindes. Wenn es nicht besser würde, wäre Gottfrieds Intelligenz wohl mit einem vierjährigen Kind gleichzusetzen.

Sebastian verlangte, dass mit dem Jungen täglich geübt wurde, auch wenn es tausend Mal dasselbe wäre. Ebenso musste immer jemand in Gottfrieds Nähe sein, damit er sich nicht in Gefahren brachte, die er nicht einschätzen konnte. Anna Magdalenas erster Sohn brauchte jetzt mehr Fürsorge und Betreuung als ihr jüngster. Obwohl er es nach außen zu verbergen suchte, so tat sich Sebastian doch schwer damit, dass der begabte Junge zu einem Menschen geworden war, der wohl Zeit seines Lebens nicht erwachsen werden würde. In seiner Familie war schon öfter ein Kind geboren worden, das von Kindesbeinen an seine geistigen Fähigkeiten nicht entwickeln konnte. Aber Gottfried war bis zum Zeitpunkt seiner Erkrankung doch kerngesund gewesen! Welche Lasten wollte Gott ihnen noch auferlegen?

Anna Magdalena jedoch begriff – trotz ihres Kummers und der Mühe –, warum die Leute solche Kinder »Gotteskinder« nannten: Ihr Gottfried konnte zwar den Erwartungen der Menschen nicht gerecht werden, aber er war ein einfaches, fröhliches Kind. Gott hatte keine einzige Erwartung an ihn, die er nicht erfüllen konnte. Und es war, als ob Gottfried genau dies spürte. »Es wird alles gut«, pflegte er tröstend jedem zu sagen, der gerade in Kummer und Nöten war, und es klang so vertrauensvoll und selbstverständlich.

»Es wird alles gut.« Daran hielt sich Anna Magdalena in den nächsten Jahren. Ja, sie hielt sich daran wie eine Träumende. Denn als Regina mit fünf Jahren starb und sie wieder auf dem Johannisfriedhof stand, war klar: Sie durfte nicht erwachen. Dazulegen wollte sie sich. Zu den Toten, zu ihren Kindern. Die Worte der Auferstehung beruhigten sie nicht.

»Ein so kleines Kind braucht doch die Mutter. Es kann doch nicht so allein in der Erde liegen. Du weißt selbst, wie sich Regina im Dunkeln fürchtete. Und über den Friedhof wollte sie nicht einmal bei Tag gehen«, sagte sie zu Sybilla. Ihre Freundin ließ sich jedoch von Anna Magdalenas Schwermut nicht anstecken. Sie schüttelte die trauernde Mutter und beschwor sie: »Aber hier bei uns sind auch Kinder, Anna Magdalena. Soll ich dir alle deine Kinder aufzählen, die leben? Mach deine Augen auf, meine liebste Freundin und sieh: Hier sind Kinder und Freunde. Die brauchen dich genauso wie das tägliche Brot.«

Wie im Schlaf verabschiedete sich Anna Magdalena von Friedemann, der eine Stelle als Organist in der Dresdner Sophienkirche bekommen hatte. Das Bewerbungsschreiben war allerdings von Sebastian verfasst worden. Die Eltern wussten um die Begabung Friedemanns, und Anna Magdalena hatte das musikalische Können ihres Stiefsohnes, der ein schwieriger Mensch war, immer bewundert. Daher hatte sie auch stets versucht, seine zynischen Bemerkungen zu mildern und nicht allzu sehr auf seine Eskapaden einzugehen. Aber Sebastian war oft in Sorge um ihn. Es blieb zu hoffen, dass er sich in die Stelle gut einfügen würde. Denn so begabt er war, so leicht ließ er sich von Freunden, die dem Alkohol zusagten, ablenken. Oder er ließ sich von den Mädchen verführen, die Spaß an der leichten Liebe hatten.

»Jetzt seid ihr eine Sorge los«, stichelte Friedemann, als Anna Magdalena mit Dorothea in der Stube saß und Noten kopierte. Anna Magdalena schossen die Tränen in die Augen, und sie wagte nicht aufzusehen. Niemand sollte ihre Tränen entdecken. Ihr

Hals war wie zugeschnürt. Sie konnte einfach nichts sagen, obwohl sie es wollte. Hatte er denn nie gemerkt, dass sie ihn so lieb hatte wie alle andern? Hatte er nicht gemerkt, dass sie gerade die Kinder am meisten liebte, um die sie in Sorge war? Die mit sich selbst und anderen nicht zurechtkamen? Wusste er nicht, dass es im Leben manchmal einfach nur darauf ankam, sich nicht zu beklagen, sondern das Beste aus allem zu machen? Während sein Vater es schon lange gelernt hatte, tat sie sich noch schwer damit, das Leben so anzunehmen, wie es war.

Sebastian schloss fortan seinen Ältesten immer in das Abendgebet ein. Anna Magdalena hatte manchmal nicht mehr den Glauben, dass sich etwas zum Guten ändern würde. Aber Gottfried war ja zufrieden und der kleine Christoph war ja auch da und zeigte ihr, wie viel Freude man am Leben haben konnte. Sie versuchte alles aus Gottes Hand zu nehmen. Oft waren es lustige Augenblicke oder schöne Erinnerungen, die Anna Magdalena in die Wirklichkeit zurückholten. Wie froh war sie darüber, dass Dorothea so liebevoll an ihrer Seite war. Drohte die Traurigkeit Anna Magdalena zu überwältigen, dann legte sie ihre Hand auf ihren Leib, in dem meist ein Kind zu Hause war – und sie wusste, dass sie um des neuen Erdenbürgers willen nicht so traurig und nicht wütend sein durfte.

Musik und Lieder bestimmten in der Familie Bach die Atmosphäre des Hauses. Ein Text, der einmal im Schmerz gegen den Kummer geschrieben worden war, tröstete wie die Hand einer Mutter. Und so sang sich Anna Magdalena mit jedem Lied auch wieder in die Zeit hinein, in der es entstanden war. Es steckte eine unsichtbare Kraft darin, die Trost, Lebensfreude und Hoffnung ausstrahlte. Und da waren Dorothea und Elisabeth, die auch immer ein Lied auf den Lippen hatten. Das war ansteckend und tat gut. Die Musik, die Sebastian für Kurfürst Friedrich komponierte, klang dagegen nur wie von weit her in ihren Ohren, obwohl sie im gleichen Raum saß, wenn ihr Mann spielte.

Seine Instrumentalmusik regte sie zum Träumen an. Was mochte die nächste Zeit wohl bringen?

Das nächste Kind, das Anna Magdalena mit viel Mühen zur Welt brachte, war ein schwacher, kleiner Junge. Sein Herz wollte schon nicht mehr schlagen, als er getauft wurde. Sie wusste, dass sie ihren Sohn nie bei seinem Namen würde rufen können, aber ein anderer hatte ihn im Buch des Lebens eingeschrieben. Das kleine Geschöpf stand in Gottes Herzen, und er würde ihr Kind bei seinem Namen rufen. Es war nicht vergeblich. Es war nicht vergeblich. Dies Kind war nicht tot. Es würde bei seinem Vater im Himmel leben.

Wie in einem Traum sah Anna Magdalena Gesners Frau und den jungen Konrektor August Ernesti neben ihrer Familie am Taufstein stehen. Auch zur Beerdigung gingen sie mit. Anna Magdalena ging einfach nur hin und danach wieder zurück. Woher nahmen die Menschen nur ihre Tränen?

Wie durch einen Schleier hatte Anna Magdalena die Nachricht aufgenommen, dass Herr und Frau Gesner nach Göttingen übersiedeln würden, da er dort endlich eine Arbeit gefunden hatte, die er sich schon lange wünschte. Endlich hätte er nicht mehr mehrere Dienstherren, die an ihm herumzerrten. Er könnte sich besser auf seine Arbeit konzentrieren und mit seiner Frau ein ruhigeres Leben führen. In Göttingen wurde er schon sehnlich erwartet. Er sollte Poesie und Rhetorik lehren und später auch die Universitätsbibliothek leiten. Drei Jahre lang hatte das Paar mit Familie Bach in einem Haus gewohnt. Drei Jahre lang hatte Anna Magdalena die selbstverständliche Hilfe und ihre Anerkennung genossen. Nun sollte diese Zeit vorbei sein? Da wachte sie auf.

»Was mache ich denn ohne euch?«, fragte sie die beiden ihr so lieb gewordenen Menschen. »Wer wird je wieder so gut mit Sebastian zurechtkommen? Wer wird für ihn einstehen? Und wer wird mir so liebevoll im Kindbett zur Seite stehen?«

»Du weißt es ja, Anna Magdalena«, erwiderte Frau Gesner, »mein Mann schätzt keinen Musiker höher als Bach. Und doch sind wir froh, nicht mehr auf die dürftige Bezahlung Leipzigs angewiesen zu sein. So viel Energie wie dein Mann hat, um sich zusätzlich noch Geld zu verdienen, hat mein Mann nicht.«

»Verzeih mir, dass ich euch nicht ziehen lassen will«, entschuldigte sich Anna Magdalena. »Ich wünsche euch doch von Herzen eine gute und glückliche Zeit.«

Ob groß ob klein, alt oder jung – alle Bachs halfen mit, die Umzugswagen zu beladen. Sie machten keinen Hehl aus ihrer innigen Freundschaft. Sebastian und Herr Gesner umarmten sich sogar wie Brüder. Als die Wagen die Straße hinunterholperten, stand die Familie da und winkte ihnen nach. Sebastian und Anna Magdalena hielten sich aneinander fest. Als ob sie sich nun noch mehr bräuchten.

Es war, als ob alle gehen wollten. Nun auch die Kinder. Anna Magdalena litt, aber sie wollte nicht undankbar sein. Sie wollte sich mit den Kindern freuen. Ihre Eltern hatten sie damals ja auch ziehen lassen. Emanuel zog nach Frankfurt, um sein Studium der Rechte fortzusetzen. Seinen Unterhalt konnte er sich, da er ein guter Musiklehrer geworden war, mit Musikunterricht verdienen. Und Bernhard trat nun – mit seinen zwanzig Jahren – seine erste Stelle als Organist an. Sebastian wollte ihn nach Mühlhausen begleiten, um dort auch gleich die Orgel in der Marienkirche zu prüfen. Er hatte sich redlich bemüht, eine Stelle für seinen Sohn zu finden, und als es dann endlich so weit war, freute sich seine Frau sehr für ihren Jungen und war stolz auf ihn.

»Wenn ihm nur sein Charakter nicht im Wege steht, ein anständiges Leben zu führen«, bangte Sebastian.

»Ach, Liebster, Bernhard wird bestimmt froh sein über seine

neue Verantwortung. Und wer sein Geld selber verdienen muss, geht auch sorgsamer damit um«, besänftigte Anna Magdalena ihren Mann.

Doch Sebastian bekräftigte seine Sorgen: »Ich beglich ihm als Abschiedsgeschenk seine Schulden, die er in Leipzig bei seinen Freunden hatte. Anna Magdalena, dafür muss ich zwei Wochen hart arbeiten! Wer steht ihm nun in Mühlhausen zur Seite?«

Er hat Recht, dachte Anna Magdalena. Hier hatten sie immer ein besonderes Auge auf ihn gehabt – wer würde ihn in Mühlhausen vor falschen Freunden warnen und sie einfach kurzerhand aus dem Haus werfen?

Von den Kindern aus Sebastians erster Ehe lebte jetzt nur noch Dorothea zu Hause. Anna Magdalenas Kinder waren noch klein. Und Gottfried, ihr Ältester, würde nie Musikus werden oder studieren können.

Irgendwann kehrte auch bei Anna Magdalena wieder die Lebensfreude ein. Sie kam mit dem langen Sommer, der bis weit in den Herbst reichte. Er war angefüllt mit den herrlichsten kleinen Musikstücken, welche die Gäste oder ihr Mann mitbrachten. Diese legte sie sorgsam in ein neues Buch für Klavierübungen. Daraus spielte sie sich selbst jeden Morgen etwas vor und war dabei so fröhlich wie seit Monaten nicht.

Ihr Garten stand den anderen üppig blühenden Gärten wahrlich in nichts nach – im Gegenteil: Die Früchte aus Anna Magdalenas Garten waren meist größer und mit weniger Ungeziefer befallen. Das lag sicher an der liebevollen Pflege, die ihre Pflanzen genossen. Auch die Kinder liebten es, mit der Mutter das Unkraut zu jäten oder die teuren Samen vorsichtig in die vorbereiteten Rillen zu setzen. Gottfried wurde zum Meistergießer. Mit großer Ausdauer und dem kindlichen Eifer, den er seit seiner Krankheit besaß, goss er die Pflänzchen schluckweise, damit das Wasser nicht einfach nur den Berg hinunterfloss. Gottfried konnte auch am besten mit der Hacke umgehen, denn er war geduldig. Nach jedem Regenguss bearbeitete er vorsichtig die Gemüse- und Salatbeete. So lag die Erde wieder feinkrümelig um die Pflanzen und konnte bei Trockenheit das Gießwasser wie ein Schwamm aufsaugen. In der Hitze des Sommers sahen alle den fleißigen Gottfried, wie er vom Brunnen einen Wassereimer um den andern hochzog und zum Garten schleppte. Das war wohl auch der Grund, weshalb er ein so gesundes Gesicht hatte, mit roten Wangen und leuchtenden Augen. Tatsächlich bestand Gottfrieds Sommerglück darin, der Mutter im Garten zur Hand zu gehen. Der Garten war aber auch ein Glück für die übrigen Familienmitglieder; denn die meisten Mahlzeiten im Hause Bach stammten aus eigener Ernte, was alle zufrieden, dankbar und auch ein klein wenig stolz machte.

Als es Ende Oktober wirklich nichts mehr zu tun gab und Gottfried doch immer weiter um Arbeit bettelte, kam Anna Magdalena die Idee, eine kleine Terrasse anzulegen. Nun suchte Gottfried im Bach nach Steinen, die sich gut aufschichten ließen. Mit einem Handwagen fuhr er sie zum Garten. Gottfried war jetzt der älteste Sohn im Haus, und er wollte Mutter und Vater zeigen, dass auch er zu etwas taugte.

Anna Magdalena fand es köstlich, ihren Mann bei den Kompositionen für Weihnachten zu unterstützen. Sie nahmen Wiegenlieder, Liebeslieder und was sie sonst noch brauchbar fanden und schrieben diese Gebrauchskantaten mit neuen Texten zu Weihnachtskantaten um. Sebastian ging so gründlich ans Werk, dass sich zur Weihnachtszeit beim Musizieren der Himmel auftat, als sollte der Retter noch einmal zur Erde kommen.

Zur Winterzeit hielt sich der italienische Maler Cristofori einige Wochen in Leipzig auf. Er ging in die vornehmen Häuser und porträtierte gegen ein gutes Entgelt seine Kunden mit Ölfarben. Sebastian hatte nicht nur schon davon gehört, er hatte auch einige Gemälde von Cristofori gesehen und war von ihnen angetan. Von sich selbst besaß er schon vier Bilder, aber von seiner lieben Frau, Anna Magdalena, gab es noch kein Abbild. Aus diesem Grund – und da Bach seinen angesehenen Freunden, die auch ihre Frauen porträtieren ließen, nicht nachstehen wollte – sprach er mit Cristofori und handelte einen Preis aus.

Die Familie geriet in helle Aufregung. Die Mutter sollte gemalt werden! Wenn Anna Magdalena dem Maler an zwei Tagen jeweils sechs Stunden stillsäße, könnte der Meister das Werk in dieser Zeit fertigstellen. Cristofori war schon tags zuvor gekommen, weil er sagte, er wolle erleben, wie Frau Bach sich bewege, dann hätte ihr Bild eine höhere Aussagekraft. Die Kinder verfolgten gespannt die Prozedur: Cristofori beobachtete ihre Mutter den ganzen Tag, folgte ihr vom Morgen bis zum Abend, von der Küche zum Brunnen, vom Garten in die Waschküche. Ab und zu machte er kleine Skizzen und lächelte den neugierigen Kindern freundlich zu. Ein seltsamer Gast, zumal weder ein Mitglied der Familie Italienisch konnte, noch Cristofori des Deutschen mächtig war.

Tags darauf kam eine Frau, die Anna Magdalena die Haare besonders schön zurechtmachte. Selbst Sebastian hatte seine Freude daran, zwischendurch zu sehen, wie weit die Vorbereitungen fortgeschritten waren. Cristofori stellte im Musikzimmer ziemlich viel um, was später auf dem Bild aber nicht zu sehen war, und Dorothea musste die Fenster putzen, obwohl draußen Minusgrade herrschten. Dann setzte er Anna Magdalena vor das Cembalo. Sie sollte dort aufrecht sitzen und zu ihm blicken. Immer wieder verließ er seine Staffelei, ging zu ihr und hob mit einer Hand ihr Kinn an. Dann saß er wieder hinter seiner Leinwand, erhob den Zeigefinger, auf den sein Modell auch dann noch schauen sollte, wenn er die Hand längst wieder weggenommen hatte.

Gottfried fand schon nach den ersten zwei Stunden, dass es

nun genug sei. Vor allen Dingen wagte es dieser Maler dauernd, das Kleid der Mutter weiter als nötig am Hals herunterzuziehen, bis ziemlich viel von ihren Brüsten zu sehen war. Anna Magdalena saß ganz still und sah immer gleich aus, egal, was um sie herum passierte. Das gefiel Cristofori sehr.

Alle waren in diesen drei Tagen guter Stimmung. Sebastian, weil er seine Frau so wunderschön fand, Anna Magdalena, weil sie es liebte, um der Kunst willen so konzentriert zu sitzen. Elisabeth träumte davon, in der Zukunft ebenfalls ein Bild von sich malen zu lassen. Gottfried hatte noch nie so lange seine Mutter anschauen können. So lebendig auf ihrem Stuhl, wie er sie kannte, und schließlich auf dem Bild, wo sie zu leben begann.

Doch das Vortrefflichste bot wieder Picander. Er hatte ein lustiges Lied geschrieben – über die Leidenschaft der Frauen, Kaffee zu trinken. Und Sebastian war sich nicht zu schade, gerade dieses Lied im Freien zur Aufführung zu bringen. Die Heldin der Kaffeekantate hieß Liesgen. Das reimte Picander nicht aus Zufall so hinein, nein – damit setzte er der neunjährigen Elisabeth ein Denkmal, denn alle nannten das Mädchen nur »Liesgen«. Anna Magdalena sang die Rolle des Liesgens, ein Bass wurde gefunden: ein griesgrämiger und doch so leicht zu betörender Vater, der seiner kaffeesüchtigen Tochter Liesgen nachgibt. So bekommt sie zuletzt nicht nur einen Mann, sondern kann auch weiter den verbotenen Kaffee trinken. Zu den beiden Stimmen musste sich noch ein Erzähler einfinden, der wie ein Schauspieler seinen Text mimisch und gestisch interpretierte und schon zu Beginn das Publikum zum Lachen brachte. Ein Chor unterstützte Liesgens leidenschaftliche Kaffeesucht.

Erzähler:
Schweigt stille, plaudert nicht
und höret, was itzund geschicht:

Da kömmt Herr Schlendrian
mit seiner Tochter Liesgen her,
er brummt ja wie ein Zeidelbär;
hört selber, was sie ihm getan!

Vater (Bass):
Hat man nicht mit seinen Kindern
hunderttausend Hudelei!
Was ich immer alle Tage
meiner Tochter Liesgen sage,
gehet ohne Frucht vorbei.
Du böses Kind, du loses Mädchen!
Ach! Wenn erlang ich meinen Zweck:
Tu mir den Coffee weg!

Liesgen (Sopran):
Herr Vater, seid doch nicht so scharf!
Wenn ich des Tages nicht dreimal
mein Schälchen Coffee trinken darf,
So werd ich ja zu meiner Qual
wie ein verdorrtes Ziegenbärtchen.

Ei! Wie schmeckt der Coffee süße,
lieblicher als tausend Küsse,
milder als Muskatenwein.
Coffee, Coffee muss ich haben,
und wenn jemand mich will laben,
ach, so schenkt mir Coffee ein!

Vater:
Wenn du mir nicht den Coffee lässt,
so sollst du auf kein Hochzeitsfest,
auch nicht spazieren gehn.

Liesgen:
Ach ja!
Nur lasset mir den Coffee da!

Vater:
Da hab ich nun den kleinen Affen!
Ich will dir keinen Fischbeinrock
nach itzger Weite schaffen.

Liesgen:
Ich kann mich leicht darzu verstehn.

Vater:
Du sollst nicht an das Fenster treten
und keinen sehn vorübergehn!

Liesgen:
Auch dieses; doch seid nur gebeten
und lasset mir den Coffee stehn!

Vater:
Du sollst auch nicht von meiner Hand
ein silbern oder goldnes Band
auf deine Haube kriegen!

Liesgen:
Ja, ja! Nur lasst mir mein Vergnügen!

Vater:
Du loses Liesgen du,
so gibst du mir denn alles zu?
Mädchen, die von harten Sinnen,
sind nicht leichte zu gewinnen.

Doch trifft man den rechten Ort,
oh! So kömmt man glücklich fort.
Nun folge, was dein Vater spricht!

Liesgen:
In allem, nur den Coffee nicht.

Vater:
Wohlan! So musst du dich bequemen,
auch niemals einen Mann zu nehmen.

Liesgen:
Ach ja! Herr Vater, einen Mann!

Vater:
Ich schwöre, dass es nicht geschicht.

Liesgen:
Bis ich den Coffee lassen kann?
Nun! Coffee, bleibt nur immer liegen!
Herr Vater, hört, ich trinke keinen nicht.

Vater:
So sollst du endlich einen kriegen!

Liesgen:
Heute noch, lieber Vater, tut es doch!
Ach, ein Mann!
Wahrlich, dieser steht mir an!
Wenn es sich doch balde fügte,
dass ich endlich vor Coffee,
eh ich noch zu Bette geh,
einen wackern Liebsten kriegte!

Erzähler:
Nun geht und sucht der alte Schlendrian,
wie er vor seine Tochter Liesgen
bald einen Mann verschaffen kann;
doch, Liesgen streuet heimlich aus:
Kein Freier komm mir in das Haus,
er hab es mir denn selbst versprochen
und rück es auch der Ehestiftung ein,
dass mir erlaubet möge sein,
den Coffee, wenn ich will, zu kochen.

Chor:
Die Katze lässt das Mausen nicht,
die Jungfern bleiben Coffeeschwestern.
Die Mutter liebt den Coffeebrauch,
die Großmama trank solchen auch,
wer will nun auf die Töchter lästern!

Während Anna Magdalena zunehmend fröhlicher wurde, sich die kleine Elisabeth zu einem munteren frechen Mädchen entwickelte und der kleine Christoph nach wie vor alle mit seiner Lebensfreude ansteckte, verbiss sich Sebastian mehr und mehr in Auseinandersetzungen mit dem neuen jungen Rektor der Schule. Ernesti war erst siebenundzwanzig Jahre alt. Er verfügte zwar über den Starrsinn der Ernestis – nicht aber über die Erfahrungen des Älteren, der es verstanden hatte, mit dem Rat der Stadt zu verhandeln und so die Forderungen Bachs durchzusetzen. Sollte die kurze Zeit mit dem Rektor Gesner die einzig friedliche im Hause gewesen sein? Anna Magdalena war es leid, mit Magenschmerzen durchs Haus zu gehen, weil sie befürchten musste, auf die aufgebrachte Frau des Rektors zu stoßen, wenn sich ihre Männer noch nicht versöhnlich gezeigt hatten. Und das konnte lange dauern.

Glücklicherweise kam seit kurzem ein kompetenter Theologiestudent mehrmals wöchentlich, um die Bach'schen Kinder zu unterrichten. So war Sebastian zumindest von dieser Aufgabe befreit. Anna Magdalena war froh, dass nun, da die großen Söhne aus dem Haus waren, auch ihre heranwachsenden Kinder gesondert Unterricht erhielten. Gottfried gab sich in allem zwar Mühe, aber seine Fortschritte waren natürlich nicht mit denen der anderen zu vergleichen. Auch Elisabeth war voller Schwung bei der Sache. Der Ehrgeiz hatte sie gepackt, schließlich waren keine älteren Brüder mehr da, die über sie lächelten. Mit ihrem gescheiten Kopf zeigte sie allen in der Familie, dass sie auch einmal in die Fußstapfen der erwachsenen Bach-Söhne treten konnte!

Unlängst hatte Frau Gottsched angefragt, ob sie bei Bach Klavierunterricht erhalten könne, wozu Bach sich gerne bereit erklärt hatte. Doch als sie zur ersten Stunde eintraf, war Bach gar nicht da. Er hatte den Unterricht eigenmächtig an den jungen Ludwig Krebs abgegeben. Sicher war Sebastian mit Ludwigs Aushilfe immer zufrieden gewesen. Er brauchte die begabten Schüler und Studenten, damit sie ihn vertreten konnten. Aber die bekannten Leipziger Persönlichkeiten hatte er doch sonst persönlich unterwiesen …

»Aber Sebastian«, meinte Anna Magdalena mit einem leichten Vorwurf in der Stimme, »ihr Mann, der Professor Gottsched, genießt hohes Ansehen … Beide haben sich um die Literatur verdient gemacht. Warum unterrichtest du sie nicht selbst? Sie ist doch auch eine so gebildete Frau.«

»Was hat es mit Musik zu tun, dass jemand angesehen ist?«, gab er brummig zurück.

»Es würde uns allen guttun, wenn du die Frau unterrichten würdest. Du kennst unsere Situation doch am besten«, beharrte sie. Doch für Sebastian war es ein Gräuel, eine Frau zu unterrichten, die sich nicht voll und ganz der Musik verschrieben hatte, sondern nur »nett spielen« wollte, um bewundert zu werden.

Anna Magdalena wusste genau, dass Sebastian verstanden hatte, was sie meinte. Deshalb setzte sie nach: »Du weißt so gut wie ich, dass die Gottsched den Anfang macht und dann allerhand andere Frauen aus gutem Hause kämen. Bei jeder Überstunde läge das Geld im Voraus auf dem Tisch, und bestimmt ließen sich diese Damen nicht lumpen und würden den Betrag noch aufrunden.«

So wie es immer mehr zu Sebastians Eigenart wurde, wenn er sich mit irgendwelchen Dingen nicht befassen wollte, brummelte er vor sich hin. »Es gibt Wichtigeres zu tun.« Und weg war er.

Dorothea hatte alles mit angehört. Ihr hatte das Herz geklopft, als die vornehme Frau Gottsched ins Haus getreten war. Dorothea bewunderte diese gebildete und geachtete Dame.

»Ich verstehe Vater nicht. Er unterrichtet doch auch die Unbegabten aus reichem Haus«, sagte sie zu Anna Magdalena. »Um die Gottsched scharen sich alle Frauen, die dichten und schreiben.«

Anna Magdalena kannte ihre Stieftochter gut genug um zu wissen, dass diese nur allzu gerne eine der Frauen gewesen wäre, die im Hause Gottsched ein und ausgingen. Sie kannte aber auch die tatsächlichen Verhältnisse dort und meinte: »Du überschätzt die Macht der Gottsched. Einzig von ihrem einflussreichen Mann wollen die Frauen Anerkennung haben. Wen er aus dem Staub hebt, der darf sich Dichterin nennen. Wen er belächelt, fährt in die Grube. Und dabei, meine Liebste, führt er sich auf wie die Großgrundbesitzer, die sich alles nehmen, was sie wollen.« Sie zog Dorothea neben sich auf das Kanapee: »Du bist mein kostbarstes Kleinod. Alle unsere Kinder hörten von dir die poetischsten Worte über Liebe und Glauben, wie es keine Dichterin besser schreiben könnte. Wer braucht schon Gottsched? Wer braucht ein anderes Urteil als das des einen Gottes?« Und nach einer kurzen Pause, in der sie dem knisternden Kaminfeuer zu lauschen schien, sprach sie wie zu sich selbst: »Einmal, ich bin mir sicher, wirst du eine schönere Krone tragen als dieser Herr Professor.«

Elisabeth, die dem Gespräch aufmerksam zugehört hatte, legte ihr Stickzeug beiseite und rief aus: »Ich weiß jedenfalls, was ich will!«

»Und was willst du?«

»Heiraten und Kaffeetrinken.«

Alle lachten.

»Ich wette, das hätte Friedelena sofort aufgeschrieben«, schmunzelte Dorothea und seufzte: »Liesgen, bei mir hat das Glück nicht an die Tür geklopft. Ich glaube, ich wurde einfach vergessen. Aber bei dir kleinem Spatz wird es anders sein. Wir machen dich schön und du lernst fleißig. Und dann, dann nur der Schönste und Edelste!«

»Nur so einen wie Vater«, bekräftigte Elisabeth.

Anna Magdalena nahm sich vor, ihren Mann bei nächster Gelegenheit mit dieser Szene seiner Tochter aufzumuntern. Auch wenn sie sicher war: In einigen Jahren würde Elisabeth anders denken …

Zwei Jahre nach dem Tod des Säuglings wurde Johann geboren. Anna Magdalena schaffte es gerade noch, vom Garten nach Hause zu kommen.

»Du holst mir Sybilla!«, befahl Anna Magdalena Gottfried eindringlich. »Du gehst nicht mit mir nach Hause, sondern holst Sybilla und Frau Bose.« Gottfried war völlig außer sich vor Furcht, denn er sah die Schweißperlen auf der Stirn seiner Mutter. Außerdem hatte sie noch immer die Hacke, die doch eigentlich in den Garten gehörte, in der Hand. Alle paar Meter blieb sie stehen und klammerte sich daran fest. In seiner Einfalt dachte Gottfried, dass seine Mutter vielleicht stürbe. Als er bei Boses ankam, war er in Tränen aufgelöst. Die Familie empfing ihn warmherzig wie immer und fragte, warum er weine. Da fiel es ihm wieder ein: »Ihr sollt zu Mutter kommen, ganz schnell. Sie kann die Hacke nicht loslassen.«

Boses schauten sich verdutzt an. Dann schrie Sybilla: »Das Kind, Mutter, das Kind kommt!« Sie rannten los. Gottfried begriff: Er würde wieder ein Geschwisterchen bekommen.

Dorothea war untröstlich, dass sie nicht im Haus gewesen war, als ihre Mutter entbunden hatte.

»Aber es ist doch gut, dass du und Elisabeth mit Christoph draußen wart. Es ging alles so schnell. Nicht einmal die Hebamme konnten wir benachrichtigen.« Und zu den Helferinnen gewandt sagte Anna Magdalena: »Das ist wohl ein Geheimrezept: Arbeite im Garten, dann kommt das Kind von allein.«

Alle freuten sich, wieder einen kleinen Schreihals beruhigen und den Gästen vorführen zu können. Sybilla, die auch die Nabelschnur durchtrennt hatte, hielt den kleinen pummeligen Johann schließlich als Patin über das Taufbecken.

Dorothea erklärte Elisabeth am Abend kurz vorm Einschlafen, dass ihr Vater von ihrer leiblichen Mutter sieben Kinder hatte. »Doch davon leben nur noch vier.«

Elisabeth dachte nach. »Also die Großen: Friedemann, Emanuel und Bernhard … und du Dorothea!« »Ja, ich bin die Älteste. Das erste Kind. Und nun überleg mal: Deine Mutter hat heute ihr elftes Kind zur Welt gebracht. Und wie viele seid ihr noch?«

»Gottfried, ich, Christoph und ab heute Johann.«

»Richtig. Vier von den elf leben.«

Erschrocken über die Worte drückte sich Elisabeth an ihre

große Schwester. Diese streichelte ihr über das dicke Haar und sagte: »Wir werden Johann hüten, nicht wahr?«

»Ja«, sagte Elisabeth, »so wie wir Christoph gehütet haben ... und ihm endlich beigebracht haben, dass er nicht mehr in die Hose macht.«

Anna Magdalena fragte sich, worüber Sebastian sich wohl mehr freute: über die Geburt des jüngsten gesunden Kindes oder über seine Ernennung zum *»königlich polnischen und kurfürstlichen sächsischen Hofkompositeur«*. Das brachte zwar nicht mehr Geld in die Haushaltskasse, aber es war die Form von offizieller Anerkennung, nach der sich ihr Mann sehnte. Sebastian hoffte, dadurch auch mehr Achtung in der Stadt zu erlangen – aber man wollte in ihm nicht mehr als den Thomaskantor sehen. Einen, der sich duckte und brave, kurze Kantaten zur Predigt aufführte, ohne gute Musiker zu benötigen.

Eine große Hilfe war es für Sebastian, dass sie angefangen hatten einem Studenten Unterkunft und Verpflegung zur Verfügung zu stellen. Dafür sollte er die Kinder unterrichten und Sebastian zur Hand gehen. Es war für ihn schnell selbstverständlich geworden, dass er sich im privaten Musikunterricht bei seinen Schülern vertreten ließ, der junge Mann ihn an der Orgel ersetzen konnte und zusätzlich noch einiges an Korrespondenz sauber für ihn erledigte. Doch nicht nur Sebastian hatte sich an den Hauslehrer gewöhnt, auch die Kinder liebten den klugen, einfühlsamen jungen Mann. Dieser aber hatte noch andere Lebenspläne. Und so bat er schon nach einem halben Jahr um ein Zeugnis über seine Dienste im Hause Bach.

Seit der Lehrer fort war, wusste Sebastian nicht mehr, wo er am nötigsten gebraucht wurde. Der geistig zurückgebliebene Gottfried musste unterrichtet werden, seinen Schülern musste er viel mehr Aufmerksamkeit schenken, musste sie beaufsichtigen – und bei aller Arbeit reichte das Geld hinten und vorne nicht. Mittlerweile war er froh über jede Beerdigung, an der er mit einigen Jungen singen konnte, wofür er stets ein paar Pfennige erhielt.

Obwohl die großen Söhne aus dem Haus waren, ging es zu wie in einem Taubenschlag. Fast jeden Abend waren Gäste zugegen, die zwar von Anna Magdalena herzlich aufgenommen wurden, jedoch auch immer auf ihn, den Thomaskantor, warteten. Oft fühlte er sich zerrissen, zumal er persönlich nur ein Ziel hatte: Er musste dringend nach Zeitz reisen, um sich mit dem dortigen Schlosskantor Schemelli zu treffen, denn sie planten ein gemeinsames Kirchengesangbuch, das bis Ostern fertiggestellt sein sollte. Sebastian, der das Genie besaß, eine Kupferdruckplatte ohne Vorlage seitenverkehrt für die Drucklegung mit dem Liedgut zu beschriften, hatte alle Hände voll zu tun. Es war ihm nicht nur wichtig, die Bücher einer breiten Öffentlichkeit zugänglich zu machen, ihm schwebte vor allem der vollendete Vortrag vor. Anna Magdalena sah seinen Eifer, mit dem er den Thomanerchor antrieb, das Liedgut perfekt einzustudieren. Und das bedeutete neuen Ärger, denn Sebastians Vorgesetzte hielten überhaupt nichts davon, den Gesangsunterricht der Schüler dermaßen aufzubauschen.

»Es ist die Ehre Gottes, die sie untergraben«, klagte er seiner Frau. Und schon bald sagte er es allen, ob sie es hören wollten oder nicht: Keiner würde den Gesang der Knaben ausreichend hochhalten. Man gäbe ihm zu wenig Zeit und Mittel, die Knaben richtig zu unterweisen. Er solle zur Ehre Gottes musizieren, aber diese sei gerade den Großmäulern nichts wert. Umso widerwilliger unterrichtete er die Schüler in den anderen Fächern, zumal nur wenige von ihnen ernsthaft lernten und selbstständig übten.

Die wunderbaren Lieder begleiteten Sebastian von morgens bis abends, und fand er endlich zu später Stunde die notwendige Zeit und Stille, sich ihnen intensiv zu widmen, so konnte er oft nicht mehr gut sehen. Starke Kopfschmerzen hämmerten gegen die zarten Töne an – da nützte es leider wenig, dass seine Frau die Notenlinien so kunstvoll gezogen hatte; in den Abendstunden war die Kraft seiner Augen erschöpft. Die Feder verfehlte die richtige Zeile, weil sich die Tintenstriche vor seinen Augen verformten. Die Linie wurde zu einer Wasserlinie, in die der Wind seine Wellen blies. Er brauchte Hilfe. Seiner Frau konnte er die Arbeit am Abend nicht mehr zumuten, da sie die Kinder versorgen musste und sich dann um Gäste kümmerte. Außerdem war seine Anna Magdalena wieder hochschwanger. Es würde nicht mehr lange dauern.

Die Hilfe kam im Jahr 1737 und blieb fünf Jahre. Alle freuten sich, denn es war kein Unbekannter. Sebastians Vetter Elias zog zur Familie Bach. Er hatte sein Studium der Theologie aus Geldnot unterbrechen müssen, denn da sein Vater, ein angesehener Kantor in Schweinfurt, gestorben war, musste er nun auch die Mutter versorgen. Sie hatten ausgerechnet, dass er zwei Jahre sparen musste, um sein Studium fortsetzen zu können. Anschließend könnte er bei der Familie wohnen bleiben und die Kinder neben dem Studium weiterhin unterrichten.

Elias Bach war fast so alt wie Dorothea. Deshalb scherzte Sebastian: »Ein Sohn zieht in mein Haus. Ein wohlgeratener Sohn, ohne dass ich ihn je ermahnen musste.«

Bei Elias' Anblick erinnerte sich Gottfried plötzlich wieder an seinen ersten Versuch, wie die Großen an der Pfeife zu ziehen. Ja, das war ihm noch im Gedächtnis geblieben. »Ich rauche nie wieder – weder mit Elias noch mit sonst irgendjemand«, versprach er seinen Eltern. Vor allem fürchtete er sich davor, dass es ihm noch einmal so schlecht erginge.

Auch Anna Magdalena war jener Tag in Erinnerung geblieben – allerdings aus einem anderen Grund. Sie dachte an den Kuss, den sie im Spiel verschenken wollte, der dann aber ein Kuss war und blieb. So wie eine Blume eine Blume war und ein

Lied ein Lied. Sie hatte sich auferlegt, so zu tun, als sei nichts gewesen. Das war wohl das Beste. Elias war es hingegen anders ergangen. Hatte er zuvor Anna Magdalena bewundert und gemocht, so war er nach dem Kuss ein anderer Mensch geworden und Anna Magdalena die begehrenswerteste aller Frauen. Noch Wochen nach dem Familienfest hatte es ihn viel Mühe und seelischen Schmerz gekostet, seine leidenschaftlichen Gefühle in Schranken zu halten. Und sein Herz brannte immer noch. Er nannte Sebastian wie früher »Gevatter Bach«. Dieser Mann, mit dem Anna Magdalena das Bett teilte, war es nun, der sich nach dem Tod des Vaters um seine Familie sorgte.

Als Elias ihm dafür dankte, meinte Sebastian nur: »Auch ich musste schon als kleiner Bub ohne Vater auskommen. Da weiß man, wie wichtig Brüder und die Verwandtschaft sind. Wer sollte einem sonst den Glauben nähren, dass auch der Vater im Himmel seine Hände über uns hält?«

Mit Bach war alles ganz unkompliziert. Er hätte tatsächlich sein Vater sein können, und verwandt waren sie auch. Aber Anna Magdalena war nur sechs Jahre älter als Elias. Sie hätten Geschwister sein können. Elias wurde noch mehr bewusst, dass er sie am liebsten selbst zur Frau genommen hätte. Er hätte sich so gerne Anna Magdalena gegenüber wie ein Freund verhalten und sie mit ihrem schönen Namen angesprochen. Ach, er hätte ihr so gerne bei Tag und Nacht den Hof gemacht. Aber er würde sich hüten, denn er wollte sie ja nicht in Schwierigkeiten bringen. Schließlich konnte sie nichts dafür, dass er immerzu an sie denken musste. Er dachte an den Kuss, der schon viele Jahre zurücklag. Auch sie hatte ihn danach so erschrocken angeschaut. Sie hatten beide nicht damit gerechnet, was im Spiel geschehen war. »Sie hat es gewiss vergessen«, dachte Elias.

»Kommst du mit uns in den Garten, frisches Gemüse holen?«, forderte Anna Magdalena den träumenden Elias auf.

»Aber ja, gerne!« Und sie gingen los. Mit zwei Eimern und

vier Messern, denn die Kinder wollten mithelfen. Sie lachten und hatten ihre helle Freude daran, die Rüben aus der Erde zu ziehen und den Salat zu ernten.

»Wie schön sie ist und wie viel Scherze sie über die kleinsten Dinge macht«, ging es Elias durch den Sinn. Und Anna Magdalena dachte so etwas Ähnliches: »Es macht unglaublich viel Spaß, mit ihm zusammen zu sein.« Zuvor war ihr nie in den Sinn gekommen einen Hauslehrer mit in ihren Garten zu nehmen. Sie entschuldigte sich in Gedanken damit, dass Elias ja praktisch zur Familie gehörte. Und um allem anderen ein Ende zu bereiten, fragte sie Elias: »Möchtest du zu mir Muhme sagen, so wie du Sebastian schon lange Gevatter nennst?«

Elias konnte nicht gleich reagieren. »Muhme« hatte sie gesagt? Er sah sie an und da sah er die Verzweiflung in ihrem Blick. Anna Magdalena bat ihn um einen Gefallen. Sie hatte also auch Schwierigkeiten, mit seiner Gegenwart klarzukommen.

»Ich soll dich also Muhme nennen?«

»Ja, das wäre mir das Liebste«, gestand Anna Magdalena, und nur ihre plötzlichen Tränen verrieten ihm, dass sie ihre Gefühle genauso begraben würde wie er.

»Aber nur, wenn ich »liebste« Muhme sagen darf«, scherzte er um Anna Magdalena zu erheitern. Und er fügte hinzu: »Ich habe nämlich auch noch eine echte Muhme, und die Zeit mit dir wollte ich nicht gegen sie eintauschen.«

Anna Magdalena war erleichtert und glücklich. So sollte doch noch alles ins Lot kommen können. Ihr war jetzt erst bewusst geworden, dass es eine große Last war, für einen andern Mann mehr zu empfinden als sich schickte.

Der begabte junge Mann war der ideale Lehrer für die Kinder. Und Sebastian hatte endlich wieder einen Privatsekretär. Doch noch mehr als alle Anforderungen, die an ihn gestellt wurden, gab Elias der Familie, was niemand kaufen und bezahlen kann:

seine liebevolle und treue Freundschaft jedem gegenüber, der zur Familie Bach und seiner verehrten Bachin gehörte. Für Kost und Logis war er 16 Stunden täglich für die Familie da.

Dorothea freute sich, so nette gleichaltrige Gesellschaft zu bekommen. Und auch Anna Magdalena war erstaunt, wie liebevoll der Junge war. Aber was hieß da Junge! Elias war nur sechs Jahre jünger als sie. Und er war ja auch schon dreißig. Ohne je ein Wort darüber zu verlieren, wusste Elias, dass er in seinem Leben nur eine Frau lieben würde: die Sängerin und Mutter Anna Magdalena, die Frau seines Vetters. Für ihn war sie eine Fürstin, denn ihr Gang war so aufrecht und fröhlich, dass einem leicht ums Herz wurde. Wenn sie sang, wünschte er sich zu sterben, denn so stellte er sich den Himmel vor. Ihr Haar war wie flüssiges Erz. Es schimmerte so hell, dass es aussah, als flösse es über die Schultern, obwohl es tagsüber mit vielen Spangen auf dem Kopf festgehalten wurde. Elias war stets glücklich, wenn Anna Magdalena in seiner Nähe war. Und nun hatte es das Schicksal so gefügt, dass er einige Jahre mit ihr unter einem Dach leben durfte …

Die anderen sahen nur dies: Elias hatte Anna Magdalena vom ersten Augenblick an in sein Herz geschlossen. Dieser seiner »lieben Muhme« las er alle Wünsche von den Augen ab. Er sah, dass sie müde war, und verstand nicht, weshalb sie sich dennoch keine Ruhe gönnte.

Anna Magdalena verwirrte die Aufmerksamkeit, die Elias ihr entgegenbrachte. Als sie kurz vor der Niederkunft war, bat er sie wieder und wieder, ihm Aufgaben zu übertragen, damit sie ruhen könne. So etwas hatten sonst nur Dorothea und früher Friedelena zu ihr gesagt. Es war immer selbstverständlich gewesen, dass sie sich nur zur Entbindung ins Bett legte. Doch dieser rücksichtsvolle Mann hatte sie sogar dazu angestiftet, selbst auch einmal mit den Kindern auf die Promenade zu gehen, damit sie an die frische Luft käme. Als Carolina geboren wurde, brachte ihr Elias einen großen Strauß Blumen, den er selbst gepflückt hatte. Anna Magdalena freute sich von Herzen darüber, denn sie hatte noch nie ein Geschenk zur Geburt bekommen – ein Geschenk nur für sich, nicht für das Neugeborene.

Als sie später in der Thomaskirche am Taufstein standen, war Anna Magdalena glücklich: Picanders Frau und eine Bose-Tochter waren Patinnen. Sebastian hatte sich aufrichtig über die Geburt seiner Tochter gefreut, obwohl ihm ein Sohn sicher lieber gewesen wäre. Elias aber wurde nicht müde zu wiederholen: »Schaut doch nur, wie schön die kleine Carolina ist!«

Anna Magdalena betrachtete ihr Kind noch einmal genau und lächelte: »Aber so sehen Neugeborene doch immer aus, Elias. Sie sind, als kämen sie gerade aus dem Paradies.« Anna Magdalena fühlte sich an diesem Tag wie eine Königin. Wie reich sie war. Um sie war ihre glückliche Familie versammelt und viele Freunde. Und die kleine Carolina schaute schon mit offenen Augen in ihre Welt.

Während sich die kleinen Kinder gut entwickelten, hatten die Eheleute oft große Sorgen um Friedemann und Bernhard, die es noch nicht gelernt hatten, ohne die ordnende Hand des Vaters zu leben. Friedemann vergnügte sich nach wie vor öffentlich mit Alkohol und Frauen, was ihm einen sehr schlechten Ruf einbrachte. Anna Magdalena, die es gewohnt war, dass er schwieriger war als die anderen Kinder, sah ihm vieles nach. Schließlich hatte sie schon früher Verständnis für sein Temperament aufgebracht. Waren Messen in der Stadt gewesen, hatte er weder seiner Kauflust noch den Trinkgelagen widerstehen können. Doch nun merkte sie, dass dies nicht mit seiner Jugend und dem Temperament zu erklären war, vielmehr schien sein Charakter nicht gefestigt zu sein. Sebastian und sie litten sehr darunter, denn sie sahen die Begabung des Sohnes.

Mit Bernhard ging es nicht anders. Er hatte sich seine Anstellung in Sangerhausen verwirkt. Die Kirche bescheinigte ihm eine »*wenig civilisirte Lebens-Arth*«. Außerdem hatte er sich schon so viel Geld zusammengeborgt, ohne zu wissen, wie er es jemals zurückzahlen konnte, dass er es vorzog unterzutauchen. Anna Magdalena war voller Sorge, bangte gar um sein Leben – nein, sie wollte nicht noch ein Kind verlieren. Dem Vater blieb nichts anderes übrig, als nach Sangerhausen zu schreiben, um die Dienstherren in seine väterliche Sorge einzubinden:

»Waß soll ich mehr sagen oder thun? Da keine Vermahnung, ja gar keine liebreiche Vorsorge und assistence mehr zureichen will, so muss mein Creütz in Gedult tragen, meinen ungerathenen Sohn aber lediglich Göttlicher Barmherzigkeit überlassen, nicht zweifelnd, dieselbe werde mein wehmüthiges Flehn erhören, und endlich nach seinem heiligen Willen an selbigem arbeiten, dass er lerne erkennen, wie die Bekehrung einig und allein Göttlicher Güte zuzuschreiben.«

Die Eheleute warteten auf ein Lebenszeichen. Sie konnten Bernhard nicht einmal die Nachricht von Carolinas Geburt übermitteln, da sie nicht wussten, wo er sich aufhielt. Zur großen Erleichterung der Eltern war der dritte Sohn, Emanuel, ruhiger als seine Brüder und konnte als 24-Jähriger beim Kronprinzen Friedrich von Preußen als Cembalist anfangen. Er war ein guter und fleißiger Tastenspieler geworden. Als Linkshänder hatte er sich nicht so sehr mit den Streichinstrumenten befasst. Emanuel besaß beides: Begabung und einen festen Charakter. Als er das Elternhaus verließ und nach Berlin aufbrach, begann er sein Leben selbstständig zu gestalten. Zufrieden und auch ein bisschen stolz verfolgte Anna Magdalena Emanuels vielversprechende Laufbahn. An ihm merkte sie, dass ihre liebevolle Erziehung Frucht getragen hatte.

»Wir müssen vom Gleichnis aus der Bibel lernen.«

Sebastian verstand nicht, was seine Frau von ihm wollte. Er war noch nicht einmal ins Haus getreten, und schon redete sie auf ihn ein. Anna Magdalena verstellte ihm die Tür. Sie wolle erst draußen mit ihm sprechen, gab sie zu verstehen, ob seine Zeit dränge oder nicht.

»Mach keine langen Reden«, sagte er barsch, »ich hab noch so viel zu tun. Außerdem brummt mein Kopf.«

Doch sie sagte ruhig und ernst: »Erst erzähle mir, wie der Vater mit den zwei Söhnen seinen ›verlorenen Sohn‹ empfangen hat!«

»Ist Bernhard heimgekehrt?«

Sebastian hatte nicht geantwortet, sondern nur gehofft, Bernhard sei nun endlich da. Sofort wollte er an seiner Frau vorbei ins Haus treten. Er freute sich. Er freute sich sogar viel mehr, als sich der Vater in der Geschichte vom verlorenen Sohn hätte freuen können! Aber Anna Magdalena stand wie ein Fels vor ihm und kümmerte sich wenig um seine Ungeduld.

»Und wie …«, fragte sie, »wie hätte der Vater wohl seinen Sohn aufgenommen, wenn er nur nach Hause gekommen wäre, um in Frieden sterben zu können?«

Sebastian begriff nun, ganz langsam, ohne nachfragen zu müssen, was seine Frau meinte. Als Anna Magdalena sah, dass er verstanden hatte, hielt sie ihn fest. Und sie konnte ihn noch immer halten, als seine Füße nachgaben und sein ganzes Gewicht auf ihr lag. Elias und der junge Mann, der zusammen mit Bernhard von Jena nach Leipzig gekommen war, halfen, Sebastian ins Haus und die Treppen hoch zu geleiten.

Bernhards »Freund« sah aus wie ein Lumpensack, in dem Knochen und ein schmutziger Kopf steckten. Er hatte Bernhard mehr getragen, als dass er ihn begleitet hätte. Das Geld für die Kutschfahrt war er dem Kutscher schuldig geblieben, hatte diesem sogar gedroht, dass er sein Messer zu spüren bekäme, sollte er auf die Idee kommen, sie schon unterwegs aus dem Wagen zu werfen. Bernhard war nicht mehr bei Bewusstsein. Das Fieber hatte ihn entstellt. Die Lippen waren aufgerissen, in seinen Augenwimpern hing der Eiter, und seine sonst so fülligen Haare waren zu zottigen Büscheln geworden. Seit ihrer Ankunft klebte Bernhards Begleiter an Anna Magdalena.

Sie ekelte sich so sehr vor diesem stinkenden Mann, dass sie ihm endlich befahl: »Du seifst dich vom Scheitel bis zur Sohle ein. Dorothea wird dir einen Rock von meinem Mann geben, bis deine Kleider gewaschen und getrocknet sind.« Dann begannen die Eltern, ihren kranken Sohn auszuziehen. Vorsichtig wusch Anna Magdalena Bernhard mit warmem Seifenwasser. Der ausgemergelte Körper war übersät mit blauen Flecken und Flohbissen. Von alldem spürte Bernhard nichts. Selbst als sie ihn in das andere Bett hoben, um ihn auf frische Laken zu legen, öffnete er nicht einmal die Augen.

»Er ist nicht mehr in dieser Welt«, flüsterte Anna Magdalena. Sie hatte ihre wertvolle Salbe geholt, um Bernhards Lippen und seine rissigen Hände einzucremen. Dabei sang sie seine Lieblingslieder wie damals, als er noch ein Kind war, während sie ihm auch die Füße massierte und ihm sanft über die Arme strich. Sebastian schluchzte so laut auf, dass Anna Magdalena befürchtete, sein Herz würde vor Kummer bersten. Da er vor dem Bett auf den Knien lag, bettete sie seinen Kopf in ihren Schoß, damit er seinem Schmerz freien Lauf lassen konnte. Das Fieber wich nicht. Kurz bevor Bernhard verstarb, schien er zu erkennen, wer an seinem Bett saß.

»Dorothea«, murmelte er. Und: »Vater«, und: »Elisabeth«, und: »Mein lieber kleiner Gottfried«, und »Christoph, der Goldjunge«, und mit seinem weichen Lächeln: »Muhme«.

Anna Magdalena unterdrückte ihre Tränen und hielt ihm die Kleinste entgegen: »Und das ist Carolina.«

Am 27. Mai 1739 trugen sie Bernhard mit erst vierundzwanzig Jahren zum Friedhof. Danach meldeten sie ihn in der Universität zu Jena ab, wo er sich hatte einschreiben lassen.

Sebastian bekämpfte seine Trauer um den verlorenen Sohn, indem er sich in die Musik stürzte. Bis zum frühen Morgen komponierte er neue Melodien, ohne dass ihn jemand darum gebeten hatte. Anna Magdalena wünschte sich Friedelena herbei. Die hätte bestimmt heftig geschimpft, ihn zurechtgewiesen, dass er, wenn er einmal im Bett läge, gefälligst nicht wieder aufstehen und die andern stören solle. Und sie hätte so lautstark um Bernhard getrauert, dass die ganze Familie aus ihrer Starre erwacht wäre.

Nur für Gottfried war es einfach: »Bernhard ist doch jetzt im Himmel und kann sogar mit den Engeln musizieren«, empörte er sich, sobald die anderen sich grämten, was Bernhard wohl hätte am Leben halten können. Gottfried war davon überzeugt, dass nun die Engel seinem großen Bruder helfen würden, glücklich zu werden. Und da es im Himmel genug Gold gäbe, hätte er immer genug und müsste nie wieder Schulden machen.

Ein Trost für Bach war es, dass Friedemann seinen Besuch in Leipzig ankündigte. Er wollte vier Wochen bleiben, um während der Zeit intensiv zu musizieren. Er bringe auch noch zwei weitere Musiker aus Dresden mit, schrieb er. Wie wohl tat es dem Vater, sich darauf zu freuen!

Elias bewährte sich als guter Geist der Familie. Seine stille, herzliche Art nahm den täglichen Problemen oft den Schrecken. Immer und überall packte er mit an. Als ihm eine besser bezahlte Stelle angeboten wurde, lehnte er ab. Höflich schrieb er zurück, dass er hier gebraucht würde. Vor allem die Kinder benötigten seinen regelmäßigen Unterricht. Er hatte sich so gut in Leipzig und im Hause Bach eingelebt, dass er in Abwesenheit von Anna Magdalena und Sebastian problemlos die Kontakte pflegen und alltägliche Aufgaben übernehmen konnte. Und er hatte nun auch den Mut, seine musikalische Begabung unter Beweis zu stellen. So vertrat er Sebastian ab und zu an der Orgel und schrieb seine ersten Kantaten zu Gottesdiensten. Bach lehrte ihn, was auch Elias' Vater bereits beherrscht hatte: die Fähigkeiten eines Kantors. So war es der Familie möglich, für einige Tage nach Weißenfels zu reisen.

Die Kinder vergnügten sich in Haus und Garten von Tante Johanna und ihrer Großmutter. Anna Magdalena nutzte die Gelegenheit, sich mit den Sängerinnen im Schloss zu treffen.

»Ach, Mutter, ich hatte schon ganz vergessen, wie gut es mir jedes Mal tut, wenn ich hier bin«, sagte sie, während sie an der offenen Flügeltür stand und tief die heimatliche Luft einatmete.

Ihre Mutter trat neben sie und legte ihre feingliedrige alte Hand auf den Arm ihrer jüngsten Tochter: »Mir tut ihr auch so gut. Am liebsten hätte ich dich und die Kinder viel öfter um mich, aber ich weiß ja, wie wichtig du für Sebastian in Leipzig bist und wie viel Arbeit du hast, damit dort alles reibungslos ablaufen kann.« Sie seufzte. »Na, auf jeden Fall werdet ihr mit einem guten Lohn nach Leipzig zurückkehren, denn wir haben es so gerichtet, dass ihr noch drei weitere Konzerte geben könnt.«

Als Anna Magdalena in Weißenfels nach langer Zeit wieder auf der Bühne stand und sang, spürte sie ihre Müdigkeit – und ihre Gedanken wanderten immer wieder zu den Kindern und der Mutter, die plötzlich so alt geworden war. Die Mutter klagte nie, obwohl sie ihre Füße täglich wickeln musste, und jedes Mal schien mehr Blut in den Binden zu hängen. Elisabeth hatte ihr einen Topf Fettsalbe überreicht, den die Familie mitgebracht hatte. Die Großmutter war begeistert und pries ihre Verwandten und ganz Leipzig wegen der Wundersalbe. Kein Tuch klebte mehr in den Wunden. Ohne Schmerzen ließen sie sich wieder entfernen …

Der Beifall, der plötzlich aufbrandete, brachte Anna Magdalena zurück in das Hier und Jetzt. Sie war im Schloss in Weißenfels und der Raum war bis auf den letzten Platz belegt, weil jeder sie gerne noch einmal hören wollte. Das Singen dieser Lieder war so selbstverständlich geworden. Doch in der Leipziger Stube erhielt sie keinen Applaus.

»Da steht ein Käfig mit einem Hänfling in der Stube!«, rief Gottfried auf seiner ersten Erkundungstour durchs Haus.

»Nee, nee, Brüderchen, ein Vogel mit braunem Schnabel und heller Brust ist kein Hänfling, sondern eindeutig ein Grünfink!«, stellte Elisabeth klar. Kaum zurück in Leipzig, und schon schnatterten die Kinder wieder wild durcheinander.

»Dann lasst mich mal sehen, welchen Vogel wir da haben und wem er gehört.« Anna Magdalena nahm sich der Sache an, was sie umso lieber tat, da sie sich jedes Mal aufs Neue an den zarten, bunten Federn und den schnellen Sprüngen der Sänger ergötzte.

»Tut mir leid, Liesgen, aber Gottfried hat Recht. Es *ist* ein Hänfling. Die Färbung ist allerdings etwas ungewöhnlich.«

»Aber wie kommt denn dieser Vogel hierher?«, wunderte sich Elisabeth und krauste ihre Stirn. Gottfried lief auf den Käfig zu. »Der muss doch hinausfliegen können!«

»Gottfried, du machst das Türchen nicht auf!«, stoppte ihn die Mutter schnell.

»Nein, nein, Gottfried macht die Tür nicht auf«, sagte der Junge und verschränkte seine Arme wie zur Bestätigung hinter seinem Rücken.

Woher Vogel und Käfig kamen, das konnte ihnen Elias erklären, als er nach Hause kam: »Der Hänfling, liebe Muhme, ist für dich. Es ist natürlich ein besonderer Vogel. Er wurde genauso im Gesang unterrichtet wie du einst. Er trällert länger und abwechslungsreicher als die Hänflinge, die du in Leipzig findest.« Nach einer kleinen Pause fügte er hinzu: »Seit über einem Jahr bemühe ich mich, einen so geschulten Sänger zu bekommen. Und gestern endlich wurde er mir aus Halle übermittelt.« Elias hatte es geahnt: Anna Magdalena freute sich wie ein Kind.

»Elias, wie kann ich dir nur danken?« Sie konnte nicht anders: Immer wieder nahm sie ihn in den Arm und küsste seine Hände. Stolz hütete sie den Gefiederten von nun an wie ihren kostbarsten Schatz. Ihr erster Gang am Morgen galt stets dem Sänger. Sie nahm das Tuch vom Käfig und beobachtete entzückt, wie vergnügt er schon im Käfig herumsprang. Nur sie durfte ihm das Futter reichen. Täglich berichtete sie Elias vom Befinden ihres Lieblings.

Der Hänfling trällerte nicht nur länger als seine Leipziger Artgenossen, er erfand sogar neue Melodien. Wenn in der Stube musiziert wurde, legte er sich so in seine kleine Brust, dass er manchmal aussah wie ein eitler Gockel. Dieser Hänfling sollte schließlich der Vater von mehreren Dutzend Hänflingen werden, denn Dorothea hatte es sich nicht nehmen lassen, ihrer Mutter ein Leipziger Weibchen zu besorgen. So galt Anna Magdalenas Aufmerksamkeit nicht mehr allein der Musik, dem Garten und ihrer Familie. Mehrmals am Tag ging sie mit klein geschnittenen, hart gekochten Eiern, Gerstenmehl, Vogelmiere, Beinwell, Gurke oder aufgesammelten Würmern und Mücken zu den Käfigen, wo sich die Hänflinge um das Futter zankten. Als Sebastian eines Tages nach Berlin zu seinem Sohn reiste, gab Anna Magdalena ihm einen gefiederten Sprössling mit, denn Emanuel war ebenfalls ein Vogelliebhaber, und in Berlin, darüber hatte er sich schon beklagt, waren solcherlei Stubensänger nicht anzutreffen.

Die Vogelzucht war jedoch nicht das Einzige, das Elias eingefädelt hatte. Als er von einem Besuch bei seiner Mutter aus Schweinfurt zurückkehrte, brachte er Anna Magdalena einen

Strauß gelber Nelken mit, eine neue Sorte, die in der Gegend gezüchtet wurde. Anna Magdalena war fasziniert von ihrem Duft, und zwei Mal täglich gab sie den Blumen frisches Wasser, damit sie lange frisch blieben.

»Elias, solche Nelken würde ich am liebsten auch in meinem Garten ziehen!«, schwärmte Anna Magdalena. Daraufhin schrieb Elias einen Brief an seinen Onkel, der gute Beziehungen zum Botaniker hatte, und mühte sich, einige Nelkenpflanzen für seine liebste Muhme zu bekommen. Als er nach drei Wochen noch immer keine Antwort erhalten hatte, wandte er sich an seine Mutter. Aber auch sie konnte ihrem Sohn hier nicht weiterhelfen. Schließlich schickte Elias noch ein Schreiben an seinen Schweinfurter Freund aus Kinderzeiten, der nun in Halle studierte: *»Bemühe dich redlich, denn meine liebste Muhme freut sich über die Pflanzen mehr als ein Kind über seine Weihnachtsgaben …«* Und dann traf sie ein: eine Lieferung von sechs Setzlingen. Elias war erleichtert, dass seine Bemühungen doch noch gefruchtet hatten.

Enttäuscht starrte Elisabeth auf die dürftigen Pflänzchen.

»Aber, Elisabeth – das ist doch nicht anders als sonst im Garten: Noch sind sie klein und grün. Aber warte das Frühjahr ab, dann wirst du dir eine duftende gelbe Blume ans Kleid stecken können und Sybilla und ihre Schwestern auch!«

Gottfried bekam den Auftrag, die Pflanzen jeden Abend mit lauwarmem Wasser zu gießen. Über den Winter wurden die Setzlinge sorgfältig abgedeckt, damit sie nicht erfrieren sollten. Als der Frühling den Boden erwärmte, schlugen die Pflanzen aus und zeigten die ersten Knospenansätze.

»Sie sind gelungen, Elias, wir werden nun auch hier in Leipzig mit gelben Nelken aufwarten können!« Anna Magdalena strahlte übers ganze Gesicht, als sie Elias die frohe Botschaft aus dem Garten direkt an die Orgel mitbrachte. »Nun kann ich nicht nur unsere Gäste mit dem Duft verwöhnen, sondern wir Frauen werden uns die Blume auch an den Busen heften.«

»Der Duft der gelben Nelke steht den Rosen wahrlich in nichts nach. Doch …«, Elias räusperte sich, er konnte nicht anders, er musste es aussprechen, »doch keiner Frau stehen Duft und Blume so gut wie dir.«

Anna Magdalena wurde rot und beeilte sich, die Kirche zu verlassen.

Am Abend wollte Gottfried von Elias wissen, warum gerade in Schweinfurt Blumen gezüchtet wurden und wie dort ein Garten aussah. Die Kinder begeisterten sich allesamt für die Natur, und Christoph überlegte sogar, ob er nicht Gärtner werden sollte. Er versprach Gottfried, er werde ihn dann bestimmt mitnehmen.

»Du und ich, wir beide hätten bestimmt die allerschönsten Nelken«, jubelte Gottfried.

»Und wohnen könntet ihr in meinem Elternhaus«, unterstützte Elias die Zukunftspläne der Jungen, obwohl er ahnte, dass aus Christoph kein Gärtner, sondern ein Musiker werden und Gottfried seinen Wunsch sicher wieder vergessen würde. Elias erzählte von den Südhängen um Schweinfurt, auf denen im Frühjahr der himmelblaue Enzian wuchs: »Diese Pflanze ist vom strahlendsten, intensivsten Blau, das ich je sah. Noch leuchtender als die Kornblumen in den Feldern …« Da bemerkte er, wie auch Anna Magdalenas Augen zu leuchten begannen. Und er konnte sich denken, was sie ihn bald darauf fragen würde.

»Elias,« sprach sie einige Tage später, »mir geht das Blau, von dem du neulich so begeistert erzähltest, nicht mehr aus dem Sinn. Könntest du mir diese wunderschönen himmelblauen Nelken besorgen?«

»Enzian, meine Liebe, himmelblauen Enzian.« Und am liebsten hätte er hinzugefügt: Himmelblau wie deine wunderbaren Augen …

Als Sebastian nach Berlin reiste, hatte sich Anna Magdalena schon verdächtig schwach gefühlt. Nun aber gab es keinen

Zweifel mehr: Sie war wieder schwanger. Nach der letzten Geburt hatte ihre Blutung ein Jahr ausgesetzt, dann war sie noch einmal schwanger geworden, hatte die Frucht jedoch nach wenigen Wochen wieder verloren. Sie hatte gehofft, ihre fruchtbare Zeit wäre nun vorüber. Aber jeder neue Morgen, an dem ihr beim Kochen der Milchsuppe übel wurde, zeigte ihr, dass sie sich in trügerischer Sicherheit gewähnt hatte. Sie musste sich aber nicht nur erbrechen; Anna Magdalena fühlte sich insgesamt von Tag zu Tag kraftloser.

»Mama, deine Augen sind nicht weiß, sondern gelb mit Flecken«, meinte Elisabeth und fing an zu weinen. Ihre Mutter versuchte sie zu beruhigen, aber sie sah es selbst – auch an ihren Armen: Ihre Haut färbte sich wie ein Blatt im Herbst. Elias, der Sebastian vertreten musste, war immer wieder bestürzt, wenn er ins Haus zurückkam und bemerkte, dass es noch schlimmer geworden war. Anna Magdalena ging von Tag zu Tag langsamer. Sie aß langsamer. Selbst am Klavier bewegten sich ihre Finger langsamer, bis beide Hände auf den Tasten ruhten. Fürsorglich umfasste Dorothea die schmalen Schultern ihrer Stiefmutter und führte sie vor sich her zu ihrem Bett. In ihren Kissen lag Anna Magdalena schließlich so regungslos, dass die Kleinsten schon fürchteten, sie wäre für immer eingeschlafen.

Elias war voller Sorge und beschloss, einen Brief nach Berlin zu schreiben, um den werten Gevatter Bach nach Hause zu bitten. Als Bach nicht kam, sondern seine Reise sogar verlängerte, schrieb er ein zweites Mal. Er flehte den Thomaskantor an, doch endlich zu reagieren, seine Frau liege auf Leben und Tod.

»… so viel Schmerzen empfinden wir gleichwohl über die zunehmende Schwachheit unserer Hochwerthesten Fr Mamma, indem die selbe schon seither 14 Tagen nicht eine einzige Nacht nur eine Stunde Ruhe gehabet, und weder sitzen noch liegen kan, so gar, dass man mich in der vergangenen Nacht geruffen und wir

nicht anders meynten, wir würden sie zu unserem größten Leidwesen gar verlieren ...«

Bach reagierte auch auf diesen Brief nicht und ließ seine Familie in Leipzig mit ihrem Kummer allein. Elias hätte am liebsten einen Freund nach Berlin geschickt, um Abhilfe zu schaffen, doch Dorothea trieb ihm sein Ansinnen aus und sagte nur: »Als meine Mutter starb, war er auch auf Reisen. Unser Bitten hat damals auch nichts genützt.«

Die Kinder fürchteten, ihre Mutter zu verlieren, und da Elias ebenfalls Angst um Anna Magdalena hatte – keinen Bissen bekam er mehr hinunter –, war selbst er keine wahre Stütze. Er half Dorothea zwar, wo immer es ging, damit sie ständig bei der Mutter sein konnte, aber hinter seinen tröstenden Worten, die er an die Kinder richtete, spürten sie eine ungewohnte Traurigkeit.

Die vierjährige Carolina legte sich neben ihre Mutter. »Ich stehe erst auf, wenn Mama wieder aufsteht.« Elisabeth schaffte es aber, das Mädchen zu locken, indem sie ihm eine süße heiße Schokolade versprach.

»O bitte, geht ruhig. Das ist eine wunderbare Idee, Elisabeth. Macht einen kleinen Ausflug ins Coffi Haus«, Anna Magdalena lächelte ihre beiden Töchter an. »Nehmt genug Geld mit, und sucht euch den schönsten Tisch aus.«

Als Elisabeth und Carolina begeistert die Treppe herunterpolterten und von dem Wunsch ihrer Mutter berichteten, zögerte Dorothea, ob sie oder Elias bei der Kranken bleiben sollte. Doch Anna Magdalena entlastete die Älteste: »Ihr könnt mich ruhigen Gewissens allein lassen«, sagte Anna Magdalena und forderte sie alle auf, sich mit heißer Schokolade zu verwöhnen. »Stellt mir jedoch zuvor meine lieben Sänger hier ins Zimmer. Dann habe ich die beste Unterhaltung, die Leipzig aufzubieten hat.«

Als Anna Magdalena zwei Stunden später wieder fröhlichen Lärm im Haus hörte, wusste sie, dass der Ausflug gelungen war.

Ihr Liesgen war eine wahre Quelle guter Ideen. Da öffnete sich die Tür und Elias trat leise ein, um Anna Magdalena nicht zu wecken, falls sie schliefe. Doch sie war wach. Die Zeit, in der sie mit den Hänflingen allein gewesen war, wissend, dass sich ihre tapferen Kinder endlich einmal amüsierten, hatte sie erquickt. Plötzlich schnupperte sie den Duft von Schokolade. Und tatsächlich, Elias trug eine große Tasse heißer Schokolade auf einem kleinen Tablett an ihr Bett. Behutsam setzte er Anna Magdalena auf und gab ihr löffelweise zu trinken. Sie schluckte die warme, süße Flüssigkeit mit geschlossenen Augen.

Diese kleinen süßen Schlucke waren ein Genuss. Und wieder sah sie die Situation von damals vor sich, als sie noch so gesund und übermütig war, und der kleine Kuss viel länger zu spüren war, als er gedauert hatte. Sie konnte nicht anders: Mit jedem Löffel, der sich geduldig in ihren Mund schob, waren die Vorhänge, welche die Tränen zurückgehalten hatten, ein Stückchen mehr beiseitegerückt worden. Sie weinte und fürchtete, nicht wieder aufhören zu können. Und es war ihr nicht einmal peinlich. Elias füllte weiter geduldig Löffel für Löffel, und ehe die Tasse leer war, war Anna Magdalena satt und getröstet.

»Danke, Elias«, sagte sie – und er wusste, dass er mehr getan hatte, als eine Kranke zu füttern.

Lange, sehr lange lag Anna Magdalena, und ihre Arme wurden so dünn wie die Johannas. Auch als Sybilla Bose ihren Geburtstag feierte, war sie, so sehr sie es auch gewünscht hätte, nicht in der Lage, nach nebenan zu gehen, um kurz persönlich zu gratulieren, geschweige denn mit allen anderen zu feiern. Stattdessen nahm sie ihr liebstes Buch vom Sekretär. »Betrachtungen über das ganze Leiden Christi« lautete der Titel, verfasst von J. J. Rambach. Als junge Frau hatte sie es bekommen. In ihrer schönsten Schrift schrieb sie:

»Anna Magdalena, Bachin, Gebohrne Wülckin, Anno 1741
Als der Hoch-Edlen, Hoch- Ehr- und Tugend-begabten Jonf-

fer, Jonfer Henrietta Sybilla Bossin, meiner besonders hochgeehrtesten Jonfer, Gefatterin u. werthesten Herzens Freündin, erfreülicher Geburths Tag einfiel; wollte mit diesen kleinen doch wohlgemeinten Andencken, sich bestens empfehlen. Anna Magdalena Bachin.«

Es war und blieb Elias, der Anna Magdalena die Hilfe zukommen ließ, die sie brauchte. Das nächste Schreiben verfasste nicht Anna Magdalena, sondern Elias. Er sah, wie ihre Hände zitterten und sie schon nach dem Eintrag in das Buch der Freundin Sybilla Schweißtropfen auf der Stirn hatte. Elias machte sich später Vorwürfe, weil er sie nicht davon abgehalten hatte. Er konnte nicht anders: Sobald er in der Nähe Anna Magdalenas war, legte er ihr kurz sacht seine Hand auf ihren Arm oder Rücken. Und sie genoss für einen Augenblick die Berührung, die süßer war als Schokolade und belebender als Kaffee. Elias war die beste Medizin, die Leipzig zu bieten hatte.

Als der Arzt wieder nach Anna Magdalena schaute, und sie ihm sagte, dass sie doch geplant hatte, nach Weißenfels zu reisen, erklärte er ihr, dass die Aufregung einer Reise sie dauerhaft schädigen könnte – oder aber, wenn die Krise zum Guten führen würde, sie gekräftigt werden würde. Wer hätte Anna Magdalena die Reise nicht gegönnt? Doch einer war da, der kein Risiko eingehen wollte: Elias nahm Anna Magdalena die Entscheidung aus der Hand, indem er entschied: »Muhme, liebe Muhme, ich schreibe für dich den Brief nach Weißenfels, damit sich dort alle auf dein Fernbleiben einstellen können.«

»Wer sagt denn, dass ich nicht reise?«

»Wer nicht ohne Hilfe in der Lage ist, die Treppen zu steigen, sollte vielleicht noch eine Weile warten?«, fragte er vorsichtig zurück und fügte noch trotzig hinzu: »Ich bin mir sicher, dass du jedem anderen auch Ruhe verordnen würdest.«

Elias holte das Schreibzeug und wartete auf Anna Magdalenas

Worte. Es fiel ihr schwer, aber dann diktierte sie weiter, was Elias begonnen hatte:

»... Jedoch mein bisheriger u. fortwährender kräncklicher Zustand beraubet mich leider solcher vergnügten Stunden, u. das Einrathen der Meinigen will nicht gestatten, eine solche Reise vorzunehmen ...«

Elias verließ schnell das Zimmer, ehe die liebe Frau es sich anders überlegen konnte. Im Schreibzimmer setzte er noch Datum und Absender ein. Dabei unterlief ihm ein Fehler. Statt »Anna Magdalena Bachin« schrieb er: *»Maria Magdalena Bachin«*. Als er später darauf hingewiesen wurde, konnte er es sich nur so erklären, dass er während seiner theologischen Studien immer an Anna Magdalena gedacht hatte, wenn im Bibeltext eine Maria erwähnt wurde.

Obwohl Anna Magdalena nicht mehr gelb im Gesicht war, konnte sie noch Wochen nach ihrer Krankheit nur ganz langsam gehen. Wo immer es eine Sitzgelegenheit gab, setzte sie sich. Dorothea und Elisabeth nahmen ihrer Mutter alle schweren Arbeiten ab. Auch Elias mahnte sie immer wieder zur Schonung. Wenn er Anna Magdalenas gewölbten Bauch sah, schnitt es ihm ins Herz: Würde sie das alles überstehen? Er befürchtete, Anna Magdalena würde bei der Geburt ihre letzten Kräfte aufbrauchen und dann die Augen für immer schließen.

»Muhme, liebe Muhme!«

»Was ist Elias?«

»Versprich mir bei der Liebe zu den himmelblauen Enzianen, dass du im nächsten Frühjahr gesund bist.« »Ich verspreche es dir bei der neuen Brut der Hänflinge, den gelben Nelken und erst recht – den himmelblauen Nelken.«

»Himmelbauer Enzian, liebe Muhme. Es ist Enzian! Eine heimische Pflanze, die den Frost überdauert, kargen Boden bevorzugt, aber viel Sonne braucht ... «

Anna Magdalena lachte. Sie war über seinen Worten und der

Art, wie Elias gesprochen hatte, so übermütig geworden, dass sie sich über die feuchten Augen wischen musste. Seit Wochen hatte sie dies nicht mehr getan. Es war, als ob damit schon der Frühling Einzug gehalten hätte.

Obwohl sie nie wieder zu ihrer ursprünglichen Kraft zurückfand, wuchs in ihr ein gesundes Mädchen. Als Susanna geboren wurde, waren wieder Boses Töchter Taufpatinnen. Herr Graff, der bald darauf eine der Bose-Töchter heiratete und dem von Generationen her die sozialen Belange der Stadt ein Anliegen waren, hatte nun ein besonders liebevolles und freundschaftliches Verhältnis zur Familie Bach.

Elias war erleichtert, dass Anna Magdalena alles so gut überstanden hatte. Er war viel nervöser gewesen als sein Vetter, als die Hebammen kamen.

Susanna war das letzte Kind, das Anna Magdalenas bekam. Von ihren eigenen dreizehn Kindern lebten nun noch drei Söhne und drei Töchter.

Während Anna Magdalena mühsam die Tage bewältigte, traf sie die Nachricht hart, dass sich der junge Konrektor der Schule erhängt hatte. Er hatte kein Glück bei den Frauen gehabt und Schulden angehäuft. Aber noch mehr bedrückte sie, dass er oft spöttisch von Gott gesprochen hatte. Sein Schicksal erinnerte sie an Bernhard. Auch er war nicht mit dem Leben zurechtgekommen.

Sebastian gingen wohl ähnliche Gedanken durch den Kopf. Als sie vom Friedhof zurückgingen, fragte er seine Frau: »Ob wir dem jungen Mann gerecht geworden sind?«

Anna Magdalena gestand: »Ich habe den Mann aus den Augen verloren. Ich habe mich nicht um ihn gesorgt. Ich vergaß ihn, da er uns nie von sich aus aufgesucht hat. Selbst in meinen Gebeten hatte ich ihn vergessen. Mir kam nie in den Sinn, dass wir in ihm unseren Bernhard hätten sehen sollen.« Bernhard, der mit seiner

Freude an der Orgel so sehr seinem Vater geglichen hatte und wie er Verweise bekommen hatte, dass er nicht so theatralisch spielen sollte. Bernhard, der ebenso wie der junge Konrektor Schulden angehäuft hatte und dem ein normales anständiges Leben nicht gelingen wollte.

Doch plötzlich hörte Anna Magdalena Text und Musik eines Liedes im Herzen, das sie so gerne gesungen hatte, weil sie sich dann leicht fühlte. Wie kamen ihr diese Strophen angesichts der vielen Fragen in den Sinn? Ungeachtet der Umstände sang sie, während sie neben ihrem Mann ging: »Jesu, meine Freude …« Der Weg war zwei Strophen lang.

Als sie wieder die Thomasschule betraten, rannte eine Schar lärmender Schüler an ihnen vorbei. Das brachte die beiden jedoch nicht aus der Ruhe, die sie soeben gefunden hatten.

Fünf Jahre lebte Elias schon bei Familie Bach, doch nun hatte er eine eigene Kantorenstelle in Aussicht. In Zöschau würde er noch einige Monate Erfahrungen sammeln; danach könnte es sich so fügen, wie es sich seine Mutter wünschte: nämlich dass er in Schweinfurt Kantor würde – wie zuvor sein verstorbener Vater. Sebastian freute sich über die guten Aussichten, und auch Anna Magdalena gönnte Elias eine feste Anstellung in seiner Heimatstadt.

Ob er es wohl so eingefädelt hatte, dass kurz nach seinem Weggang Anna Magdalena einen anderen liebevollen Beistand bekam? Wenige Tage, nachdem der Vetter mit vielen heimlichen Tränen Abschied genommen hatte, zog Anna Magdalenas Tante, Martha Elisabeth Hesemann, für längere Zeit zu Bachs. Sie hatte von der Krankheit ihrer Nichte erfahren und half nun im Haushalt mit, so gut es ging. Ihr Sohn wurde in der liebevollen Familie Bach als Thomasschüler zum Musiker ausgebildet. Nun konnte sie als Witwe endlich auch etwas Gutes für die Familie tun – und ihr war ebenso geholfen.

Martha Elisabeth war erschrocken, als sie Anna Magdalena sah, aber sie ließ sich nichts anmerken. Ihre Nichte war wie ein Schatten aus einer anderen Welt geworden. Sie wusste, dass Anna Magdalena nicht nur nahrhaftes Essen und Ruhe brauchte, sondern auch neuen Lebensmut. So kümmerte sie sich um die kleine Susanna, legte ihr die Windeln an und entlastete Dorothea, die nun auch für ihren Vater Arbeiten zu verrichten hatte, da Elias nicht mehr da war.

Elias fehlte an allen Ecken und Enden. Sebastian konnte nicht mehr einfach Ersatz für das Orgelspiel in der Kirche finden, den Kindern fehlte der Unterricht, und Anna Magdalena sah zu, wie der letzte Blumenstrauß verwelkte, den Elias für sie gepflückt hatte. »Blumen für die liebe Muhme, damit sie selbst wieder lernt zu blühen«, hatte er dabei so lustig gesagt.

Wenige Tage nach seiner Abreise kam ein Brief. Elias bedankte sich bei Bach für die schöne Zeit und ebenfalls bei der hoch geschätzten Muhme, den Jungfern und den lieben Vettern. Den Mantel und die ausgeliehenen Stiefel schickte er mit bestem Dank zurück. Das Wetter sei besser gewesen als gedacht, und er habe eine glückliche Reise gehabt.

Früher war Anna Magdalena von morgens vier bis spätabends auf den Beinen gewesen. Doch seit ihrer Krankheit fehlte ihr die Luft, die sie zum Treppensteigen brauchte. Sie musste sich ihre Kräfte einteilen. Immer öfter ließ sie sich entschuldigen, wenn sie bei Veranstaltungen fernblieb. Sogar ihre Singstimme war durch die Krankheit geschwächt worden. Sie musste nun Stimmübungen machen, damit sie überhaupt längere Zeit singen konnte. Sie fühlte sich wie ihre Vögel, die trotz des engen Käfigs vom Leben und von ihrer Sehnsucht sangen.

Als ihre junge Freundin Sybilla Bose heiratete, war sie voller Freude. Sybilla hatte also ihren geliebten Johann Zacharias Richter bekommen. Sie würde in Leipzig wohnen bleiben, denn er war ein ebenso erfolgreicher Kaufmann wie ihre Eltern. Anna Magdalena, Dorothea und Elisabeth banden für Sybilla einen Kranz aus grünen Zweigen, womit ihre Haustür am Hochzeitstag geschmückt wurde. Dies war die einzige Farbe, die an dem Februartag zu sehen war, denn eine dicke Schneeschicht hatte sich auf alles gelegt.

Das Fest war eine wahre Gaumenfreude und ein Ohrenschmaus zugleich. Sebastian hatte zu dem Anlass eine neue Hochzeitskantate komponiert, die Anna Magdalena nun für ihre liebste Freundin sang. Der Konzertsaal im Haus Bose war gefüllt mit fröhlichen Menschen.

»Mama, versprich mir, dass du dieses Lied auch singst, wenn ich heirate«, bat Elisabeth, die diesen glücklichen Tag offenbar kaum abwarten konnte.

»Aber natürlich singe ich das Lied auch für dich, mein Herz«, besänftigte Anna Magdalena ihre Tochter.

Sybilla hieß nun Frau Richter und war durch die Heirat zu einer Kaufmannsfrau geworden. Wie es der Leipziger Brauch gebot, ging an Hochzeitsfesten eine Sammelbüchse herum. Elisabeth und Gottfried hatten die Aufgabe übernommen, immer wieder mit der Büchse in der Hand die Gäste um eine Spende zu bitten. Boses sollten sich am nächsten Tag nicht schämen müssen, wenn sie den Erlös zur Armenfürsorge brachten.

Dies war nicht die einzige Hochzeit im Jahr 1744. Emanuel hatte in Berlin Carolina Maria Dannemann kennen gelernt und bald darauf die zehn Jahre jüngere Frau gebeten, ihn zu heiraten. Anna Magdalena verreiste nach fast drei Jahren zum ersten Mal wieder. Obwohl sie sich damit viel zumutete, war sie doch froh, die überglücklichen Brautleute zu sehen. Wie anders und wie schön war es, den eigenen Kindern ein Hochzeitslied zu singen.

Sie hätte sich keine bessere Schwiegertochter aussuchen können. In der Erinnerung an die Feier musste Anna Magdalena immer lachen, denn es gab nicht nur bei der Hochzeitsfeier reichlich vom besten Wein; alle Gäste durften auch noch ein Fässchen mit nach Hause nehmen. Der Vater der Braut war Weinhändler, und man sollte ihm nur das Beste nachsagen.

Vielleicht waren auch deshalb die Besuche bei Emanuel immer bei allen in so froher Erinnerung. Die junge Frau schenkte am Abend nach, sobald das Glas leer war. Sie vertrug von dem edlen Getränk mehr als ein gestandener Mann.

Anna Magdalena verlegte sich darauf, mehr Briefe zu schreiben, denn von nun an musste Sebastian allein verreisen, und die Kinder kamen nach Leipzig, wenn sie die Mutter sehen wollten. Ihr Mann fand immer jemanden, der gerne mit ihm reiste; manchmal war es Friedemann, dann wieder einer seiner guten Kirchenmusiker, die so Gelegenheit fanden, auch außerhalb von Leipzig bekannt zu werden. Johann Christoph Altnikol war Bassist und nicht nur Schüler, sondern zugleich Sebastians Liebling. Bei ihm klang es, *»wie es klingen musste«*. Johann Christoph Altnikol war so oft im Hause Bach zu Besuch, dass ihn und Elisabeth bald mehr als eine normale Freundschaft verband.

»Liesgen, Johann Christoph ist da!«, tönte es dann durchs Haus. »Endlich ein richtiger Mann für unsere Elisabeth«, freute sich Sebastian. Anna Magdalena schwieg dazu. Wenn sie sich für den zukünftigen Schwiegersohn zu sehr eingesetzt hätte, wäre Sebastian wohl nicht mehr so überschwänglich gewesen, denn er dachte, es wäre seine Idee gewesen, die beiden zusammenzubringen. Dabei war es Christoph gewesen, der die ersten Heimlichkeiten mitbekam, denn er musste Wache halten, als Elisabeth die ersten heimlichen Küsse mit Johann Christoph austauschte.

»Fahrt ohne mich, ich hüte derweilen unsere Sänger«, drängte Anna Magdalena ihre Familie, als Emanuel seinen ersten Sohn bekam. Ihr war die letzte Fahrt nach Berlin noch im Gedächtnis.

Sie wollte nicht noch einmal um Luft ringen, wenn sie in den dritten Stock steigen musste. In der Nacht hatten ihr die Brust und der Rücken geschmerzt und der kalte Schweiß hing an ihren Schläfen. »Fahrt nur zu mit Gottes Segen und grüßt das Knäblein.«

Es war Sebastians erster Enkel, und der Großvater war begeistert. »Ein richtiger Bach ist es! Fürwahr, Anna Magdalena, er griff schon nach meinem Finger, wie sein Vater nach dem Register greift«, berichtete Sebastian stolz, als er zurückkam. Anna Magdalena wusste seine Worte einzuschätzen, denn jedes Neugeborene umgreift die Gegenstände, die es an seinem Händchen fühlt, und alle seine Kinder waren »echte Bach'sche Kinder«.

So wie Anna Magdalena gezwungen war, sich ausschließlich in Leipzig zu bewegen, so hatte sich auch ihr Mann verändert. Beide hatten mit zunehmendem Alter ihr Päckchen zu tragen. Sehr wohl brachte Sebastian noch seine Kantaten in den Kirchen zur Aufführung, aber es kamen immer weniger neue Gesangstücke hinzu. »Gott bedarf nicht unserer Worte, um ihn zu ehren. Er hört unseren Dank in der perfekten Musik allein. Und über dich, werte Frau, freut er sich, weil du schon summst, wenn du die Kinder aufnimmst und seine Vögel fütterst.«

Anna Magdalena verstand, was er meinte. Sie selbst fand für so vieles auch keine Worte mehr.

Im März 1746 reiste Anna Magdalena mit allen Kindern nach Weißenfels. Aber nicht, um dort ein paar unbeschwerte Tage zu verbringen, sondern um von der Mutter Abschied zu nehmen. Ihr magerer Körper lag in der Schlosskirche aufgebahrt. Da waren nun die Geschwister beieinander und fühlten den gleichen Schmerz um die geliebte Mutter. Was sollte man an einem solchen Tag sagen? Die Enkel stellten ihren Eltern viele Fragen über die Großmutter, und beim Abschied versprachen die Geschwister ein Mal mehr, gut zusammenzuhalten.

Auf der Fahrt zurück nach Leipzig überfielen Anna Magdalena die Bilder aus längst vergangenen Tagen. Als ihre Mutter noch jung war und sie ihre jüngste Tochter in eine raue Wolljacke steckte und ihr die Nase putzte, obwohl Anna Magdalena sich doch schon allein die Nase richtig putzen konnte. Wie sie ihr nach dem Baden die Haare gekämmt hatte, was so schmerzte, dass Anna Magdalena immer die Tränen über die Wangen liefen. Wie stolz die Mutter war, als sie Cembalo spielen lernte, und wie sie sich freute, als sie endlich zur Sängerin ausgebildet wurde. Bei der Hochzeit ihrer Tochter hatte sie den ganzen Tag über ein verheultes Gesicht gehabt und zu jedem Kind, das Anna Magdalena bekam, sagte sie: »Das ist bei aller Mühe und allem Kummer das Größte, das uns Gott gibt.« Diese Worte hatten Anna Magdalena gutgetan, denn unter den Schwangerschaften hatte sie immer gelitten. Sie dachte an die tröstlichen Worte der Mutter und fühlte sich trotz ihrer Trauer reich beschenkt. Sie hatte eine Mutter gehabt, die sich über jeden Enkel freute und nie sagte, es wären nun genug.

Als sie kurz vor Leipzig waren, kamen sie an der alten Scheune vorbei, die Anna Magdalena immer an ihre alte Mutter erinnerte, weil sie mit den Jahren hinfällig und windschief wurde. Der Anblick schnitt ihr ins Herz. Von nun an gab es in Weißenfels kein Haus mehr, in das sie mit all ihrer Freude und Not kommen konnte; keine Mutter war mehr da, die sie einfach nur in die Arme nahm. Noch oft kam sie der Abschied schwer an und sie wunderte sich, dass sie als erwachsene Frau immer noch gerne ihre Mutter gehabt hätte. Dorothea trauerte mit der Stiefmutter, denn sie hatte Oma Margaretha ebenso geliebt.

Bei aller Trauer war Anna Magdalenas Haus doch immer voller Leben. Friedemann wohnte nun in der Nähe. Er war nach Halle gezogen, weil er Organist in der dortigen Liebfrauenkirche geworden war. Friedemann liebte es, nach Leipzig zu kommen und dort seine Freunde zu treffen.

Während die älteren Söhne Bachs ihre Wege als Musiker machten, arbeitete Sebastian an einer musikalischen Aufgabe, die ihm Friedrich der Große gestellt hatte. Der König hatte ihm das Thema einer Fuge zur Improvisation mitgegeben. Das war für Sebastian eine Herausforderung, zumal der Regent Musikverständnis besaß. Nach dem ersten Jahr übersandte er Friedrich die improvisierte Fuge und einige Kanons als ersten Teil des »Musikalischen Opfers«. Danach begann er mit der Ausarbeitung einzelner Fugen und stellte sie zu einem großartigen Zyklus zusammen. »Die Kunst der Fuge« war so weit gediehen, dass der Druck geplant wurde.

Als Johann Christoph Altnikol in Naumburg eine Stelle als Organist bekam, begannen die Vorbereitungen für Elisabeths Hochzeit – die erste Hochzeit im eigenen Hause. Anna Magdalena legte schon Hausrat für die jungen Eheleute zusammen, damit sie später gut zurechtkämen. Doch ehe es so weit war, kam für mehrere Wochen Anna Magdalenas Lieblingsschwester Johanna zu Besuch.

Es war nicht so wie früher, als sie sich trafen. Die beiden Schwestern waren immer voller Pläne gewesen. Johanna hatte ihr Herz an ihren Mann Andreas, die Musik und schöne Kleider gehängt, und Anna Magdalena wurde wegen ihrer Liebe zu den Vögeln von ihr ausgelacht. Immer konnten sie sich über Musik unterhalten und gemeinsam die neuesten Lieder miteinander singen. Mit den Jahren wurde das anders, weil Anna Magdalena »ein Kind nach dem andern bekam«, wie Johanna scherzte. Nun hatte sie, die keine Kinder hatte, ihre einzige große Liebe, ihren Mann Andreas Krebs, verloren. Und so kam die Schwester diesmal mit gebrochenem Herzen. Die Tage waren voller Erinnerungen an ihn.

»Warum hätte er nicht auch so alt werden können wie unser Vater? Warum war es uns nicht gegönnt, noch weiter zusammenzuleben?«, klagte Johanna.

Anna Magdalena hielt die verzweifelten Fragen ihrer Schwester tapfer aus, auch wenn sie keine Antworten darauf hatte. »Wir beide werden eben alt, meine liebe Schwester.« Etwas anderes fiel Anna Magdalena nicht ein. Und sie fügte hinzu: »Unsere Männer waren beide älter als wir. Sie brauchen unsere Hilfe und gehen vor uns von der Welt.«

»Und wenn wir dann allein sind«, ergänzte Johanna, »hoffe ich, dass wir uns ernähren können. Ich habe es noch gut, denn ich bin ja selbst in Zerbst angestellt. Solange der Hof sein Auskommen hat, kann ich dort als Sängerin wohnen bleiben. Du hast ja Kinder, zu denen du später ziehen kannst.«

Anna Magdalena hatte noch nicht darüber nachgedacht, was wäre, wenn Sebastian nicht mehr lebte. Sie würde wohl eine kümmerliche Rente von der Stadt erhalten, denn Sebastian war dort angestellt. Er war nicht der Angestellte eines Fürsten oder Königs, die meist weit besser für die Witwen sorgten.

Nicht die Kinder, nicht die Musik noch eine Tasse Kaffee in einem der Kaffeehäuser vermochten Johanna von ihrem Schicksal abzulenken. Das Einzige, was Johanna fröhlich machte, war die Aussicht, in Leipzig eine neue Garderobe zu bekommen. Sie hatte sich überlegt, dass sie nun, da sie im Witwenstand sei, anders gekleidet sein müsse. Nicht ein Kleid, gleich zwei Kleider und drei Röcke ließ Johanna sich schneidern. Schon bei der Morgenmahlzeit erzählte sie aufgeregt, dass sie wieder zur Anprobe müsse und nicht wisse, für welche Bänder sie sich entscheiden solle. Dorothea oder Elisabeth fanden sich gern bereit, die Tante zu begleiten und zu beraten. Das führte dazu, dass Johanna großzügig noch einen Hut für Elisabeth bestellte und einen neuen Rock für Dorothea. Auf die Frage von Anna Magdalena, wer das denn bezahlen solle, antwortete sie: »Ich lasse doch anschreiben. Ihr habt hier einen guten Ruf, Anna Magdalena.« Johanna ließ nicht auf ihren Namen Krebs anschreiben. Sie nannte den Namen Bach.

»Dem Kantor und Schulmeister Bach?«
»Ja, meinem lieben Schwager Bach.«

Sebastian hatte sich verändert. Er redete weniger über den Ärger und die Enttäuschungen. Stattdessen lobte er seine Frau und sagte, wie gut es Gott mit ihm meine, dass er eine so fleißige Frau habe und sein Einkommen reiche.

Und noch etwas änderte sich im Leben Bachs. Es nahm einfach seinen Lauf, obwohl Anna Magdalena täglich um Besserung betete: Sebastian sah immer schlechter. Erst konnte er ab den Nachmittagsstunden nicht mehr lesen, aber bald gab es keine Tageszeit mehr, zu der er die Noten auf dem Papier erkennen konnte. Die Buchstaben schwammen auf dem Papier herum und das Blatt wölbte sich, obwohl es still dalag.

Anna Magdalena sah die Verzweiflung des Mannes und es tat ihr weh, denn sie konnte ihm zwar vorlesen und berichten, doch im Orchester und bei Proben musste sich Sebastian auf sein Gehör verlassen und konnte den Musikern und Sängern nicht mehr die Notenzeilen nennen. Sie wusste besser als alle andern, dass er im Grunde genommen gar nichts mehr erkennen konnte. Doch in den Jahren zuvor war die Musik, die er hörte, gleichsam in Noten vor seinem inneren Auge abgebildet. Das machte es möglich, dass er auf alle Notenblätter verzichten konnte. Er war der einzige Mann, den sie kannte, der die Noten nicht nur normal abschreiben konnte, sondern sie gleich seitenverkehrt in eine Kupferplatte ritzte, damit sie als Druckplatte verwendet werden konnte. Doch was nützte ihm nun diese Kunst, da er nichts mehr sah?

Sie suchten die besten Augenspezialisten auf, doch es trat keine Besserung ein. Anna Magdalena sah ja selbst die Schleier, die seine Augäpfel überzogen. Bald musste sie immer neben ihm sitzen, um ihm mitzuteilen, wer in den Räumen zugegen war, weil er die Menschen nur noch verschwommen sah. Schon bei seinem Besuch in Potsdam, als er für Friedrich den Großen das »Musikalische Opfer« aufführte und die Heiliggeistkirche voller Menschen und Musik war, hatte er keine einzige Note mehr auf den Blättern gesehen. Eines der Kinder oder sie selbst waren nun immer bei ihm und halfen.

Der große Tag war da: Elisabeth heiratete in Leipzig. Die ganze Familie war damit beschäftigt, die Gäste zu bewirten. Anna Magdalena berichtete Sebastian immer wieder, wie schön die Tochter im Brautkleid aussah und wie glücklich beide waren. Anna Magdalena sang für die eigene Tochter noch einmal das Brautlied, wie sie es auch für ihre liebste Freundin Sybilla gesungen hatte:

»Ihr Diener, werte Jungfer Braut,
viel Glücks zur heutgen Freude!
Wer sie in ihrem Kränzchen schaut
und schnödem Hochzeitzkleide,
dem lacht das Herz vor lauter Lust
bei ihrem Wohlergehen;
was Wunder, wenn mir Mund und Brust
vor Freude übergehen!«

Anna Magdalena hatte diesen Vers noch nie mit so viel persönlicher Freude gesungen. Sie merkte plötzlich, wie gerührt sie war, weil es ihre geliebte glückliche Tochter war, für die sie sang. Tränen traten ihr in die Augen. Das war sonst nie passiert. Sie war erleichtert, dass der folgende Vers sich mehr an den Bräutigam richtete, da konnte sie ihre Gefühle wieder in den Griff bekommen:

»Cupido, der vertraute Schalk,
lässt keinen ungeschoren.
Zum Bauen braucht man Stein und Kalk,
die Löcher muss man bohren,
und baut man nur ein Hennenhaus,
gebraucht man Holz und Nägel,
der Bauer drischt den Weizen aus
mit groß und kleinem Flegel.«

Anschließend sang sie noch das Brautlied, das sie eigenhändig in ihr Notenbüchlein geschrieben hatte. Das Lied drückte für sie aus, wie die Liebe selbst das Sterben schön und alles Leben leicht werden lässt. Ehe Anna Magdalena zu singen begann, küsste sie eine Hand Sebastians, der bereits voller Ungeduld am Cembalo saß. Schließlich war dies eine Familienfeier. Und eine Hochzeit taugte nur, wenn auch die alten Ehepaare ihre Liebe erneuerten.

Anna Magdalena als Brautmutter und Sängerin brauchte ihr Notenblatt so wenig wie ihr Mann. Sie sang mit halb geschlossenen Augen, den kurzen Vers, dessen Worte sich immer wiederholten:

»Bist du bei mir, geh ich mit Freuden
zum Sterben und zu meiner Ruh.
Ach, wie vergnügt wär so mein Ende,
es drückten deine schönen Hände
mir die getreuen Augen zu.«

Elias war unter den Gästen. Ihm stand fast das Herz still, weil er Anna Magdalena so ruhig und kraftvoll singen hörte. Als er damals aus Leipzig fort ging, hatte er befürchtet, seine liebste Muhme würde nicht mehr singen wollen. Beim letzten Lied, das sein Vetter und dessen Frau so liebevoll vortrugen, traten auch ihm die Tränen in die Augen. Die Vorstellung, Anna Magdalena würde ihn einmal so sanft beim Sterben in die Arme schließen, war unendlich süß. Er war nicht der Einzige, der feuchte Augen bekommen hatte. Bald jeder Zweite im Raum wurde an den eigenen Tod erinnert oder an jemand, den er verloren hatte.

Wie anders es sich anfühlte, ob man selber heiratete oder ob man aus der eigenen Erfahrung heraus eine Eheschließung mitverfolgte! Da war die eigene Tochter, die doch die ganze Last einer Ehe bei den Eltern miterlebt hatte. Aber sie war so unbeschwert und stark, dass es Anna Magdalena nicht anders erging als ihrer eigenen Mutter. Auch sie hatte am Hochzeitstag ihrer Kinder der Rührung nachgegeben. Jetzt erst verstand sie das Geheimnis: Mütter wussten, was auf die Töchter unweigerlich zukommen würde. Und das war: neben all dem Leben und Glück auch Schmerzen und Verzweiflung zu erleben. Anna Magdalena wünschte sich, dass sie noch lange leben würde, um ihrer Tochter beistehen zu können.

Die eigentliche musikalische Überraschung hatten sie sich jedoch mit Picander ausgedacht. Sie sangen Liesgens Kaffeekantate und mischten zwischen die Strophen ein Quodlibet. Dazu mussten alle Gäste zuvor ihren Text kurz einstudieren, damit sie dann munter durcheinandersingen konnten. Sebastian hatte seine wahre Freude, die ausgelassene Gesellschaft zu dirigieren.

Und dann durfte Gottfried seiner Schwester das Geschenk der Geschwister überreichen: eine richtige Kaffeemühle! »Und noch etwas kommt, wartet mal«, sagte er aufgeregt. Die Mutter brachte ein Säckchen Kaffee herein.

»Und nun hat Vater noch etwas für Männer – ich meine für den Mann, für den Bräutigam.« Gottfried war aufgeregt, er hatte jetzt einen wichtigen Part. Sein Vater wollte das Tabakslied spielen, und nach bestimmten Strophen sollte er, Gottfried, dem Bräutigam jeweils einen Beutel voll Tabak überreichen. Sein Vater setzte sich an das Cembalo und begann mit tiefer Stimme das Lied:

»Sooft ich meine Tabakspfeife,
mit gutem Knaster angefüllt,
zur Lust und Zeitvertreib ergreife,
so gibt sie mir ein Trauerbild
und fügt mir diese Lehre bei,
dass ich derselben ähnlich sei.«

Der Vater machte eine kurze Pause und sang dann den zweiten Vers:

»Die Pfeife stammt von Thon und Erde,
auch ich bin gleichfalls daraus gemacht.
Auch ich muss einst zur Erde werden –
sie fällt und bricht, eh ihr's gedacht,
mir oftmals in der Hand entzwei,
mein Schicksal ist auch einerlei.«

Nun nickte Anna Magdalena Gottfried zu. Dieser stand auf und ging zu Sebastian, der in seine Jackentasche griff. Ganz verwundert zog er einen Beutel heraus. Er schaute hinein, griff sich ein paar Krümel und roch genießerisch daran. Gottfried bekam plötzlich Angst, sein Vater könnte es sich anders überlegen. Denn das war zuvor so nicht abgemacht. Doch endlich schloss Sebastian den Beutel und übergab ihn Gottfried, der ihn ohne Umschweife zum Bräutigam Altnikol brachte.

Die Leute klatschten. Gottfried schaute erst erschrocken auf. Doch dann begriff er: Sie klatschten seinetwegen, weil er den Tabaksbeutel abgegeben hatte.

Sebastian sang weiter:

»Die Pfeife pflegt man nicht zu färben,
sie bleibet weiß. Also der Schluss,
dass ich auch dermaleinst im Sterben

dem Leibe nach erblassen muss.
Im Grabe wird der Körper auch –
so schwarz, wie sie nach langem Brauch.«

Gottfried wusste, dass jetzt auch wieder ein neuer Vers käme und er sich noch gedulden musste.

»Wenn man die Pfeife angezündet,
so sieht man, wie im Augenblick
der Rauch in freier Luft entschwindet,
nichts als die Asche bleibt zurück.
So wird des Menschen Ruhm verzehrt
und dessen Leib in Staub verkehrt.«

Als er die Strophe beendet hatte, griff er in die gleiche Tasche wie zuvor. Tat erstaunt, weil nichts drin war. Das hätte ihm auch Gottfried sagen können. Aber auf der anderen Jackenseite wurde er fündig! Erleichtert atmete Gottfried auf. Ehe sein Vater weitere Mätzchen machen konnte, schnappte er den Beutel aus seinen Händen und rannte flugs zum Brautpaar.

»Wie oft geschieht's nicht bei dem Rauchen,
dass, wenn der Stopfer nicht zur Hand,
man pflegt den Finger zu gebrauchen.
Dann denk ich, wenn ich mich verbrannt:
O, macht schon solche Kohle Pein,
wie heiß mag dann die Hölle sein!«

Während Sebastian sang, überlegte Gottfried, wo denn überhaupt noch Tabak sein könnte. Die Jacke hatte zwei Taschen, das wusste er. Die Hose hatte keine Taschen, das wusste er auch. Aber es kam ja noch der letzte Vers:

»Ich kann bei so gestalten Sachen
mir bei dem Toback jederzeit
erbauliche Gedanken machen.
Drum schmauch ich voll Zufriedenheit
zu Land, zu Wasser und zu Haus
mein Pfeifchen stets in Andacht aus.«

Er ging langsam zum Cembalo und schaute fragend seinen Vater an. Der suchte ganz verzweifelt seine Jackentaschen durch. Er suchte sogar im Cembalo und lugte sich selbst unter das Hemd, indem er mit einer Hand den Kragen vom Hals zog und einäugig hineinspähte. Nichts! Dann schlug sich der Vater aber endlich mit der flachen Hand auf die Stirn wie die Schausteller auf der Bühne, wenn ihnen etwas endlich wieder einfiel. Endlich! Er löste das untere Band seiner knielangen Pluderhose – und heraus fiel, sodass er ihn gerade noch auffangen konnte, ein weiterer Tabaksbeutel.

Gottfried machte es nun selbst großen Spaß. Er konnte also endlich sein letztes Geschenk abgeben. Angespornt von Vaters theatralischer Gabe verbeugte sich Gottfried tief und vergaß dabei nicht, mit seiner Rechten eine ausladende Armbewegung zu machen. Dass er in der Hand etwas ungeschickt das Geschenk hielt, verlieh der Geste eine gewisse Rührung.

Elisabeth konnte die Tränen gerade noch zurückhalten. Gottfried hatte sich über ihr Glück so sehr mitgefreut, dass sie ihm, wenn sie nach ihrem Liebsten Sehnsucht hatte, immer von ihm erzählen konnte. Deshalb war Johann Christoph Altnikol in Gottfrieds Augen ein Ritter, wie sie sonst schon lange ausgestorben waren. Er hatte es ja geschafft, seine Schwester glücklich zu machen. Er hatte Elisabeths Träume erfüllt, denn nach dem Hochzeitstag würden sie in eine Kutsche steigen und in ihre neue Heimat, nach Naumburg fahren.

Gottfried hatte immer wieder nachgefragt, wie die Stadt und

vor allem die Kirche hieße, in der Altnikol spielte. Geduldig hatte Elisabeth jedes Mal geantwortet, dass er in Naumburg wohne und als Organist in der Wenzelskirche angestellt sei. Gottfried verstand nie den Sinn der Worte. Sobald er Elisabeths Stimme hörte, fuhren die beiden in seiner Vorstellung zu einem wunderbaren Schloss, um dort zu leben. Anders konnte es nicht sein.

Elisabeths Augen waren halbfeucht und es wäre auch dabei geblieben, wenn nicht im Anschluss an diesen anrührenden Beitrag gleich Boses ihr Geschenk überreicht hätten. Die Kaufmannsfamilie hatte nicht nur vier Hühner in einem großen Holzkäfig mitgebracht, sondern auch eine feine Goldkette, die nun den Hals der Braut zieren sollte. Sybilla durfte sie Elisabeth umlegen. Sie schloss die Öse in ihrem Nacken, und alle sahen nun in ihrem Ausschnitt ein zartes Kreuz glitzern. Das war Glück.

»Einen Tag lang Himmel für unser liebes Liesgen«, sagte Anna Magdalena zu Sebastian. Der glaubte es nur zu gerne. Obwohl Anna Magdalena so viel zu tun hatte und die Feier mehr Geld kostete, als sie sich leisten konnten: Für ihre Tochter war der ganze Tag wie reines Glück und Gold. Es gab keinen, der dem jungen Paar die Freude nicht gegönnt hätte. Als die Hochzeitsbüchse herumging, in der für die Armen gesammelt wurde, fanden sich genügend Spender, um am nächsten Tag der städtischen Almosenkasse einen ansehnlichen Betrag übergeben zu können.

Das Augenleiden kostete Sebastian so viel Kraft, dass er oft einfach nur müde war. Wie gern hätte er an der Orgel gesessen und noch zu Ende gebracht, was er sich vorgenommen hatte. Aber da waren all die anderen Anforderungen wie etwa der Schulunterricht, zu dem er sich kaum mehr in der Lage sah. Es bestürzte ihn auch, dass er häufig stolperte und die Menschen nicht mehr erkennen konnte. Immer wieder äußerte er den Wunsch, dass seine Lebenszeit doch nun auch ein Ende haben möge. Die

Kantaten, die er für andere zum Thema Tod komponiert hatte, wurden nun für ihn selbst zu einem Gebet:

»Liebster Gott, wann werd' ich sterben?
Meine Zeit läuft immer hin,
und des alten Adams Erben,
unter denen ich auch bin,
haben dies zum Vaterteil,
dass sie eine kleine Weil'
arm und elend sein auf Erden,
bis sie selber Erde werden …«

Es war aber nicht Sebastian, der als Nächster in Anna Magdalenas Bekanntenkreis den Tod sehen sollte. Ihre beste Freundin Sybilla Bose, inzwischen eine angesehene, fröhliche Kaufmannsfrau, verstarb im Kindbett. Dorothea und ihre Mutter waren darüber untröstlich. Seit Sybilla ihren eigenen Hausstand in Leipzig hatte, besuchten sie einander meist täglich. Sybillas Schwangerschaft war für die Frauen ein Grund mehr gewesen, noch enger zusammenzuhalten. Dorothea hatte sich um die erste Ausstattung für das Kind gekümmert und für Sybilla alles gewaschen und zurechtgelegt. Das jüngste Kind Anna Magdalenas, die kleine Susanna, war stolz auf die Sammlung, denn in manchen Jäckchen hatte sie als Kind gesteckt und die Windeln brauchte sie auch nicht mehr. Sie hatten nicht nur zusammen die Geburtsvorbereitungen getroffen. Sie hatten auch geplant, dass Dorothea manchmal die Kinderpflege übernehmen würde, damit Sybilla ihrem Mann zur Hand gehen konnte.

Und nun, gerade dass der kleine und mit so viel Liebe erwartete Erdenbürger geboren war, konnte auch der beste Arzt Leipzigs Sybilla nicht am Leben halten. Sybillas Mann und Familie Bose hätten ihr ganzes Hab und Gut für das Leben der jungen Frau gegeben. Aber nach nur einer Woche hatte das Fieber die junge Mutter aufgezehrt. Trotz aller Müdigkeit wünschte Anna Magdalena, sie hätte noch Milch – dann hätte sie das kleine Wesen sofort zu sich genommen. Aber ihre Zeit war vorbei; Susanna war schon lange entwöhnt. Es musste eine Amme gefunden werden und es blieb zu hoffen, dass Sybillas Mann bald eine neue Frau finden würde.

Anna Magdalena und Dorothea vermissten Sybilla sehr. Sie war es gewesen, die ihnen die Tür zu einer anderen Welt aufgehalten hatte. Bachs waren in der Kirchen- und Musikerwelt zu Hause, während Boses in der Welt der Geschäftsleute und des Handels lebten. Die Freundschaft der Frauen brachte es mit sich, dass sie sich unterstützten und voneinander lernen konnten.

»Sybilla hatte oft so eine andere Sicht von den Dingen als wir«, sagte Dorothea zu Recht.

»Ja, es war, als lebten wir in unterschiedlichen Welten«, bestätigte Anna Magdalena und fügte hinzu: »Das machte es aus, dass uns eine große Freundschaft und Liebe verband.«

»Ohne Sybilla hätte ich nicht das Theater besuchen dürfen und hätte keine gleichaltrigen Freunde in Leipzig gefunden«, sinnierte Dorothea. »Und ich habe mit Sybilla gelernt, wirtschaftlich einzukaufen und zu handeln. – Ehrlich, Dorothea, darüber hatte ich mir zuvor nie Gedanken gemacht. Als Kind wirtschaftete meine Mutter und später war Friedelena dafür zuständig. Als Friedelena nicht mehr da war, musste ich das Wirtschaften erst lernen.«

»Stimmt«, erinnerte sich Dorothea: »Du hast dauernd Boses gefragt, wo sie die Lebensmittel kaufen, ihr Holz herbekommen und solche Sachen.«

Anna Magdalena lachte: »Also Dank sei der Familie Bose, dass sie uns so zugetan ist. – Zum Glück können wir das jetzt auch selber ganz gut.«

Am Abend ging Anna Magdalena in den Keller, um vom eingelegten Kraut eine Schüssel voll zu holen. Da sie in Gedanken war, hatte sie die Lampe vergessen. »Es muss auch so gehen«, dachte sie und tastete sich zum Holzfass durch. Sie kam dort an und schaffte es, die Holzbretter über dem Fass abzunehmen und das Tuch zu entfernen. Sie füllte in der Dunkelheit die Schüssel und bedeckte das Kraut anschließend wieder. »Genauso ist es, wenn man eine Freundin verliert«, dachte sie. »Da werde ich nun im Dunkeln tappen müssen, wo zuvor ein Schein meine Augen erhellte und meine Hände und Füße sicher machte.« Sybilla war für Anna Magdalena immer gerade dann wichtig gewesen, wenn sie sich nicht orientieren konnte. Aber wenn *sie* die Freundin schon so vermisste, wie würde es dann erst den Eltern und ihren Geschwistern ergehen?

Ein Trost war die Nachricht, dass Elisabeth ein Kind erwartete. Neun Monate nach der Hochzeit war es soweit. Sie bekam einen Jungen und nannte ihn, wie auch Emanuel seinen Sohn das Jahr zuvor genannt hatte: Johann Sebastian.

Zur Taufe durfte sogar Gottfried mitkommen. Er saß in der Kutsche so andächtig, wie die andern sonst in der Kirche saßen. Dass die Wohnung seiner Schwester eher klein war und nicht wie ein Schloss aussah, enttäuschte ihn nicht. Schließlich hatte er noch nie so ein schönes Kind gesehen. Elisabeth fand das auch. Und seine Mutter war glücklich, das merkte er daran, dass sie auf der Reise kaum stillsitzen konnte und weil sich die Eltern manchmal an den Händen hielten und anlachten. Die Mutter küsste Elisabeth so zärtlich wie das neugeborene Kind. Und der Vater nahm Altnikol sogar kurz in den Arm. Das tat er ganz selten.

Danach gingen sie zusammen in die Wenzelskirche. Der Großvater selbst hielt den Jungen über das Taufbecken. Johann Christoph Altnikol war stolz darauf, nun ein Kind zu haben, das zudem noch nach dem verehrten Musiker, seinem Schwiegervater, benannt war. Sie feierten das freudige Ereignis den ganzen

Tag bis tief in die Nacht und begossen das Festessen gründlich mit Wein, Kaffee und süßem Kakao.

Sebastians Augenleiden verschlimmerte sich. Anna Magdalena hatte Angst um ihren Mann. Insbesondere fürchtete sie sich davor, was es für ihn und sie bedeutete, wenn er seinen Dienst nicht mehr versehen konnte. Dem einflussreichen Minister Graf Brühl aus Dresden war es Anlass genug, in befehlendem Ton der Stadt Leipzig von Bachs unpässlichem Zustand zu berichten. Er schlug vor, der Dresdener Kapelldirektor Harrer solle in Leipzig eine Probekantate vorführen, um Bachs Nachfolge anzutreten, falls dieser sein Amt nicht mehr ausführen könne oder verstürbe. Kein Sterbenswörtchen sollte davon Bach zu Ohren kommen.

Im Gasthaus »Zu den drei Schwanen«, in dem sonst nur weltliche Musik gespielt wurde, führte Harrer im Juni 1749 dem Leipziger Rat seine Kantate vor. Ohne ein klärendes Gespräch mit Bach geführt zu haben, zog er bald darauf schon vorsorglich in die Thomasschule ein.

Anna Magdalena war einerseits erleichtert, weil ihr Mann nun nicht mehr den Unterricht wahrnehmen musste. Gleichzeitig befürchtete sie, dass Sebastians Besoldung gekürzt würde. Sie stellte keine Fragen, weder an ihren Mann noch an den Rat der Stadt. Sebastian hingegen war wütend. Denen würde er es zeigen! Er hatte bisher alles organisiert und würde auch weiterhin alles schaffen. Deshalb verrichtete er die Schule und die Gottesdienste mit noch mehr Ehrgeiz. Aber mit Herzblut dachte er an etwas anderes.

Anna Magdalena hatte seine Worte ständig im Ohr: »Ich bin noch nicht fertig.« Er war noch nicht fertig mit dem Fugenthema. Sie teilte seine Sorge, dass er die gestellte Aufgabe nicht bewältigen könnte.

Sebastian hatte schon den Klang und die Abfolge des Musikstücks in sich. Sie sah es an seinem Gesichtsausdruck, mit dem er fast blind zur Orgel ging. Er konnte nun auch nachts schlecht schlafen, weil er die Musik, die er zu schreiben hatte, ständig hörte. Anna Magdalena wurde selber immer müder, da Sebastian manchmal Tag und Nacht nicht auseinanderhalten konnte. Er wanderte in die Musizierstube um zu komponieren. Es müsste jemand da sein, der ihm zur Hand ging und Noten setzte. Sie selbst konnte es nicht tun. Sie würde ihren Schwiegersohn fragen, ob er zeitweise kommen könne – oder Elias bitten. Aber bis es so weit war, versuchte sie, Sebastian mit allen Mitteln nachts wieder ins Bett zu locken. Schließlich brauchte nicht nur er, sondern vor allem sie selbst dringend Schlaf.

Wenn Bach zum Dienst erscheinen sollte, machte sich Anna Magdalena auf die Suche. Obwohl sie nur zu rufen brauchte, ging sie jedoch immer leise, beobachtete ihn und berührte ihn sanft, damit er von allein nach ihrem Anliegen fragte. Wie ihm das Licht für die Augen fehlte, so vermisste sie Worte, die sie ihrem Mann zum Trost sagen konnte. Doch dieser Mangel verband die beiden mehr als gut gemeinte Sätze.

Schöne Worte fanden jedoch Anna Magdalena und Elisabeth, die sich regelmäßig Briefe schrieben. Gottfried hatte es sich angewöhnt, täglich die Postkutschen abzufangen und nach Post zu fragen. Elisabeth könnte ja geschrieben haben oder seine Brüder – und Elias schrieb auch immer liebe Briefe. Er hatte sogar die blauen Enziane geschickt, die Gottfried nun fleißig goss, obwohl alle sagten, die wären wie Gras, man müsse sie auch nicht gießen und dürfe sie keinesfalls hacken oder düngen. Er hatte die Pflanzen auch nie gedüngt oder gehackt – aber es gab Tage, da sahen sie so vertrocknet aus, dass er sie ein klein wenig mit Wasser besprengte.

»Morgen vielleicht«, sagten die Kutscher tröstend zu Gottfried, wenn sie keine Nachricht dabeihatten.

Im Herbst war Elisabeth selbst nach Leipzig gekommen. In ihrem Tragetuch befanden sich die üblichen Reiseutensilien. Wo war ihr Sohn? Sie stieg allein aus der Kutsche und umarmte ihre Eltern und Geschwister.

Elisabeth war zu ihrer Mutter gekommen, um sich auszuweinen, weil ihr Sohn gestorben war. Er hatte nur siebzehn Tage lang gelebt und war in der Zeit das größte Glück ihrer Ehe gewesen. Anna Magdalena schnürte der Schmerz ihrer Tochter das Herz zusammen. Sie legte ihr kalte Lappen auf die geschwollenen Brüste und versuchte sie abzulenken. So tapfer und übermütig die Tochter immer war, so bitter und untröstlich war sie nun, als sie um ihren Sohn trauerte.

Anna Magdalenas zweitältester Sohn Christoph war jetzt siebzehn Jahre alt. Er hatte gerade eine Anstellung als Hofmusikus in Bückeburg erhalten. Die Tage vor seiner Abreise fielen Anna Magdalena sehr schwer. Sie hatte keine Sorge um ihren charakterfesten Sohn, doch er würde ihr fehlen. Und nicht nur ihr, er würde *allen* fehlen, besonders Sebastian.

Was konnte sie ihm mitgeben? Was konnte sie noch für ihren Jungen tun? Anna Magdalena holte ihre kleine Handbibel und schrieb auf die erste Seite: *»Zum steten Andenken und Christlicher erbauung schencket ihrem lieben Sohn dieses herliche Buch Anna Magdalena Bachin Gebohrne Wülckin deine getreu und wohlmeinende Mama. Leipzig d 25 Decembr: 1749.«*

Zum Jahreswechsel reiste Christoph nach Bückeburg. Sie erinnerte sich daran, dass sie damals auch siebzehn gewesen war, als sie von ihrer Familie Abschied nahm. Anna Magdalena freute sich für ihren Sohn. Aber sie hätten Christoph selbst dringend gebraucht. Er hatte seinem Vater viel Freude bereitet und auch die Mutter konnte sich immer auf ihn verlassen. »Wie er seine Söhne gehen lässt!«, wunderte sich Anna Magdalena oft. »Wie er sie gehen lässt und sich für sie freut!«

Sebastian hielt sich aufrecht. Monat um Monat. So hatte also Harrer ein Jahr vergeblich in Leipzig darauf gewartet, dass er

Bachs Nachfolge antreten könne. Deswegen wurde er wieder nach Dresden zurückgerufen. Wer hätte auch ahnen können, dass er nur noch wenige Wochen hätte warten brauchen?

Elisabeth kam mit ihrem Mann nach Leipzig. Altnikol sollte seinem Schwiegervater zur Hand gehen und für ihn die Noten aufschreiben. So schrieb er die letzte Großfuge, die in einem vierthematischen und in allen Stimmen spiegelbildlich umkehrbaren Satz gipfeln sollte. Sebastian setzte noch sein Werkzeichen in die Schrift, damit er als Meister ausgemacht bliebe.

Anna Magdalena konnte ihr Leben und die Arbeit Sebastians nicht mehr auseinanderhalten. Sie begleitete ihren blinden Mann und sprach mit ihm die letzten Texte gemeinsam:

»Wenn wir in höchsten Nöten sein
und wissen nicht, wo aus und ein,
und wissen weder Hilf noch Rat,
obgleich wir sorgen früh und spat,
so ist dies unser Trost allein,
dass wir zusammen insgemein
dich rufen an, o treuer Gott,
um Rettung aus der Angst und Not.«

Es war nicht allein die Sorge um den Alltag, die Sebastian umtrieb, er machte sich bereit zum Sterben: »Vor deinen Thron tret ich hiermit …« So hatte er den Text eingeleitet.

Anna Magdalena hatte für sich selbst keine Wünsche mehr, außer den Alltag zu bewältigen. Sie fühlte sich zwar schwach, konnte aber ihren Pflichten nachgehen, und das machte sie zufrieden. Nicht sie durfte sich auf den Himmel vorbereiten. Sie musste ihren Mann loslassen, damit er in Frieden sterben konnte.

Ein englischer Augenspezialist machte von sich reden, der die

Schleier aus den Augen operieren könne. Sein Name war John Taylor. Er nahm viel Geld für eine Operation und oft blieb der Erfolg aus oder die Patienten starben bei der Prozedur. Es war jedoch Sebastians einzige Chance.

Im März 1750 kam Taylor. Er brachte Empfehlungen von verschiedenen Höfen mit und erzählte der bangen Familie, er habe auch Händel schon erfolgreich behandelt. Der Arzt bezog eine Kammer in der Thomasschule.

Erst schabte er eine dünne Schicht vom Augapfel ab, damit sich neue Haut bilden sollte, später legte er dicke Verbände auf, die mit unterschiedlichen Tinkturen getränkt waren. Was immer der Augenarzt versuchte, Sebastian sah nicht besser. Anfangs dachte Anna Magdalena, es läge an den Salben, Binden und Blutergüssen, dass Sebastian nicht sehen konnte, aber als diese weg waren, sah er weniger als zuvor. Durch die Prozedur wurde er so geschwächt, dass er nun ständig krank war. Sebastian brauchte Anna Magdalenas Hilfe mehr denn je. Darüber vergaß er oft, dass sie noch viele andere Pflichten hatte.

Eines Tages im Sommer war es dann wie ein Wunder, als Sebastian bei Tisch alle wieder erkennen konnte. Endlich war eine Besserung eingetreten. Aber nur wenige Stunden später klagte er über starke Kopfschmerzen. Bald darauf wurde er bewusstlos.

Anna Magdalena schüttelte ihren Mann, dass er aufwachen sollte. Sie rief die zwei besten Ärzte, die Leipzig aufbieten konnte, um ihrem Mann zu helfen. Als Sebastian wieder aufwachte, war er vollkommen blind und konnte die rechte Körperseite nicht mehr bewegen. Anna Magdalena massierte seine Hände, Arme und Füße. Wie sollte er denn die Orgel spielen? Auf sein Augenlicht konnte er zur Not verzichten, aber er müsste ihnen doch wenigstens vorspielen, was sie dann aufschreiben sollten. Die letzte große Fuge hatte er doch gerade erst begonnen!

Johann Christoph Altnikol war gerade da. Er hatte neben seinem Schwiegervater auf der Orgelbank gesessen und Noten eingetragen. Anna Magdalena bat ihn nun, Sebastian nicht zu bedrängen, dass er aufstehen solle. Sie wusste, dass es ihn böse ankommen würde, wenn er nun nicht mehr gehen könnte. An den folgenden Tagen ließ sie ihren Mann nicht aus den Augen, obwohl immer jemand da war, der sie in der Pflege ablöste.

Sebastian verlangte nach seinem Beichtvater Christoph Wolle. Als dieser kam, bereitete er für den Kranken den Abendmahlstisch vor. Wolle wusste um Bachs Situation und seinen Glauben. Gemeinsam betete er mit ihm den 25. Psalm: *»Nach dir, Herr, verlanget mich …, die Angst meines Herzens ist groß, führe mich aus meinen Nöten.«* Und dann nahm auch die ganze Familie das Abendmahl: Anna Magdalena, Dorothea, Gottfried, Christian, Elisabeth und ihr Ehemann. Die beiden jüngsten Töchter Carolina und Susanna standen auch mit dabei. Sie drückten sich an die Mutter, weil sie sich fürchteten.

Am 28. Juli 1750, kurz vor acht Uhr am Abend, verließen Sebastian die Kräfte. Alle sahen den Frieden, der sich in seinem Gesicht ausbreitete. Sie gönnten ihm die Ruhe.

Anna Magdalena empfand den Tod ihres Mannes wie damals den Abschied von ihrer ersten vierjährigen Tochter Henrietta. Sie wollte nicht wahrhaben, dass Sebastian so einfach für immer gegangen war. »Nein«, dachte sie immer wieder, »nein, er ist nicht tot.« Sie behielt die Gedanken für sich und half ihren Kindern, vom Vater Abschied zu nehmen und zu trauern.

Der angereiste Friedemann ging in diesen Stunden so gebückt einher, als ob er seinen Vater auf dem Rücken trüge. Nur Dorothea gelang es, ihn zum Essen und Trinken zu bewegen. Emanuel begriff als Einziger, dass auch seine Mutter Beistand brauchte. Er fragte, was er ihr helfen könne, und nahm sich vor, sie gut im Auge zu behalten, damit sie selbst bei Kräften blieb.

Es war so viel zu tun und zu regeln. Anna Magdalena musste auch dafür sorgen, dass alle Kantorendienste von Vertretern übernommen wurden, bis ein Nachfolger im Amt war. Das war völlig ungewohnt für sie, denn immer hatte Sebastian entschieden, was zu tun war. Sein lebendiges Herz war es gewesen, das mit seinem Takt und Tempo auch ihren Tagesrhythmus bestimmt hatte.

Am 31. Juli trugen die Leichenbestatter Sebastian in aller Frühe zum Johannisfriedhof. Die Thomasschüler zogen hinter der Familie her. Es war nur eine »Viertelleiche«, das hieß, dass die Stadt für ihren ehemaligen Kantor eine sehr sparsame Begräbnisfeierlichkeit angeordnet hatte. Nur ein Teil der Schüler sollte singen und niemand eine Extrabezahlung erhalten. Anschließend verlas der Geistliche von der Kanzel die üblichen Worte: dass der hochedle und hochachtbare Herr Johann Sebastian Bach in Gott sanft und selig entschlafen sei ... Kein Wörtlein ging über die gebräuchliche Fassung hinaus. Sebastian war für die Stadt nicht mehr als jeder Angestellte. Angestellte, wie sie kommen und gehen. Anna Magdalena war Sebastians Nachfolger dankbar, dass er trotzdem alle Thomasschüler zur Beerdigung bestellt hatte. Die Jungen verhielten sich andächtig und drückten der Familie einzeln ihr Beileid aus.

Anna Magdalena kehrte mit ihrer Familie in die Wohnung zurück. Sie schien leer ohne Sebastian.

Alles steigt einmal empor, obgleich wir betteln

Leipzig, 1750–1760

Anna Magdalena hatte nach dem Tod Sebastians neue Laken aufgezogen. Als ob er nach einer Reise wiederkommen sollte, hatte sie das Bett frisch hergerichtet. Doch schon in der ersten Nacht fanden sich darin neue Schläfer ein. Die zwölfjährige Carolina kam mit der kleinen Schwester an der Hand: »Mutter, dürfen wir heute Nacht bei dir schlafen?«

Anna Magdalena hatte nichts dagegen. Sonst durften die Kleinen auch immer bei ihr schlafen, wenn Sebastian außer Haus war. Als Dorothea noch nach der Mutter sah, sagte diese nur: »Für dich, meine liebe Dorothea, auch für dich hat es genug Platz. Ich weiß, wie klein man sich fühlt und wie schutzlos, wenn der Vater stirbt. Mich dünkt, wir müssen jetzt gut zusammenhalten.« Und die längst erwachsene, zweiundvierzigjährige Stieftochter, die immer die Jungfer genannt wurde, legte sich mit zu den Kindern in Sebastians Bett.

Still war die Nacht und lang. Die beiden Frauen lagen wach und warteten doch bis zum nächsten Morgen, um alles zu besprechen.

Erst gegen Morgen war Anna Magdalena eingeschlafen. Sie träumte, sie schritte durch eine einsame Gegend. Weder Bäume noch Gräser wuchsen dort. Sie folgte keinem Weg, sondern watete in einem dünnen Rinnsal. Als sie lange gewandert war und die Sonne immer noch heiß am Himmel stand, wollte sie von dem Wasser trinken, durch das sie ging. Sie bückte sich und füllte eine Hand mit dem Nass. Das Wasser war warm und schmeckte salzig. »Was ist das?«, fragte sie sich. Doch im nächsten Moment wusste sie, dass es Tränen waren. Der salzige Bach – war ein Bach aus Tränen. Sie ging weiter und weinte endlich, sodass auch ihre Tränen in den Bach fielen. Als sie sehr weit gewandert war, entdeckte sie einen klaren kalten Bergsee, der im nächsten Tal war. Sie zog ihre Kleider aus und stieg in das eisige Wasser.

Als sie aufwachte, fröstelte sie noch. Aber sie hatte einen freien Kopf und wusste, dass Gott ihr beistehen würde. Leise stand sie auf, um die anderen Schläfer nicht zu wecken. Als sie in der Küche den Ofen anheizte, musste sie sich mehrmals den Schweiß von der Stirn wischen, obwohl das Feuer noch nicht brannte. Die Sommerhitze hatte sich in den Tagen in Leipzig bis in die kleinsten Ritzen eingenistet. Sie hatten am Abend zuvor sogar Schränke und Truhen geöffnet, damit die darin gestaute Hitze durch kühlere Nachtluft ausgetauscht würde. Während sie vorsichtig das Holz in der Feuerstelle aufschichtete, dachte sie daran, dass Sebastian nie gern in der Küche gestanden hatte. Als ob er durch Funkenflug Brandflecken in seinen Kleidern fürchtete oder den Geruch von Rauch und Speisen. Hier in der Küche war Friedelena gestorben. Damals hatte Sebastian sie vom Fußboden aufgenommen und sie wie ein Kind auf sein Bett gehoben. Anna Magdalena dachte daran, wie oft ihr in dieser Küche schon übel gewesen war und sie diese Anzeichen gut zu deuten gewusst hatte.

»Was denke ich nur für Sachen«, schalt sie sich. »Es gibt so viel zu tun und ich denke an Dinge, die doch längst vorbei sind.« Im gleichen Augenblick fiel ihr ein, dass sie schon bald nicht mehr an diesem Herd kochen würde. Höchstens ein halbes Jahr konnte sie wohl noch in der Wohnung bleiben. Ein Gnadenhalbjahr Einkünfte beziehen. Dann hätte sie noch zweimal Anspruch auf Sebastians Gehalt. Aber sie würde trotzdem nur noch einmal etwas ausbezahlt bekommen, denn bei ihrem Einzug in

Leipzig hatten sie seinerzeit um Vorschuss gebeten. Das war ein Vierteljahresgehalt gewesen, und nie war so viel Geld übrig gewesen, um die Schuld zu begleichen. Wie lange sie mit Gottfried, Dorothea und den beiden Mädchen hier wohnen bleiben konnte? Abgesprochen war, dass eine Witwe noch ein halbes Jahr Wohnrecht hatte. Aber wenn ein Nachfolger schon früher käme und die Wohnung brauchte?

Das Feuer brannte. Im Speisezimmer hatte schon jemand den Tisch für das Morgenmahl gedeckt. Anna Magdalena zählte die Teller nach und das Besteck. Die Mädchen konnten es nicht gewesen sein, denn sie waren ja zusammen zu Bett gegangen. Es musste aber jemand aus der Familie gewesen sein. Achtzehn Gedecke waren gerichtet. Alle Gäste waren somit genau gezählt worden. Da sie unterschiedliche Teller besaßen, bemerkte sie, dass diese so verteilt waren, dass ihre Familie an den angestammten Plätzen saß. Die Lieblingsteller der Kinder sprachen dieselbe Sprache wie gemalte Platzkarten. Doch dann musste Anna Magdalena schmunzeln. So etwas machte doch nur einer: Elias! Und der schlief noch, wie manch anderer, lieber im kühlen Keller statt auf dem aufgeheizten Dachboden.

An dem Morgen sah niemand auf die Uhr. Einer nach dem andern kam. Sie umarmten sich. Manchmal flüsterten sie plötzlich und wussten nicht warum. Wie gut es tat, alle zu sehen. Sie freuten sich übereinander, dass sie sich noch hatten.

Gottfried stellte unverblümt seine Fragen und schaffte es dadurch, dass sie miteinander scherzen und weinen konnten. »Ist Vater nun bei Friedelena?«, fragte er. Und wenig später, als er weiter nachgedacht hatte, sagte er erstaunt: »Also dann ist er jetzt wieder mit der Mutter von Dorothea und Friedemann im Himmel verheiratet?«

»Da wird nicht geheiratet«, widersprach Friedemann. »Ich denke, Vater sitzt da schon an einer Orgel. Ganz aus Gold, Gottfried – so etwas Schönes könnten nicht einmal Boses in ihrer Werkstatt schmieden.«

»Aber wird Vater dann von einem Doktor am Auge operiert oder sieht er jetzt schon wieder gut?«

»Da muss nichts mehr operiert werden«, schaltete sich Bernhard ein. »Wer im Himmel die Augen aufschlägt, sieht so klar wie ein Bussard, noch besser sogar: wie ein Luchs, der sieht sogar im Dunkeln, was überall herumspaziert.«

»Auch Noten?«

»Wenn er lesen könnte, auch Noten«, bestätigte Friedemann. Wie gut es tat, mit dem schwachsinnigen Bruder alle zu trösten und gleichzeitig zum Weinen zu bringen. Gottfried befand irgendwann, dass es sein Vater besser gewählt hatte als alle andern, die noch in Leipzig waren.

»Ich hätte nichts dagegen, die werte Familie Bach in Schweinfurt zu sehen«, warf Elias ein. Bevor Gottfried an die Gärten und Blumen dort erinnert werden sollte, sagte Anna Magdalena entschlossen: »Heute Abend sitzen wir alle noch zusammen, und erst dann werden wir miteinander besprechen, wie es weitergehen soll.« Sie hatte sehr wohl die Müdigkeit der Kinder gespürt. Ihre Söhne mussten erst einmal zur Ruhe kommen. Sie hatten keinen starken Vater mehr, der ihnen die Wege ebnete. Sie hatte sich mit Herrn Graff verabredet, der sie als Witwe beraten sollte. Sie musste mit ihm durchsprechen, welche Möglichkeiten es gab. Ohne Sebastian war sie als Witwe vollkommen rechtlos.

An einem Abend konnte nicht geregelt werden, was sich Monate hinziehen sollte. Die größte Hoffnung Anna Magdalenas war die Bewerbung Emanuels auf die Stelle seines verstorbenen Vaters. Alle waren froh darüber, dass er die Begabung besaß und bereit war, sich zu bewerben. Seine Mutter und Geschwister könnten dann ihre Heimat behalten. Bereits eine Woche später wurde er zur Vorstellung gebeten.

Anna Magdalena wäre nie in den Sinn gekommen, dass der begabte und charakterstarke Sohn abgelehnt werden würde. Doch die Prüfer entschieden anders. Vielleicht war es die Erinnerung an den Vater des Bewerbers, die sie ins Protokoll schreiben ließ: *»Herr Bach wäre zwar wohl ein großer Musicus, aber kein Schulmann gewesen.«*

Die Nachricht traf Anna Magdalena hart. Einige Tage lang war ihr ganz schlecht vor Kummer. Wenn ihr eigener Sohn hier nicht arbeiten konnte – würde sie dann ihre Familie zusammenhalten können? Es wäre keiner da, der sie mit den zwei Mädchen, Dorothea und Gottfried unterstützte.

Dorothea begriff ebenfalls, was das bedeuten könnte. »Wir bleiben zusammen«, sagte sie immer wieder zu Anna Magdalena. Doch die Mutter erwiderte nur: »Wir werden einen Weg finden, denn Gott versprach, die Witwen und Kinder zu schützen. Wohin er führt, müssen wir ihm überlassen.« Sie hielt sich nun einfach an die Worte, an denen sich Christenmenschen orientieren können; hielt sich daran fest, weil nichts anderes Halt versprach.

Wie bereits vorgesehen, sollte Kapelldirektor Harrer aus Dresden Bachs Nachfolger werden. Er hatte ja schon zu dessen Lebzeiten vergeblich auf seinen Dienstantritt gewartet. Bis er eintraf, sollte der junge Ernesti die Vakanzzeit überbrücken. Anna Magdalena wurde aufgefordert, wenigstens einige Zimmer für den Nachfolger und seine Familie zu räumen.

Wie gut, dass Christoph für längere Zeit von Bückeburg beurlaubt wurde und damit seine Mutter unterstützen konnte. So konnte er auch den Nachlass vorbereiten. Fein säuberlich listete er auf, was nach dem Tod des Vaters an Instrumenten, Notensätzen und Hausrat vorhanden war. Anna Magdalena übergab der Stadt ein Schreiben mit der Bitte um ein Gnadenhalbjahr. Es wurde ihr gestattet, wie es auch zuvor den Kantorenwitwen gewährt worden war. Allerdings war sehr wohl noch aktenkundig, dass der bereits erhaltene Vorschuss abgezogen werden musste. Anstelle von Noten und Liedtexten begann Anna Magdalena nun, fein säuberlich Gesuche um Witwenunterstützung zu schreiben. Und so gelang es ihr, 21 Groschen aus dem Legat von D. A. Heinrici zu erhalten.

Christoph sichtete die musikalischen Werke seines Vaters. Dabei fand er auch Musikstücke, die ihm selbst nicht vertraut waren. Mit seiner Mutter ging er die Notensätze durch. Manche könnten in Druck gehen; damit ließe sich die Haushaltskasse aufbessern.

Anna Magdalena bat Christoph: »Lege alles gut überschaubar in der Musikstube nieder, nur so haben wir einen Überblick, was vorhanden ist. Und sortiere aus, was jetzt deinen Brüdern dienlich ist.«

»Wo sind die Kirchenlieder, die Vater schrieb?«, erkundigte sich Christoph.

»Die übergab ich bereits dem jungen Ernesti, damit er die Zeit hier gut überbrücken kann. Seit ich die Lieder Ernesti übergab, verhalten sich die Vorgesetzten mir gegenüber viel freundlicher.«

»Das hast du gut gemacht«, sagte Christoph, dem es Freude machte, die vielen Notensätze in seinem Geist in Musik zu verwandeln.

Anna Magdalena setzte sich zwischendurch ans Cembalo und spielte einige Takte, um sich genauer zu erinnern. Und dann packte es sie wie ein Fieber: Sie spürte keinen Hunger, keinen Durst. Sie wollte alles, was sie weggeben sollte, noch einmal hören. Sie sang alle Arien, die ihr zwischen die Finger kamen. Sie suchte in den Schriftstücken, wie die Käufer in Boses Geschäft sich die wertvollsten Schmuckstücke zeigen ließen, um sich für das Schönste zu entscheiden. Anna Magdalena wollte selbst prüfen, welche Musikalien nicht weggegeben werden durften, ehe sie diese nicht kopiert hatte, um wenigstens etwas davon für sich zu erhalten. Zwischendurch fand sie Notensätze, die ihr unbekannt erschienen. Erst wenn sie die Stücke anspielte, erinnerte sie sich – es war wie ein überraschendes Zusammentreffen mit alten Freunden, bei dem die schönen Zeiten wieder lebendig werden. Ein Blatt ums andere nahm sie in die Hände.

Als die Kinder sagten, es wäre Zeit zu Abend zu essen, antwortete sie: »Dorothea, erinnerst du dich noch an die Geschichte, als Sebastian sein Notenblatt in der Kirche nicht mehr fand?«

»Meinst du das von ›Jesus, lass dich finden‹, als wir beim Mittagsmahl so lachten?«, fragte Dorothea zurück. Aber Anna Magdalena antwortete nicht. Ehe jemand etwas einwenden konnte, begann sie daraus zu singen, damit sich jeder erinnern sollte.

Anna Magdalena aß erst, als Carolina ins Musikzimmer trat und ihrer Mutter ein fertig bestrichenes Brot hinhielt. Sie hatte es in kleine Häppchen geschnitten und hielt es ihrer Mutter unter die Nase: »Liebe Mama, die Butter ist ganz frisch und das Brot auch. Riech mal, wie das duftet!« Im nächsten Augenblick steckte Carolina ihr den ersten Bissen in den Mund.

»Und?«, fragte sie.

»Gut, wirklich gut«, bestätigte die Mutter. Somit erhielt sie das zweite Häppchen. Carolina versuchte nun, ihre Mutter bei Laune zu halten, wie man auch die kleinen Kinder zu füttern pflegt und danach erleichtert seufzt, wenn sie endlich alles brav gegessen haben. Sie sang sogar zusammen mit der Mutter, damit sie sagen konnte: »Erst müssen wir einen Schluck trinken, sonst klingt es nicht mehr so schön.« Und sie achtete darauf, dass ihre Mutter den Becher Kräutertee leer trank.

Alle gingen nach und nach zu Bett. Als Carolina sich auch nicht mehr auf den Beinen halten konnte, sagte sie: »Liebe Mama, ich gehe vor und warte auf dich.«

»Geh du nur; ich komme bald nach«, sagte Anna Magdalena. »Du bist zu mir so lieb, wie es Elias zu sein pflegt. Und von dieser Liebe reicht ein Körnchen für den ganzen Tag und eine Stunde für ein halbes Leben.«

»Weißt du, liebe Mama, dass er sich freuen würde, wenn du ihn heiraten würdest?«, fragte Carolina.

»Wer setzt dir solche Flöhe ins Ohr, mein liebes Kind?«

»Es sind keine Flöhe, die das in mein Ohr raunen«, verteidigte sich Carolina. »Ich schlafe doch auch mit den andern im Keller. Und das habe ich mit meinen eigenen Ohren gehört! Er will nur noch die Zeit abwarten.«

Anna Magdalenas Herz kam für einen Moment aus dem Takt, als Carolina so munter drauflosplauderte. »Eine Laune«, schalt sie sich. »Eine kleine Laune von mir, ohne Hand und Fuß.«

Anna Magdalena spürte keine Müdigkeit. Sie fühlte sich so beschenkt wie damals, als sie in Köthen als Sängerin anfing. Zu jener Zeit hatte sie ihr erstes Gehalt bekommen und es war so reichlich gewesen, dass sie nicht wusste, was sie damit anfangen sollte. Nun ging es ihr ähnlich. Doch diesmal waren es nicht Geld und das Gefühl der Freiheit. All die Lieder und Musikstücke, die sie in den letzten Jahren begleitet hatten, waren nun mehr als die Ernte im Herbst, wenn sie mit Kartoffeln, Kraut und süßen Trauben von ihrem Garten kam. Sebastians Musik, ihr gemeinsames Musizieren glitten durch ihre Hände und Sinne wie Edelsteine.

Anna Magdalena ging gar nicht erst zu Bett, sondern am frühen Morgen gleich zu ihrem treuen Freund Graff, dem Schwager ihrer verstorbenen Freundin Sybilla. Er war der Rechtsvertreter für die Erbteilung Bachs und sollte sie in allen Fragen beraten und unterstützen. Anna Magdalena hatte es so besprochen, dass sie für die Kinder einen Vormund bestellte und damit noch frei war, einen anderen Mann zu heiraten.

Doch nur wenige Tage später erfuhr sie, dass sie auf eine neue Heirat verzichten müsse, wenn sie die Kinder behalten wollte. Andernfalls würden alle Kinder gleich weggegeben. Anna Magdalena zögerte keinen Augenblick. Sie nahm ihr Gesuch der vorigen Woche zurück und beantragte die Vormundschaft für Christoph (18), Johann (15), Carolina (12) und Susanna (9). Sie bat noch darum, dass Johann Gottlieb Görner als *Con-Tutor* bei der Erbteilung eingesetzt würde.

Manchmal fragte sich Anna Magdalena bang: »Mein Gott, wie kann es weitergehen?« Sie fragte es so lange, bis es ein Gebet wurde und ihr die Hilfe Gottes bewusst wurde. Dann fühlte sie sich in der Lage zu handeln und war trotz der Widrigkeiten voller Zuversicht.

Sie hatte die Zusage erhalten, dass sie vom Graffschen Legat zweimal jährlich 5 Taler erhielt. Dies wurde an fünf ausgesuchte Witwen und zwei Studenten gestiftet. Aber wie sollte sie damit im teuren Leipzig auskommen? Gerade jetzt, wo sich alle Bürger daran erinnerten, welche Schulden die Bachs hatten anschreiben lassen. Viele kamen und forderten ihr Geld zurück. Doch niemand war da, der ihr etwas borgen wollte. Die Schulden ihrer lieben Schwester Johanna, die sich auf 58 Taler beliefen, waren zu ihren Schulden geworden.

»Wir ersuchen Frau Bach freundlich, uns die Schulden gar unverzüglich zurückzuerstatten«, schrieben die Gläubiger, denn sie hofften, dass wenigstens bei der Erbteilung noch Mittel vorhanden seien. Später würden sie vergeblich hoffen.

Christoph hatte in den vergangenen Tagen viel erreicht. Er nahm einige Musikstücke mit, um sie veräußern zu können. Auch Friedemann hatte seinen Besuch schon angekündigt, denn er wusste nur zu gut, dass er in Leipzig gebraucht wurde.

Ehe Friedemann eintraf, tat Anna Magdalena etwas, worüber sie mit niemandem sprach und was lange ihr Geheimnis bleiben sollte. Sie wusch sich die Haare, ließ sie trocknen und bürstete diese, bis sie glänzten. Dann wickelte sie sie um ihr Handgelenk und steckte sie am Hinterkopf fest. Danach setzte sie eine Haube auf, wie sie es in letzter Zeit öfter schon getan hatte. Sie ging in die Stadt. Vor einem Hutladen, der verschiedene Kopfbedeckungen, Tücher und Perücken ausstellte, blieb sie stehen. Sie studierte die Perücken ganz genau. Wie teuer sie waren!

Zwei Herren waren neben sie getreten; sie schienen sich ebenfalls für Perücken zu interessieren. Da sie Englisch redeten, verstand sie nicht genau, was sie miteinander besprachen. Sie entschlossen sich bald darauf, den Laden zu betreten und forderten Anna Magdalena höflich auf, als Erste einzutreten. Der Größere von beiden hielt ihr freundlich die Tür auf. Anna Magdalena schüttelte den Kopf, und die Röte schoss ihr ins Gesicht. Nicht da hinein wollte sie. Sie ging rechts vom Haus die schmale Gasse entlang, die in den Hinterhof führte.

Als sie die Tür zu dem großen Holzschuppen öffnete, schlug ihr beißender Gestank entgegen. Sie hatte wohl zu tief eingeatmet, denn die Kehle brannte ihr bis in die Lungen hinein. Sie hustete und schaute sich um. Da waren ja ganze Berge von Haaren! Doch das waren Ziegenhaare, wie sie gleich feststellte. Zwei Männer waren nämlich dabei, aus den zotteligen Ziegen glatt rasierte Wesen zu Tage zu bringen. So war also auch Sebastians Perücke entstanden. Sie hatten ihm die Perücke mit ins Grab gegeben. Selbst im Sarg, als er mit geschlossenen Augen dalag und zu spüren war, dass seine Seele nicht mehr in ihm wohnte, hatte er ein stattliches Bild abgegeben.

Anna Magdalena merkte, wie ihr aufgrund der Erinnerung die Tränen in die Augen traten. »Nicht jetzt«, dachte sie: »Nicht hier, jetzt brauche ich meinen Kopf für die Geschäfte.« Seit Sebastian nicht mehr da war, hatte sie es sich angewöhnt, still mit sich selbst zu sprechen. Und das wirkte so gut wie die Gespräche mit ihrer Freundin Sybilla, die schon lange im Himmel war und doch solch gute Spuren bei ihr hinterlassen hatte.

»Gnädige Frau«, sagte jemand zu ihr. »Gnädige Frau, wenn

ich trotz meiner entzündeten Augen richtig sehe, seid Ihr die werte Witwe Bach.«

Anna Magdalena kannte den Mann, der sie angesprochen hatte. Zwar wusste sie seinen Namen nicht, doch er war ein eifriger Kirchgänger und seine Augen hatten nie besser ausgesehen. Erst jetzt verstand sie, warum er so rote Augen hatte. Er rührte in den Bottichen und goss von Zeit zu Zeit die stinkende Flüssigkeit über die zu Büscheln gebundenen Haare, die auf großen Sieben lagen, damit sie abtropfen konnten.

»Was führt Euch zu uns, werte Witwe Bach?«, fragte er nach.

»Ich möchte Euch meine Haare anbieten. Sie sind lang und es findet sich kein graues Haar unter ihnen.«

Der Angesprochene war verblüfft und trat einen Schritt zurück. »Ihr … Ihr wollt Eure Haare verkaufen?«

Zum Zeichen, dass er richtig gehört hatte, band Anna Magdalena ihre Haube ab und löste die Klammern. Wie es ihrer Familie vertraut war, sprangen die Haare in vollen Wellen bis weit über die Hüften. So geplagte, geschwollene Augen der Arbeiter auch hatte, eine solche Pracht hatte er noch nie gesehen. Fast verzweifelt ging er ein paar Schritte zurück und schlug immer wieder seine Hände zusammen.

Als er sich gefasst hatte, sagte er: »Ich werde den Meister holen müssen. Dazu muss ich den Meister holen«, und entfernte sich.

Da stand Anna Magdalena. Mit offenen Haaren war sie nie aus dem Haus getreten, und in den letzten Jahren hatte sie immer häufiger eine Haube getragen. »So stehe ich nun im gleichen Raum wie die Ziegen, die geschoren werden«, dachte sie. »Ich werde aber stillsitzen und keinen Laut von mir geben.«

Der Mann kam mit dem Meister zurück. Anna Magdalena sah, wie er verwundert auf ihre langen Haare blickte. Doch seine ersten Worte waren: »Diese seltene Haarfarbe ist wenig gefragt. Man wird sie wohl einfärben müssen.«

»Aha, es geht schon um den Preis«, dachte Anna Magdalena. »Mein Gott, hilf mir, dass er gut wird.«

Danach griff ihr der Perückenmacher ins Haar, prüfte mit seinen Händen, wie reißfest die Haare waren und hielt die Haarspitzen gegen das Licht.

»Wie gut, dass ich sie schon lange nicht mehr gelockt habe und die Spitzen gesund sind«, dachte sie erleichtert.

»Wünscht Ihr einen glatten Schnitt in Kinnlänge?«, fragte er nach.

»Welche Schnitte gibt es denn sonst noch?«, erkundigte sich Anna Magdalena.

»Nun, die Haare lassen sich auch büschelweise am Kopf schneiden. Dann hättet Ihr aber keine Haare mehr, die unter der Haube hervorschauen.«

»Ich brauche keine Haare, die unter der Haube hervorschauen«, erwiderte Anna Magdalena tapfer. »Meine Haare wachsen so schnell wie das Unkraut in den Gärten.«

»Mir scheint, dass auch Euer Mut dem Unkraut gleicht und unverwüstlich ist.«

Anna Magdalena freute sich über die Worte des Meisters. Endlich war die Beklemmung von ihr gewichen.

»Wir könnten auch ganz anders ins Geschäft kommen«, sprach der Perückenmacher. »Das ist zwar eine Prozedur, brächte Euch aber sechs Taler mehr.«

»Sechs Taler mehr von was?«

»Die Haare werden gewogen. Ich schätze …« Er griff nach ihren Haaren und wog sie in der Hand. »…Ich schätze, auf zehn Taler werden wir kommen. Denn je länger die Haare, um so wertvoller werden sie. Und solch schönes Haar habe selbst ich als Perückenmacher noch nie gesehen.«

Anna Magdalenas Herz tat einen Sprung: Zehn Taler! Und dazu noch sechs? »Und welche Prozedur meinen Sie?« Der Meister erklärte ihr den Vorgang. Die Haare würden mit einer speziellen Schere wie bei den Schafen dicht am Kopf geschoren. Danach würde ein Abdruck von ihrem Schädel gemacht werden, denn so könnten die Haare wieder Fläche um Fläche genauso auf ein geschneidertes leinernes Modell genäht werden. »Dabei geht kein Millimeter der Haarlänge verloren.

»Nun, worauf warten wir?«, ermunterte ihn Anna Magdalena.

»Will es sich Witwe Bach nicht noch einmal überlegen?«, vergewisserte sich der Meister.

»Sie muss nicht überlegen, denn sie hat es schon vor Tagen beschlossen«, erwiderte sie und sagte zu sich: »Außerdem würde sie nicht nach Hause gehen wollen und diesen Raum noch einmal betreten müssen.« Sie war schon zu einer der Ziegen geworden, die erst wieder ihren Frieden fand, wenn sie kahl geschoren von dannen springen konnte.

Zu dritt beschäftigten sie sich nun mit Anna Magdalena. Ihre Haare wurden mehrfach gescheitelt und jedes Büschel Haare mit einem Band zu einem genau abgemessenen Bündel verknotet. Die Scheitelstellen an ihrem Kopf wurden mit Tintenlinien markiert. Und dann wurden Anna Magdalena mit einem breiten Schermesser Streifen um Streifen die Haare glatt vom Kopf rasiert. Als ob man die Haare ausgezogen hätte und danach eben nackt war. Als auch der letzte Haarstrang sorgsam mit Zahlen versehen auf dem Papier lag, atmeten alle auf. Anna Magdalena war aus einem ihr unbekannten Grund ebenso erleichtert.

Der Meister hatte Schweißperlen auf der Stirn. »Nun kommt noch die Prozedur«, warnte er. Aber Anna Magdalena war darin geübt, still zu halten wie ein Schäflein. Sie konnte doch vor einer Geburt auch nicht davonlaufen. Eine Frau, die sich als Perückennäherin zu erkennen gab, zeichnete nun die Tintenlinien auf Anna Magdalenas Kopf nach. Auf die freien Felder massierte sie vorsichtig eine Fettsalbe ein. Danach zeichnete sie noch einmal mit Kohlenstaub die Linien nach. Ebenso zog sie mit einer anderen Farbe ganz genau die Linie ihres Haaransatzes nach. Als sie dünne, halbfeuchte Leinenbänder an ihren Kopf gelegt hatte, rief die Frau eine andere herbei, die ihr helfen sollte.

»Jetzt wird es heiß, aber nur für einen Augenblick.« Mit dicken Pinseln strichen sie eine heiße, ranzige Flüssigkeit auf die Binden. Anna Magdalena sagte zu sich: »Nicht heißer als die glühenden Stäbe bei meiner Wirtin in Köthen. Nicht heißer …« Sie wiederholte es so lange, bis die Frauen zufrieden dreinschauten, weil sie ihr Werk wohl nach ihrer Vorstellung zu Ende gebracht hatten.

Anna Magdalena sollte nun stillsitzen und weder das Gesicht noch die Kopfhaut bewegen. Es kam ihr so vor, als würde die Kopfmaske immer heißer. Ihr brannten die Augen und der Hals begann zu jucken, weil kleine Haarstoppeln zu stechen begannen.

»Ganz still, sagte sie zu sich. Nicht blinzeln, nicht aufschauen, nichts denken, nichts denken …«

»Ich denke, es reicht nun.« Welche Erlösung aus dem Mund des Meisters! Er hatte geprüft, ob sich das Tuch und die Flüssigkeit gut verbunden hatten. »Es darf nicht ganz fest werden«, erklärte er und fuhr fort: »Und nun beginnt Ihr langsam die Stirn zu krausen und mit der Kopfhaut zu wackeln.«

Die Stirn konnte Anna Magdalena gut in Bewegung bringen. Aber ihren Kopf fühlte sie einfach nicht. Da war nur noch das Brennen, wie die heiße Sonne auf einen Stein brennt. Der Perückenmacher half ihr. Mit gespreizten Fingern wackelte er sanft auf ihrem Kopf. Ja, und dann fühlte sie es auch: Die starre Haube löste sich. Mit einem kleinen Messer ritzte die Frau den Abdruck am Hals und an den Seiten ein und hob die Hülle ab. Gemeinsam prüften die Perückenmacher, ob die Linien auf dem Abbild gut zu sehen waren.

»Ich gehe an die Arbeit«, sagte die eine Frau. Die andere cremte Anna Magdalenas Kopfhaut dick ein und legte vorsichtig saubere dünne Binden auf. Vorsichtig half sie ihr noch, die Haube aufzusetzen. Sie war sehr freundlich, wofür ihr Anna Magdalena unendlich dankbar war.

Sechzehn Taler und sieben Groschen trug sie nach Hause. Der Verlust der Haare war schmerzlich, aber ihr war ein riesiger Stein vom Herzen gefallen: Die nächsten Wochen würde es reichen. Für alles Nötige.

Niemand nahm die Veränderung an Anna Magdalena wahr. Es war eben wie so vieles andere auch. Die Mutter erklärte nicht viel, wenn sie sich anders verhielt. Es ist wohl aus Trauer um ihren Mann, dass sie nun eine Haube trägt, dachten die Leute. Und die Kinder fanden sich damit ab, dass ihre Mutter auch nachts eine Baumwollhaube trug.

Noch ehe sich die geschundene Kopfhaut ein weiteres Mal von ihrem Haupt schälte, traf Friedemann ein. Wie Kletten hingen die Mädchen an ihrem Stiefbruder. Und Anna Magdalena beobachtete, dass die Bande zwischen Friedemann und Dorothea immer noch so stark waren wie zu Kinderzeiten.

Mit Friedemann wuchs die Zuversicht, dass es irgendwie gut weitergehen würde. Er musizierte im Kaffeehaus und nahm dazu seine Geschwister mit, damit sie sich in der Zeit an Kaffee und Kakao gütlich tun konnten. Friedemann wirkte zeitweise gelassener als zu den Zeiten, als sein Vater noch lebte. Nach so langer Zeit hatte er offenbar seinen Argwohn gegenüber der Stiefmutter abgelegt.

Immer wenn Anna Magdalena die Wörter »Kopf« oder »Haare« hörte, wurde sie schmerzlich an ihre nachwachsenden Stoppeln erinnert. Sie musste sich ablenken, um sich nicht wie eine kranke Katze ständig am Kopf zu kratzen. Dazu hatte sie sich einen Trick ausgedacht. Sie stellte sich vor, dass sie eine wunderbare Aufsteckfrisur hätte, die mit mehreren Dutzend Nadeln befestigt wäre. Und die Nadeln stachen nun in ihrer Vorstellung beständig auf sie ein.

Sie wunderte sich immer noch, wie einfach das gewesen war: sich die Haare schneiden zu lassen – und keiner merkte es. Niemand interessierte sich dafür. Wenn Sebastian noch gelebt hätte, wäre das Geheimnis keinen Tag alt geworden. Denn in ihre Haare hatte er jedes Mal sein Gesicht gedrückt, ehe er sich schon vollkommen schläfrig umdrehte. Er hätte es verdient gehabt, dass sie ihm ihre Haare mit ins Grab gelegt hätte. Die Dinge sollten immer dem Menschen gehören, der sie liebt und schätzt, dachte sie weiter. Aber dann … dann hätte auch Elias Anspruch auf ihre Haare … Sie verwarf den Gedanken gleich wieder. Schüttelte den Kopf und kam doch nicht los davon. Was wäre gewesen, wenn sie nun doch wieder hätte heiraten dürfen? Dann, das wusste sie, hätte sie noch jedes Haar auf dem Kopf!

»Eine Sendung von Elias ist angekommen! Ich kann sie gleich abholen!« Gottfried hüpfte herum. »Vielleicht hat er uns wieder Most und Wein aus Schweinfurt geschickt? Und es ist dann wieder die Hälfte verdorben wie im letzten Jahr?«

»Mir wäre lieber, er würde Kartoffeln schicken«, fiel Dorothea ein. Der Wein wurde ja doch nur unter den Männern verköstigt, während der zu Essig verkommene Most den Frauen überreicht wurde, um damit zu putzen.

»Gottfried, ich komme mit«, sagte Dorothea, und plötzlich wollten alle mit, um zu sehen, was es mit der Nachricht auf sich hatte, dass eine Fracht aus Schweinfurt für die Witwe Bach eingetroffen sei. Wenn alle außer Haus gingen, hieß das meistens: alle außer der Mutter. Aber Anna Magdalena hatte ja auch nur langsam begriffen, dass, während sie an Elias gedacht hatte, der Mann schon längst wieder etwas Nettes getan hatte.

Die Kinder, so groß sie waren, stürmten los und vergaßen auch nicht, den Handwagen mitzunehmen, denn bei Elias musste man mit allem rechnen: mit selbst gemachtem Wein und Most,

Blumenpflanzen und Saatsetzlingen oder sogar mit lebendigen Enten und Hühnern.

Mit den ausschwärmenden Kindern war die Wohnung still geworden und Anna Magdalena konnte sich in aller Ruhe daran erinnern, was Elias schon alles von Schweinfurt zu ihr gesandt hatte. Den ersten Samen von Rettichen zum Beispiel. Oder einmal einen Sack roter Rüben und bunte Federn von ausländischen Vögeln. Und da waren noch die Blumensamen, die er so pries und aus denen dann die einfache Pimpinelle wuchs, die auf jeder Wiese zu finden war. Anna Magdalena erinnerte sich an immer mehr und musste lachen. Elias war für sie immer wie der Regen auf eine heiße, staubige Straße. Diese Augenblicke machten übermütig – nicht nur, wenn man ein Kind ist, o nein!

Sie stand auf, schmunzelte, suchte nach Noten. Lachte und suchte weiter nach den Noten, die Elias einmal in einem Brief an sie mitgeschickt hatte. Es war eine Melodie, die er komponiert hatte, und dazu hatte er geschrieben: »Meiner liebsten Muhme: eine kleine Melodie von Vögeln gesungen, die sich immer wiederholen und jedes Jahr dasselbe erzählen, weil ihnen alles einfach erscheint und das Herz wenig bedarf.«

Und dann lagen die gesuchten Blätter in ihren Händen. Sie setzte sich ans Klavichord und steckte das Notenblatt fast leichtsinnig hinter die Tastatur. Da es niemand sah, konnte es niemand empören. Elias hätte darüber nur gelacht, da war sie sicher. Sie spielte die Melodie, so wie sie Elias aufgeschrieben hatte. Es war wie Vogelgesang, und die Töne klangen durch den metallenen Klavichordanschlag wie Regentropfen, die klingend auf heiße Pflastersteine fallen. Sie erinnerte sich daran, wie sie als Kind durch den Regen gelaufen war und nie genug davon bekommen konnte … wie die feuchte Erde, die Straßen und Dächer rochen … wie sich in ihren Haaren erst Nebel und dann Tropfen sammelten und schließlich das Wasser aus ihnen floss … irgendwann tropfte sie ebenso wie die Bäume um sie herum, die niemand mehr Schutz vor dem Regen boten. Wenn sich das Wasser in den Schuhen gesammelt hatte und mit jedem Schritt aus den Schuhen gluckste, dann war es Zeit nach Hause zu gehen, dann war das Glück vollkommen und endete erst mit dem besorgten Blick der Mutter und ihrem Kopfschütteln.

Weil Anna Magdalena sich angewöhnt hatte, mit sich selbst zu sprechen, stellte sie fest: »Ich bin glücklich, denn ich war ein glückliches Kind. Und Elias kann nun einmal in meine Seele sehen.« Sie begleitete die Melodie, indem sie dazu pfiff wie ein Vögelchen, wie zwei Vögelchen und noch mehr. Als Gottfried als Erster ins Zimmer stürmte, fand er eine zwitschernde und spielende Mutter vor, die sich die Lachtränen aus den Augenwinkeln wischte.

»Wir freuen uns auch«, strahlte Gottfried. Und wie immer lieferte er gleich die Erklärung dazu ab: »Elias hat einen großen Koffer geschickt ...« Weiter kam er nicht, denn Friedemann schleppte einen unförmigen Holzkasten herein. Und dann wurde ausgepackt. Ein Brief, der dabeilag, erklärte, dass er alles in tiefer Dankbarkeit seiner lieben Muhme gegenüber eingepackt habe, in der Hoffnung, ein wenig Freude zu bereiten. Da lag eine seiner beiden Jacken für Gottfried im Koffer.

»Er wusste genau, dass die mir gefällt«, freute sich Gottfried. Dann kamen vier gut eingewickelte Flaschen Wein zum Vorschein. »Probieren, ob er gut ist«, ließ sich Friedemann jedes Mal hören, wenn eine Flasche ausgewickelt wurde. »Probieren, ob er gut ist«, echoten alle andern. Und damit wurde festgelegt, dass die Frauen nicht ausgeschlossen würden, ja dass auch die zwei Mädchen probieren dürften. Es kam noch eine Seife mit Duft zum Vorschein, die sich Dorothea mit Elisabeth und Emanuels Frau teilen wollte, und dann noch eine neue Art von Brot. Das war ganz trocken, aber weil es in sehr dünnen Streifen gebacken war, konnte man es gut abbeißen und kauen. Alle waren zufrieden.

»Wie kommt es, dass wir so oft fröhlich sind?«, fragte sich Anna Magdalena. »Fröhlich über unser kleines Leben. Gerade jetzt, wo die Not und die Ungewissheit am größten sind?«

Friedemann war immer noch da. Angesichts der Tatsache, dass nicht mehr der Vater bestimmte, was zu tun sei, bedeutete das für Dorothea, dass sie nun mit Friedemann zusammen sein konnte wie zwei erwachsene Menschen. Die beiden besprachen sich oft und planten – erst ohne Anna Magdalena, dann mit ihr gemeinsam. Jeder suchte für sich allein und mit den anderen zusammen Wege, wie sie die Zukunft am besten meistern könnten. Carolina und Susanna waren alt genug, um ebenso ihren Teil an Verantwortung zu übernehmen, aber auch noch jung genug, damit die Erwachsenen sich liebevoll um sie kümmerten.

So oft es ging, nahm Anna Magdalena ihre zwei Jüngsten mit, wenn sie etwas zu erledigen hatte. Denn beide Mädchen hatten eine stille, zurückhaltende Art, und das durfte nicht so bleiben, beschloss ihre Mutter. Die Mädchen mussten sich im Leben zurechtfinden.

Als alle Formalitäten für die Erbschaftsteilung erledigt waren, traf sich die Familie mit dem bestellten Rechtsvertreter Graff. Ein Drittel des Besitzes sollte an Anna Magdalena gehen. Was übrig blieb, wurde unter den Kindern, so gerecht es ging, aufgeteilt. Bis auf das Klavichord bekamen die Söhne alle Musikinstrumente. Anna Magdalena behielt das Klavichord und einige Möbel. Dorothea erhielt eine Haushaltsausstattung, damit sie selbstständig wirtschaften konnte, und viele Bücher. Für die zwei Mädchen wurden etliche Musikkompositionen des verstorbenen Vaters zurückgelegt. Diese könnten dann die Mutter und die Mädchen früher oder später veräußern, um sich zu ernähren.

Anna Magdalena war berührt davon, wie liebevoll die Geschwister miteinander umgingen. Immer wieder versicherten sie sich gegenseitig, wie zufrieden jeder sei. Dass Anna Magdalena als Almosenfrau ihre große Familie nicht allein versorgen konnte, hatte Graff schon zu Beginn allen klargemacht. Ob sie es hören wollten oder nicht: Er drängte darauf, dass Anna Magdalena nur die beiden Jüngsten bei sich behalten sollte. Die selbstständige Dorothea, der schwachsinnige Gottfried und der 15-jährige begabte Christian sollten zu ihren älteren Geschwistern ziehen. Denen könnten sie sogar nützlich sein und ein weiterer Esser ließe sich doch immer satt bekommen.

Es war gut, dass Graff so klar aussprach, was die beste Lösung war, um die Restfamilie vor einer vollkommenen Verarmung zu bewahren. Und so saßen sie am Abend der Erbteilung bald in den Gruppen zusammen, wie sie auch in Zukunft leben sollten: Gottfried war damit zufrieden, dass er im neuen Jahr zu Elisabeth und ihrer Familie ziehen würde. Elisabeth hatte ihm mehrmals versichert, dass es gewiss schön wäre, wenn er bei ihnen wohnte. Sie hätten genug zu essen, und Gottfried würde ein eigenes Zimmer erhalten. Außerdem freuten sich die Kinder auf ihren Onkel.

Dorothea machte schon Pläne, wie sie Friedemann in Halle unterstützen könnte, denn Friedemann war bereit, seine Schwester bei sich aufzunehmen. Da sie ein herzliches Verhältnis zueinander hatten, scherzte sie mit ihrem Bruder oft: »Warte ab, bis ich bei dir zu Hause bin. Ich werfe dich jeden Tag vor Morgengrauen aus den Federn. Außerdem werde ich für meinen übermütigen Bruder so viel Werbung machen, dass du jede Menge neue Schüler bekommst.« Sie lachte und fügte verschmitzt hinzu: »Schließlich muss ich ja auch noch neue Kleider bekommen und mich neben der Hausarbeit schick machen können. Das muss ja wohl so sein. Oder wozu habe ich aus dem Nachlass das Buch ›Die Eheschule‹ erhalten? Ich alte Jungfer!«

Elisabeth und Anna Magdalena waren bedrückt über das, was Dorothea so leicht dahingesagt hatte. Elisabeth, weil sie so selbstverständlich und leicht durchs Leben ging und einen Mann hatte, der sie und die Kinder versorgte und sogar bereit war,

Gottfried aufzunehmen; Anna Magdalena, weil sie wusste, dass Dorothea ihre schönsten Jahre dem Familienleben geopfert hatte. Sie hatte nie so selbstständig handeln dürfen wie Elisabeth. Vielleicht blüht sie auf, wenn sie in Halle lebt, überlegte Anna Magdalena. Sie wird dann unter Gleichaltrigen sein und keine Kinder mehr hüten müssen. Anna Magdalena war aber auch klar, wen sie stattdessen hüten würde: ihren großen Bruder Friedemann.

Das Erbe wurde aufgeteilt, aber nicht die Schulden. Die Gläubiger fragten einzig nach Frau Bach. Anna Magdalena hatte inzwischen acht Schriftstücke, auf denen fein säuberlich und glaubhaft die Schulden angemahnt wurden. Ihr Mund war wie versiegelt und sie konnte mit niemandem darüber sprechen. Weder mit den Kindern, noch mit Herrn Graff. Es war eine Summe, die sie nie würde erwirtschaften können. Sie musste jetzt ihre Schulden begleichen. Jetzt, wo sie noch Möbel, Noten und das Klavichord hatte.

Es waren ihre Selbstgespräche, die sie nicht zurücknehmen konnte. Sie hatte zu sich »das Klavichord« gesagt. Sie hatte daran gedacht, dass das Klavichord ihre finanziellen Sorgen abmildern konnte. Diese Erkenntnis ließ sich nicht mehr wegwischen. Das Klavichord, an das sie sich setzen konnte, um all die geliebten Melodien zu spielen. Das Klavichord, zu dessen Spiel sie singen konnte und zu dessen Musik auch die Mädchen sangen und tanzten. In der folgenden Nacht weinte Anna Magdalena um ihr Klavichord – mehr als sie je um einen Menschen geweint hatte.

Sie musste nicht mehr überlegen. Nun war klar, was zu tun war. So klar, dass sie mit ruhiger Stimme am nächsten Tag Friedemann fragte, wie viel ihr Instrument wohl einbringen würde. So gelassen und überlegt willigte sie in einen guten Verkauf ein, dass ihr niemand widersprach. Keiner war da, der gesagt hätte: »Nein, ein Tasteninstrument musst du behalten, damit deine

Seele lebt und deine Stimme täglich Grund findet zu feiern.« Es kam auch niemand auf die Idee, dass Carolina oder Susanna ein Instrument hätten erhalten sollen. Dann hätten Mutter und Töchter ja auch davon profitiert. Niemand kam auf den Gedanken. Niemand. Auch Anna Magdalena nicht.

Das Klavichord hatte einen Käufer gefunden. In wenigen Tagen würde es abgeholt werden. Trotz der Einnahmen, die das Instrument erbrachte, waren immer noch Schulden da. Also musste Anna Magdalena sich der Schulden ihrer Schwester Johanna annehmen. Dazu ging sie aufrecht mit ihren beiden Töchtern in das Schneidereigeschäft und verlangte die Besitzerin zu sprechen. Als diese kam, sagte Anna Magdalena geradeheraus: »Ich kann Euch nur den zehnten Teil bezahlen und bitte darum, dass ich den Rest mit Näharbeiten abarbeiten kann.« Sie legte fünf Taler auf den Ladentisch.

»Wer sagt mir, dass Frau Bach nähen kann?«, brauste die Gläubigerin auf. »Und wisst Ihr nicht, dass es genug Frauen gibt, die mir die Türe einrennen, weil sie arbeiten wollen?«

Anna Magdalena bemühte sich, ruhig zu wirken. Sie nahm ihre fünf Taler wieder an sich und sagte: »Es wäre eben die einzige Art gewesen, die Schulden meiner Schwester zu begleichen.«

Die Frau sah nun alles schwinden: die fünf Taler und den noch höheren verbleibenden Schuldenberg. »Wartet, Frau Bach«, rief sie. »Werte Frau Bach, nicht so eilig!« Die Schneidermeisterin sprang plötzlich um sie herum, als ob sie eine reiche Kundin vor sich hätte.

Da meldete sich völlig unerwartet Carolina zu Wort. Sie zeigte auf eine Frau, die mit silbrigen Fäden ein Muster auf Samt stickte: »Das können wir auch!«

»Was könnt ihr auch?«, fragte die Meisterin nach.

»Sticken, säumen, verzieren … alles, was ein feines Kleid bedarf. Selbst die groben Tücher verwandeln sich unter unseren Händen in anschmiegsame Hosen und Wämschen.«

Anna Magdalena schluckte. Mein Gott, was sagte ihr Kind!

»Woher sollte ich das wissen?«, sagte die Frau daraufhin. »Dann will ich mal sehen, was Ihr könnt.« Sie ging zu einem großen Tisch, auf dem verschiedene halbfertige Kleidungsstücke und Tücher lagen. Sie suchte dazwischen herum und nahm ein weißes Laken heraus. »Dies muss gesäumt werden.« Sie suchte etwas in einer Schachtel und fand es auch. Es war ein kleines Muster. »So soll es gesäumt werden«, sagte sie. »So gleichmäßig und anschließend zwei Querfäden über der Naht entfernen und je vier Längsfäden zusammenfassen, damit diese schöne Lochung entsteht.«

Anna Magdalena schwirrte der Kopf. Doch Carolina fragte nach: »Sollen wir mit dem gleichen Garn zusammenfassen, oder einen anderen Farbton dazu verwenden?« Die Schneiderin hörte nicht hin, denn sie hatte sich bereits den Garnrollen zugewandt und suchte passend zum Stoff eine dicke Rolle davon aus. »Also Ton in Ton«, sagte Carolina. Anna Magdalena stellte überrascht fest, dass Carolina so ruhig und begeistert sprach, wie sie es von Sebastian kannte.

Die Schneiderin war ganz versunken und meinte: »Ich habe noch einen groben warmen Rock. Er ist schon fertig zugeschnitten. Legt den Stoff gleichmäßig in Falten und schlagt beidseitig den Bund darüber.« Sie machte vor, wie es sein sollte, und steckte die ersten Falten mit Nadeln fest.

Bald danach standen sie auf der Straße. Carolina trug die in Papier gewickelte Decke und Susanna den halbfertigen Rock. »Worauf haben wir uns da eingelassen!« rief Anna Magdalena verzweifelt, als sie außer Hörweite waren.

»Mutter, hab keine Sorge, ich habe doch mit Boses Kindern und den Frauen ständig gestickt«, sagte Carolina. »Ich auch«, ergänzte Susanna.

»Ihr wisst tatsächlich, wie das sauber zu machen ist?«, fragte Anna Magdalena ungläubig. Und es klang wie aus einem Mund: »Ja.«

Carolina wollte sich sofort an die Arbeit machen. Als aber Anna Magdalena das Nähkästchen herbeiholte, meinte Carolina: »Nicht mit den Nadeln, Mutter! Ich hole mir welche von Boses, die stechen ganz anders. Die sind extra spitz für die Naht. Und für das Lochmuster brauchen wir eine abgerundete Nadel, damit lässt es sich ganz leicht arbeiten.« Sie sprach es und war weg.

Anna Magdalena räumte ihren Schreibtisch frei. Darauf sollten nun die Näharbeiten ihren Platz finden. Sie legte den Stoff für den Rock in Falten und steckte ihn mit Nadeln fest. Susanna wartete ungeduldig. Sie hatte der Mutter die Nadeln angereicht, aber nun wollte sie ihr zeigen, dass sie es grob zu heften verstand, sodass sich die feste Naht leichter nähen ließ. »Aber du heftest mir wirklich nur die Naht – wehe du beginnst mit der Näharbeit«, warnte Anna Magdalena, die außer Haus gehen musste, weil sie um das Menzelsche Legat von einem Taler und acht Groschen nachfragen wollte. Es hatte Sebastian zugestanden und sie wusste nicht, ob sie dieses auch als Witwe erhalten würde. Als sie später zurückkam, fasste sie immer wieder nach dem Geld, das so wunderbar in ihrem Stoffbeutelchen zu spüren war.

Als Anna Magdalena in die Stube trat, fand sie die beiden Mädchen ganz versunken in die Näharbeiten. Sie sah auf Susannas Werk. Vier Reihen hatte das Mädchen ordentlich geheftet. »Damit es richtig gut liegt«, sagte sie. Und betonte noch einmal: »Die Faulen heften nur eine Reihe, die Ordentlichen zwei. Aber die Professionellen mindestens drei.«

Anna Magdalena staunte: »Das alles weißt du? Und ich hatte keine Ahnung davon?«

Carolina mischte sich ein und sagte fast entschuldigend: »Ich habe es selbst immer als Spiel betrachtet, wenn wir stundenlang bei den Frauen saßen, die bei Boses nähten. Erst als wir heute in der Schneiderei waren, wusste ich, dass ich es ja auch selber kann. Es hat mir immer Freude gemacht, zu nähen und sticken.«

Anna Magdalena schaute auf die Decke und traute ihren Augen kaum. Carolina hatte bereits den Saum der ganzen Decke umgeschlagen und geheftet – und sie hatte eine halbe Längsseite gleichmäßig und sauber genäht. Sie klatschte vor Verwunderung und Begeisterung in die Hände: »Carolina, das ist ja vorzüglich! Du beherrschst eine hohe Kunst!«

Carolina freute sich über die Worte ihrer Mutter mehr als über die Geschenke zu Weihnachten. Noch nie hatte jemand irgendetwas an ihr bewundert.

Als Anna Magdalena am Abend allein in ihrer Schlafstube lag, dachte sie an den Tag zurück: Wie sie in ihrer Verzweiflung todesmutig in die Werkstatt getreten war, um ihre Schulden zu begleichen, und sich zuvor überhaupt nicht überlegt hatte, was es bedeutete, professionell zu nähen. Sie selbst hätte die Decke nicht gleichmäßig nähen können. Jedenfalls nicht, ohne zuvor stundenlang zu üben. Und dann die Überraschung, als Carolina über sich hinauswuchs. Wie sie die Sache in die Hand genommen hatte. Selbst Susanna stand ihr später nicht nach in ihrem Eifer. Und sie, die Mutter, hatte nichts davon geahnt. Hatte sie ihre jüngsten Töchter denn so wenig beachtet? Hatte sie schon während Sebastians Krankheit die Mädchen vernachlässigt?

Anna Magdalena traten die Tränen in die Augen. Sie würde bald mit den beiden allein sein. Zuvor hatte sie nur gesehen, dass sie für Carolina und Susanna sorgen musste. Doch nun hatten die Kinder ihre Größe bewiesen. Sie dachte daran, wie sehr sich Carolina über die Anerkennung gefreut hatte. Carolina konnte nicht nur ausgezeichnet nähen, dieses Mädchen hatte sie heute regelrecht gerettet. Mein Gott, dachte Anna Magdalena, immer sah ich auf die Jungen; dabei half mir Dorothea all die Jahre, Elisabeth wird nun für Gottfried sorgen und die Mädchen haben heute ihre Reifeprüfung abgelegt ... Nähen ist eine Kunst, dachte sie. Noch am Abend hatte sie einen Großteil des Rockes fertig genäht. Das konnte sie. Es waren schlichte Stiche. Aber die Nadel durch den dicken Stoff zu bringen, war nicht so einfach. Daumen und Zeigefinger hatten zu bluten begonnen, und sie musste Stoff darum wickeln, damit der Rock nicht verschmutzte.

Immer wieder dachte Anna Magdalena an ihr Klavichord. Es schien ihr leichter, auf eine neue Ehe zu verzichten als auf das Tasteninstrument. Ein Instrument ist der beste Freund, den man haben kann, dachte sie. Und sie erinnerte sich an Sebastian. Er hatte in allen Gemütslagen Trost und Ausdruck in seiner Musik gefunden. Selbst als er schon blind war, lebte er in den Klängen ein vollkommenes Leben.

Anna Magdalena wurde müde und drehte sich auf die Seite, so wie sie Jahr für Jahr neben Sebastian gelegen hatte. Und dann träumte sie:

Sebastian war später zu Bett gekommen. Er hatte ihre umwickelte Hand gesehen und fragte sie: »Mein Kind, was hast du mit deiner Hand gemacht?«

»Sebastian, mich hat das Klavier gebissen.«

»Es unterstehe sich jedes Klavier, dir etwas zuleide zu tun!«, brauste er auf. Und dann band er das Tuch von Anna Magdalenas Hand, küsste ihre Finger und sprach: »Diese Hände, diese Finger klingen reiner als die neue Orgel zu Dresden und an der ist kein Fehl. Diese Hände zu berühren ist Musik.« Nochmals küsste er die Finger einzeln. Und wie er sie küsste, verwandelten sie sich in Klaviertasten. Anna Magdalena war erstaunt. Sie schaute genauer hin und sah deutlich: Ihre Finger waren zu Tasten geworden. Sie begann langsam, die Finger zu bewegen. Musik erklang. Nicht die Musik eines einzigen Instrumentes. Sie konnte mit ihren Fingern die Einsätze für ein ganzes Orchester geben. Gerade als sie sich an dieses neckische Spiel gewöhnt hatte, verwandelten sich ihre Hände. Die Finger wurden zu Vogelfedern, jede Hand wurde zu einem Flügel, der aufgeregt flatterte ... und dann flog er auch schon davon, der Vogel. Flog hoch und höher. Dann hielt er in der Luft kurz inne, und ließ tatsächlich ein Ei fallen. Es fiel und fiel ... in ein silbernes Etwas. Es war in einen Fingerhut gefallen! Anna Magdalena trat näher – tatsächlich: Da lag ein warmes kleines Ei im Fingerhut. Sie wollte noch die Farbe des Eies genauer ausmachen ... aber dann schwebte eine übermütige gelbe Feder herunter und legte sich über das kleine, silberne Nest. Anna Magdalena schaute nach oben ... da war aber nichts als die Sonne. Sie rieb sich die Augen, um besser sehen zu können ...

Und da merkte sie, dass sie im Bett lag und ihr die Sonne ins Gesicht schien. Sie hatte gestern die Läden nicht geschlossen. Anscheinend hatte niemand sie geweckt, weil sie als Letzte zu Bett gegangen war. Sie stand auf und machte sich zurecht. Als ob alle auf sie gewartet hätten, saßen ihre Kinder noch am Frühstückstisch. Carolina hatte wieder die Decke in Arbeit, und weil sie so konzentriert arbeitete, hatte sie rote Wangen. So wie ich, wenn ich Noten kopiere, dachte Anna Magdalena. Sie setzte sich. Sprach leise ein Gebet. Es gab Kaffee und die Graupensuppe war köstlich. Plötzlich fiel Anna Magdalena der Traum ein. Zuerst erinnerte sie sich an die Mitte des Traumes, als das Ei aus weiter Höhe in den glänzenden Fingerhut fiel.

Anna Magdalena erheiterte die Erinnerung dermaßen, dass sie losprustete und sich an der Suppe verschluckte. Sie entschuldigte sich bei den Kindern. Diese waren aber erst zufrieden, als sie den ganzen Traum zu hören bekamen.

»Das war ein schöner Traum«, sagte Dorothea. »Ein Fingerhut, du hast von einem Fingerhut geträumt!«

»Ich glaube, er war aus purem Silber«, meinte Anna Magdalena.

»Boses haben tatsächlich Fingerhüte aus Silber angefertigt«, erzählte Susanna. »Und sie wurden sogar mit Granatsteinen verziert«, ergänzte Dorothea.

»Oh«, entfuhr es Anna Magdalena.

»Was ist Mutter?« erkundigte sich Dorothea.

»Ach nichts, was jetzt wichtig wäre«, lenkte sie ab.

Anna Magdalena setzte bald den Gedanken, der ihr beim Frühstück in den Sinn gekommen war, in die Tat um. Sie würde ja auch noch einen Taler, acht Groschen und 9 Pfennige aus dem Legat der Regina Bose erhalten. Als sie später nach Hause zurückkam, war im kleinen Beutelchen, in dem sie ihr Geld aufbewahrte, jedoch nichts mehr von den Einnahmen zu spüren. Stattdessen trug sie drei kleine Päckchen zu ihren Mädchen.

»Eines für dich, Carolina. Eines für dich, Susanna. Und eines für mich.«

Die Mädchen wunderten sich. Ihre Mutter hatte sich noch nie so verhalten. Und dann wickelten alle drei gleichzeitig und langsam das Papier auf. Carolina rollte er in den Schoß und der von Susanna hatte sich versteckt. Nur Anna Magdalena, die wusste, was da eingewickelt war, griff sicher nach ihrem Fingerhut. Zuerst waren alle still. Dann setzten sie sich die Hütchen auf den Zeigefinger und wackelten damit.

»Ist der schön!«, sagte Carolina.

»Und jeder ist anders«, staunte Susanna.

Auch im Dezember blieb Friedemann noch in Leipzig. Obwohl Harrer Sebastians Arbeit übernommen hatte, gab es doch viele Gelegenheiten, bei denen der älteste Sohn etwas dazuverdienen konnte. Er unterrichtete Musikschüler oder wurde aufgefordert, hier und da aufzuspielen, weil er eben bekannt war. Es waren Stücke seines Vaters, Melodien und Lieder, wie sie Anna Magdalena stets auf den Lippen und im Gedächtnis hatte.

Friedemann, der sich in Leipzig so leicht einzufinden verstand, war jedoch ohne große Erklärungen aus Dresden abgereist. So wurde im Kirchen-Protokollbuch vermerkt: »*... Da er ohne solches jemandem vom Collegio zu melden, und keine Dienste getahn, Allererst am Weyhnachts Heiligen Abend wiedergekommen, keineswegs aber auf die Orgel gekommen, noch die ganzen Feyertage über die Besorgung gehabt: Der Herr Organiste Bach entschuldigte sich zwar, daß er, weil sein Herr Vater in Leipzig gestorben, dahin ohne solches zu melden, gereist, und nachher wegen befallenen Fiebers sich bis Weyhnachten habe aufhalten müssen.*«

Notiert wurde nicht, dass sich nun seine Schwester bei ihm aufhielt. Zu oft hatten die verschiedensten Frauenzimmer bei ihm gewohnt – da schenkte ihm niemand mehr Glauben, er habe seine Schwester bei sich wohnen.

Dorothea packte ihre Habseligkeiten aus den Taschen und stellte sie in die Schränke. Dann überkam sie vier Tage lang die Putzwut; sie räumte die Wohnung auf, kehrte und wusch, was immer ihr unter die Finger kam. Sie sah überall die schmutzigen Winkel, an die ihr Bruder sich wohl gewöhnt hatte.

Als Friedemann merkte, dass es daheim mit seiner Ruhe vorerst vorbei war, zog er es vor, die ersten Nächte in anderen Betten zu verbringen.

Dorothea dachte an den Abschied zurück. Ihre Mutter hatte ihre schönsten Kleider gebündelt und zu ihr gesagt: »Es ist nun an dir, schön zu sein und am gesellschaftlichen Leben teilzuhaben.« Damit hatte sie ihr das volle Leben in Halle gewünscht. Nun hingen die Kleider frisch gewaschen im Schrank. »Wann wird sich Friedemann endlich die Zeit nehmen, mich vorzustellen und auszuführen?«, überlegte sie. Meist war er nur wenige Minuten zu Hause.

Als die neue Kantorenfamilie in die Thomasschule zog, konnte Anna Magdalena Harrers Frau manch guten Rat geben. Es war eigenartig: Die beiden Frauen hatten auf den ersten Blick Frieden geschlossen. Als ob sich ihre Männer nie als Streithähne gegenübergestanden hätten, gingen sie mit ihren Kindern gemeinsam zu den Gottesdiensten. Harrer, dem die Vertrautheit seiner Frau mit Anna Magdalena wohl aufgefallen war, hielt daran fest, seinem Vorgänger zu grollen. Nur eines musste er ihm lassen: Bach hatte ihm mit dem Weihnachtsoratorium, das er geschaffen hatte, viel Arbeit abgenommen. Es waren sogar Liederbücher vorhanden, sodass die Gemeinde mitsingen konnte. Anna Magdalena brauchte kein Buch und sang doch sauberer als alle andern.

Obwohl bald nach Bachs Tod niemand mehr von ihm sprach, fragten sich die Besucher, die in der Nähe Anna Magdalenas auf den Kirchenbänken saßen: »Wer ist die Frau, deren Stimme so wunderbar klingt?«

»Es ist die Witwe von Kantor Bach«, hieß es dann.

Im Januar konnte Anna Magdalena mit Carolina und Susanna in eine kleine Wohnung in der Hainstraße ziehen, nicht weit von ihrer alten Wohnung. Dabei war die Mutter mit ihren Töchtern weitgehend auf sich allein gestellt. Der Rat der Stadt hatte zwar einen Wagen für den Auszug bereitgestellt, denn man war froh, dass sie endlich auszog, aber das Schleppen der Kisten und Säcke erledigten Mutter und Töchter allein. Alle Knochen taten ihnen davon weh.

»Wenn alles so leicht zu tragen gewesen wäre wie die Käfige, würde ich noch weiter auspacken und einräumen«, meinte Anna Magdalena am späten Abend zu den Mädchen.

»Morgen ist auch noch ein Tag«, tröstete Carolina ihre Mutter. Und sie besprachen, wie sie alles einrichten wollten. Bei nur zwei Zimmern war die Auswahl nicht so groß: Das eine wurde zum Wohn- und Nähzimmer erklärt, das andere zum Schlafzimmer, denn es bot Platz für zwei Betten und einen Schrank. Carolina und Susanna waren gewohnt, sich eine Schlafstatt zu teilen. Sie blieben bei dem Brauch. Aber wohin mit den Käfigen? Sie hatten fünf Käfige mit Hänflingen behalten, um ständig eine gute Nachzucht zu ermöglichen.

»Morgen schauen wir, wohin wir sie stellen. Da wir keinen Keller mehr haben, werden wir nun mit den Vögeln die Räume teilen«, sinnierte Anna Magdalena.

»Wir stellen einfach in alle Fenster Käfige«, schlug Susanna vor.

Mit dem Leben in der Hainstraße begann sich vieles zu ändern. Im krassen Gegensatz zum bisherigen Trubel und der Arbeit, breitete sich nun die Stille aus. Lediglich die leisen Geräusche von den Hänflingen, die mit den Flügeln flatterten, von einer Stange zur anderen hüpften und ihr Futter pickten, mischten sich in die Gespräche. Die Mädchen und Anna Magdalena saßen stundenlang über die Näharbeiten gebeugt, und wenn sie auch am Nachmittag einen kleinen Spaziergang machten, um den Rücken und die Augen zu entlasten, so saßen sie doch bald wieder über die Stoffe gebeugt im Haus. Und dann sprangen wieder die Hänflinge in den Käfigen hin und her, und ab und zu klang Geschrei von der Straße empor.

So viel sie auch arbeiteten, es dauerte allein drei Monate, bis sie die Schulden der verwitweten Schwester Johanna abbezahlt hatten. Ein Glück im Unglück war, dass Anna Magdalena als Almosenbedürftige von der Stadt aufgenommen wurde. Sie war eine von 528 Personen in der Stadt, die zu ihrem Unterhalt eine wöchentliche Beihilfe gezahlt bekamen. Manchmal gab es auch etwas Holzgeld oder eine Beihilfe bei Krankheit. Anna Magdalena gelang es jedoch nicht, zusätzlich Holzgeld zu erhalten. In ihrer Not saßen sie im Winter in der kleinen Küche, da sie nur stundenweise einen Ofen beheizen konnten. Wenn ihnen die

Kälte in die Glieder kroch und die Finger steif wurden, erinnerten sie sich nur zu gut an jedes kleine Stückchen Holz, das in der Thomasschule unnütz herumlag und stellten sich vor, wie warm es werden würde, wenn sie die Kleinode in den Ofen schieben könnten.

Anna Magdalena fühlte sich tagelang fiebrig und fröstelte. Das Essen wurde knapp, denn sie mussten Miete für die Wohnung bezahlen, und dann blieb nicht mehr viel übrig. Damit die Mädchen genug zu essen hatten, gab Anna Magdalena morgens jeder einen großen Teller Graupensuppe. In ihren halbvollen Teller goss sie heimlich noch heißes Wasser, damit die Töchter glaubten, es wäre genug da.

Die großen Kinder, die Leipzig bereits verlassen hatten, ahnten nicht, dass ihre Mutter und die kleinen Schwestern nur noch selten Kaffee oder Schokolade tranken. Einzig wenn Besucher zur Kaffeezeit kamen, holte Anna Magdalena die gut gehütete Dose aus dem Wäscheschrank und gab zwei Löffel Kaffeebohnen in die Mühle. Die drei wechselten sich beim Mahlen ab, damit jeder der Duft von frischen Bohnen in die Nase steigen konnte. Das Pulver wurde bis zum letzten Stäubchen aus dem Kasten gekratzt und in einen Topf mit kochendem Wasser gegeben. Wenn die Kaffeebrühe gut durchgekocht war, wurde sie durch ein Sieb in die angewärmte Kanne gegossen. Das war ein Genuss! Gut vier Tage lang ließ sich der Sud immer wieder aufgießen und erfreute Gaumen und Gemüt.

Anna Magdalena saß nun die meiste Zeit mit Nadel und Faden über die Tücher gebeugt. Sie hätte nicht eingesehen, dass ihre zwei Mädchen die Arbeit allein verrichten sollten, zumal Carolina davon träumte, einmal eine eigene Nähstube zu eröffnen. »Ihr werdet staunen, wer dann alles zu mir kommt!«, schwärmte sie. »Es spricht sich nämlich herum, wer gut und günstig schneidern kann.«

Dass die drei ein gutes Gespann waren, zeigte auch die Überraschung, die sie für Elisabeths nächstes Kind planten. Da Elisabeth die Familienwiege mitbekommen hatte, wussten sie, dass die Matratze und die Zudecke schon lange hätten erneuert werden müssen. Sie machten sich an die Arbeit: Anna Magdalena holte festen Stoff für die Matratze. Beim Perückenmacher fragte sie, ob er unbrauchbare Ziegenwolle habe, denn sie erinnerte sich an die unterschiedlichen Wollberge dort. Er gab ihr reichlich und verlangte keinen Pfennig dafür. Wahrscheinlich erinnerte er sich noch, dass Frau Bach ihm in ihrer Not ihre gesamten Haare verkauft hatte. Eine solche Frau bittet nicht aus Geiz.

»Gott segne Sie dafür, dass Sie mir die Haare überlassen«, freute sich Anna Magdalena und wusch zu Hause die Ziegenhaare mehrmals in heißer Lauge durch, ehe sie die trockenen Haare armesdick auf einem Tuch aufschichtete. Später schlug sie die überhängende Seite des Tuches um, nähte die Ränder mit feinen Stichen zusammen und festigte die Einlage, indem sie Ober- und Unterstoff alle fünf Zentimeter mit einer Naht verband.

Carolina fertigte ein Inlett für Kissen und Decke. Während sie arbeiteten und sich ausmalten, wie es wohl Elisabeth ginge, wurde ihnen bewusst, dass ausgerechnet Susanna den schwierigsten Teil übernommen hatte. Sie hatte es sich auferlegt aus ganz normalen halbweichen Federn weiche Daunen zu machen. Dazu hatte sie einen vollen Sack Federn geholt, aus dem sie eine Hand voll griff, um dann mit einer Schere nur die weiche Spitze abzuschneiden. So lag vor ihr immer ein kleiner Berg feiner Haarfedern, in den sie auf keinen Fall niesen durfte, auch wenn die Nase noch so kitzelte.

Im Sommer war es so weit. Die Matratze, Decke und Kissen waren fertig, und Carolina gab alles sorgsam verschnürt bei einer Postkutsche ab. Wenige Tage später traf Nachricht ein. Nicht nur das neue Bettzeug sei unversehrt angekommen, sondern zwei Tage später sei eine gesunde Tochter geboren worden.

Elisabeth und ihr Mann fragten an, ob ihre Mama das Patenamt übernehmen würde. Das Mädchen sollte nach ihr benannt werden.

Anna Magdalena und die frischgebackenen Tanten freuten sich riesig. »Das freut sicher auch Gottfried«, sagte Anna Magdalena. »Er hat euch beide, als ihr noch klein wart, nicht aus den Augen gelassen. Und wenn ihr geschlafen habt, hat er die Wiege in Bewegung gehalten.«

»Ich würde gerne alle wiedersehen«, entfuhr es Carolina, die genau wusste, dass kein Geld für eine Reise da war.

»Du wirst sie auch sehen«, antwortete ihre Mutter unvermittelt.

»Wie das?«

»Einer aus der Familie sollte wenigstens zur Taufe fahren.«

»Aber dann wirst du doch fahren! Sie freuen sich doch dann auf dich!« Und da erzählte Anna Magdalena, was sie zuvor verborgen hatte. »Bei der Hitze schwellen mir immer meine Beine an. Und es ist nicht das erste Mal, dass mir eine Ader am Bein platzt.« Anna Magdalena machte eine Pause, dann fuhr sie fort. »Seit zwei Tagen brennt mir meine Wade und schmerzt bei jedem Schritt. Ich bin nicht in der Lage zu reisen.« Zum Beweis hob sie ihr Kleid bis über das Knie und die Mädchen sahen das Bein der Mutter angeschwollen und teilweise dunkelrot verfärbt. Es war gut, dass sie ihr Geheimnis gelüftet hatte, denn nun achteten die Töchter darauf, dass sie beim Sitzen ihre Beine hochlegte.

Anna Magdalena ließ sich also vertreten. Ein Freund der Familie Bach machte sich gleich auf den Weg nach Naumburg. Ihn begleitete Carolina, die über allem so aufgeregt war, dass sie am Tag der Reise nicht essen und trinken konnte. Woher die Mutter das Geld genommen hatte, das sie dem Freund in die Hand drückte, damit er alle Unkosten für sie bezahlte, war ihr ein Rätsel.

Als Carolina nach vier Tagen zurückkam, war sie der glücklichste Mensch in ganz Leipzig. Noch Wochen später erinnerte sie sich an alle Einzelheiten, und das hörten die anderen nur zu gerne.

Anna Magdalena wurde von der Begeisterung ihrer Tochter aus einer Art Lethargie gerissen. Wie lange hatte sie keine Korrespondenz mehr geführt? Weder mit ihren Schwestern noch mit ihren Kindern. Sie stand mit Emanuel in Kontakt, weil er ein erfolgreiches Lehrwerk verfasst hatte. Sein *»Versuch über die wahre Art Clavier zu spielen«* verkaufte sich gut. Und alle Bücher, die in Leipzig verkauft wurden, brachten auch Anna Magdalena Einnahmen. Trotzdem: Früher hatte sie einmal in der Woche an ihrem Schreibtisch gesessen, um Kontakt zu halten. Und das, obwohl sie sich auch noch oft besuchten. Nun blieben die Besuche aus, und die wenigen Briefe bildeten eine Ausnahme. Mit dem Entschluss, ab und zu den Nähtisch zu räumen, um das Tintenfass aufzustellen, entstand auch der Wunsch der Töchter, von der Mutter weiter in Schreiben und Rechnen unterrichtet zu werden.

Zu Beginn waren es nur ihre Töchter, mit denen sie übte. Dann kamen noch zwei Mädchen aus der Straße und eine Tochter von Boses dazu. Dienstags und freitags, jeweils drei Stunden lang, lernten die Mädchen von Anna Magdalena, wie man Briefe verfasst und Rechnungen aufstellt. An den Abenden blieb der Nähtisch frei, denn dann schrieb Anna Magdalena in Ruhe an ihre Schwestern, Johanna und Katharina, die beide in Weißenfels lebten; ebenso an ihre Kinder und den eifrigsten Briefschreiber, den sie kannte: Elias.

An den Abenden ging sie lange nach ihren Töchtern ins Bett, denn sie nutzte die Stunden auch, um sich an all das zu erinnern, was sich in ihrem Leben ereignet hatte. Dabei überkam sie eine große Gelassenheit, die sie sich nicht erklären konnte. »Ich bin nicht mehr jung, nehme nicht mehr am gesellschaftlichen Leben teil … Ja, ich bin eine alte Witwe, die Mühe hat, jeden Tag genug Essen auf den Tisch zu bekommen …« Sie sah auf ihre Hände, denen man die Gartenarbeit ansah. Doch immer, wenn sich die Stille um sie breitete, kamen ihr Lieder in den Sinn, und diese trugen sie in eine andere Welt. In eine Welt voller Frieden. So wie ihre Mutter früher zu ihr gesprochen hatte. Jedes Mal war sie danach ruhig und getröstet gewesen. Ihr fiel dann auf, dass die Hänflinge schon lange ihre Köpfe ins Federkleid gesteckt hatten, um zu schlafen, und dass es nun an der Zeit war, endlich die Kerzen zu löschen, damit sie Ruhe fanden.

Es war im Mai 1752, als die ersten heißen Sommertage die Menschen zum Fluss trieben, wo sie sich etwas Abkühlung erhofften. Auch Carolina und Susanna waren zum Baden ins Wasser gestiegen und hatten ihren Spaß.

»So sollte jeder Tag sein«, rief Susanna.

»Jeden Tag Sonntag, jeden Nachmittag Schwimmen im Fluss!«, bestätigte Carolina fröhlich. Sie begannen einander zu necken und schubsten sich dazu gegenseitig ins tiefere Wasser. Sie sahen nicht, dass ein Junge seinem Hund ein Stöckchen ins Wasser warf und das Tier auf sie zu schwamm. Carolina und Susanna waren damit beschäftigt, sich gegenseitig unterzutauchen. Ehe sie den Hund sahen, hatte ihm Susanna aus Versehen mit dem Fuß gegen die Schnauze getreten. Im nächsten Augenblick biss das Tier zu. So tief und so fest, dass Susanna aufschrie und mehrmals Wasser schluckte. Ihr Fuß steckte wie eine Beute im Maul des Tieres, und es zerrte daran herum, als ob es den Fuß abreißen wollte. Erst als der Hundebesitzer ins Wasser watete und das Tier an der Gurgel packte, ließ es los.

Susannas Fuß war schrecklich zugerichtet. Die Badenden sammelten sich um die Mädchen. Eine Frau opferte ihr Tuch und wickelte es Susanna um den Fuß. Danach halfen sie den Schwestern, sich notdürftig abzutrocknen. Eine Familie räumte ihren hölzernen Handwagen aus. Dort hinein hoben sie das verletzte Mädchen, und Carolina trat den Heimweg an.

Ehe sie in die Hainstraße einbogen, hatte Anna Magdalena von vorauseilenden Kindern schon von dem Unglück erfahren. Sie lief ihren Töchtern entgegen. Als sie die beiden sah, konnte sie nicht fassen, in wie viel Unglück ein solch schöner Tag enden konnte. Susannas Fuß lag in einer Blutlache.

»Mama, Mama ...« klagte Susanna jämmerlich.

»Du holst sofort einen Arzt«, wies Anna Magdalena Carolina an. Sie sprang los, und die Mutter zog den Wagen mit dem verletzten Kind über die Hainstraße. Allen, die sie umringten, befahl sie, ihre großen Brüder und Väter zu holen. »Schnell, beeilt euch!« Kurz darauf hatten sich vier kräftige, hilfsbereite Männer eingefunden.

»Wartet einen Augenblick. Ich bin gleich da.« Anna Magdalena hastete die Treppen hoch und holte einen Stuhl. Damit stolperte sie mehr, als sie ging, die Treppen hinunter und stellte ihn neben den Handwagen. »Nun hebt mir mein Töchterchen vorsichtig aus dem Wagen und setzt sie auf den Stuhl«, bat Anna Magdalena. Tröstend griff sie nach Susannas Hand. »Es tut jetzt weh, aber wir kriegen das wieder hin. Wenn du erst oben bist und liegst und dann der Arzt kommt, wird alles wieder gut. Du wirst es sehen.«

Die Männer packten jeder ein Stuhlbein und brachten Susanna durch das enge Treppenhaus hoch in die Wohnung. Sie legten sie gleich auf das Bett.

»Danke«, sagte Anna Magdalena, und nochmals: »Danke.«

»Ich schicke meine Mutter«, sagte einer der jüngeren Männer.

»Und ich meine Frau«, meinte ein anderer.«

Sie hielten Wort. Bald darauf kamen zwei Frauen, die Anna Magdalena zur Seite standen. Sie zogen Susanna vorsichtig die nassen Sachen aus und wickelten sie in weiche Tücher. Der Fuß sah schlimm aus.

Der Arzt kam auch und sprach davon, dass er die Knochen richten und die Haut nähen müsse.

»Habt ihr Schnaps für das Kind?«, fragte er Anna Magdalena. Sie schüttelte den Kopf.

Er holte aus seiner Tasche ein Fläschchen hervor: »Die Hälfte wird reichen«, sagte er. »Die Flasche kostet acht Taler.« Alle hatten den Preis gehört und wurden still. Wer in der Hainstraße wohnte, hatte nie acht Taler im Beutel.

Anna Magdalena nickte, holte ein Glas und goss die Hälfte hinein. Sie setzte sich zu Susanna und sagte: »Trink, trink langsam.«

Susanna machte keine Anstalten zu trinken. Ihr klangen noch die »acht Taler« im Ohr und sie dachte: »Die Hälfte davon sind vier Taler. Davon würden wir einen Monat lang satt werden und noch Kaffee und Holz kaufen können.«

»Trink endlich«, mahnte die Mutter: »Aber langsam, denn es brennt wie Feuer.« Susanna nahm den ersten Schluck und rang nach Atem. »Weiter«, befahl Anna Magdalena, »bis das Glas leer ist.« Danach sah Susanna erbärmlich blass aus. Aber das kümmerte den Arzt wenig. Anna Magdalena sollte ihrer Tochter ein Tuch zwischen die Zähne legen und ihren Kopf ruhig halten. Carolina musste Susannas Arme verschränken und festhalten, während die zwei Frauen sich auf die Schenkel des Kindes setzen sollten.

»Setzen?«, fragten sie nach.

»Wie ich's sage«, gab er zurück.

Das war der Beginn einer Krankengeschichte, die ein Jahr anhalten sollte. Der Fuß entzündete sich nicht nur, sondern das Fleisch wollte nicht heilen. Und so musste der Arzt noch oft kommen, Schnaps mitbringen und schneiden. Jedes Mal weinten Mutter und Schwester mit Susanna, die sich nicht an die Schmerzen gewöhnen konnte.

Der Arzt kostete Geld. Viel Geld. Anna Magdalena verkaufte, was sie verkaufen konnte. Wie gut, dass noch so viele Notenblätter ihres Mannes vorhanden waren. Ob sich dafür Käufer fanden? Nicht nur einmal wurde sie vorstellig. Vierzig Taler konnte sie so eintreiben. Die Arztkosten wurden damit nur zum Teil beglichen.

Es ist zu allen Zeiten so, dass in der Zeit, in der die Enkel heranwachsen, die Geschwister und Freunde sterben. Anna Magdalena musste sich von ihrer liebsten Schwester Johanna verabschieden. Bald darauf starb auch ihre Schwester Anna Katharina. Bei allem Schmerz und der daraus folgenden Einsamkeit war es fast so, als hätte sie sich daran gewöhnt, Menschen zu Grabe zu tragen. Als der Thomaskantor Harrer starb, war es für Anna Magdalena selbstverständlich, der Witwe mit Rat und Tat zur Seite zu stehen.

Ein anderer Abschied hatte sich schon länger angekündigt. Elias litt seit einigen Jahren an einer Muskelkrankheit. Es hatte damit angefangen, dass er zeitweise nicht mehr die Pedale der Orgel treten konnte. Seine Kräfte reichten oft nur für den Vormittag, danach musste er sich ausruhen. Zweimal war er deswegen auch in Leipzig gewesen, um Ärzte zu konsultieren. Sie untersuchten ihn, schüttelten den Kopf und verlangten ihr Honorar.

Wenn er zu Besuch kam, hatte Anna Magdalena eine Matte in die Nähstube gelegt. Wie im Himmel hätte er darauf geschlafen, behauptete Elias charmant am nächsten Morgen. Anna Magdalena und die Mädchen hätten Elias am liebsten bei sich behalten. Aber er hatte eine alte Mutter in Schweinfurt wohnen, und die konnte er nicht lange allein lassen.

Den folgenden Briefen war anzumerken, dass Elias immer größere Schwierigkeiten hatte, die Feder zu führen. Zeitweise war er selbst dazu nicht mehr in der Lage, und nach einiger Zeit übernahm einer seiner Freunde die Korrespondenz. So schrieben sie sich mehr als je zuvor, denn Anna Magdalena wollte genau wissen, wie es ihm ginge. Im November 1755 teilte ihr der Freund mit: »*Wie es wohl dünkt, wird unser werter Elias uns wohl in den nächsten Tagen verlassen, da er aufgehört hat, Nahrung zu sich zu nehmen. Ebenso will er sich nicht mehr vom Bette erheben und scheint schon dem Tode entgegen zu schlafen ...*«

Anna Magdalena zeigte ihren Töchtern den Brief. Ob sie wohl einige Tage ohne sie auskommen würden, wollte sie wissen.

»Natürlich können wir das. Schließlich sind wir keine kleinen Kinder mehr!«, sagte Carolina fast empört.

Anna Magdalena hatte genug Geld, um nach Schweinfurt zu reisen. Aber keinen Pfennig darüber hinaus. Aber das war ihr unwichtig. Sie musste ja nur zu Elias und konnte sich nicht vorstellen, was danach sein würde. Wie lange war sie schon nicht mehr verreist? Es mussten Jahre sein. Sie hätte auch nicht sagen können, ob sie körperlich dazu in der Lage war. Sie setzte sich einfach in die Kutsche, und diese schaukelte mit ihr durch einen trüben Novembertag nach Schweinfurt, in die Stadt, in der sie schon so viele Familienfeiern abgehalten hatten.

An der Haltestelle wurde Anna Magdalena von zwei Verwandten erwartet, die einen kleinen Holzwagen für Gepäck mit sich führten – und einen großen Regenschirm. Sie gingen mit ihr in Elias' Elternhaus. Anna Magdalena war nicht die einzige Verwandte, die Elias in den letzten Stunden begleiten wollte. Zusammen mit seiner alten Mutter tranken sie Kaffee und unterhielten sich leise, um den Kranken im Obergeschoss nicht zu stören.

»Wir gehen immer einzeln zu ihm«, erklärte die Nichte. »Wir wechseln uns bei allem ab, was wir tun. Seine Mutter erträgt den Anblick ihres kranken Sohnes nicht, deshalb bleibt sie immer hier in der Stube.«

»Wie kann eine Mutter nicht den Anblick eines kranken Kindes ertragen?«, dachte Anna Magdalena bitter. »Müsste sie nicht eher wünschen, an seiner statt zu sterben?« Als Anna Magdalena sich gestärkt hatte – und das hatte nicht zuletzt der Kaffee bewirkt – durfte sie das Krankenzimmer betreten.

Es war eine verkehrte Welt: Von draußen blies der Wind den Regen gegen die Scheiben und die bunten Bilder an den Wänden waren voller Leben. Aber der, den sie besuchte, lag reglos und blass im Bett. Elias wirkte zu steif um zu schlafen. Er hatte seinen Kopf nicht gedreht. Mit offenen Augen sah er geradeaus.

Anna Magdalena trat näher. Sie rückte einen Stuhl dicht ans Bett, sodass sie auf seiner Brusthöhe sitzen konnte. Elias schien noch immer keine Notiz von ihr genommen zu haben. Anna Magdalena erfasste seine beiden verkrampften, kühlen Hände und schloss die ihren darum. Dann legte sie ihr Gesicht in seine Hände und hielt sie gegen ihre Wangen gepresst. Sollte sie ihn nicht mehr bei Bewusstsein finden? Konnte er das Leben schon nicht mehr spüren? War er schon in einer anderen Welt? Sie konnte es nicht verhindern. Sie konnte mit ihren Tränen nicht warten, bis die Erde über ihn geworfen wurde. Es waren seine Hände, in die sie weinte, und seinen Handballen presste sie sich gegen den Mund, damit niemand ihr Schluchzen hören sollte. Wie sollte sie die nächsten Jahre ertragen? Nie wieder würden die liebevollen Zeichen seiner Verbundenheit in Leipzig eintreffen. Nie wieder würde er sie zum Lachen bringen.

Dann geschah etwas, was Anna Magdalena erst nicht begriff. Jemand streichelte ihr Gesicht. Da waren Hände, die ihr die Tränen abwischten. Hände, die ihr über die geschlossenen Augen strichen und unendlich zärtlich ihr Gesicht liebkosten. Eine Hand, die ihre Stirn hielt, und eine Hand, die das Band der Haube am Hals löste. Hände, die durch ihre schulterlangen Haare irrten, die ihr Haupt streichelten und Anna Magdalena einluden, ihren Kopf auf seine Brust zu legen.

In der Brust schlug sein Herz. Anna Magdalena hörte es. Es

schlug stark und zuverlässig. Sie hörte den geliebten Takt, atmete an Elias' Brust, bis sie trunken war von seiner Nähe und den Berührungen seiner Hände, denen es vielleicht das letzte Mal gegönnt war, sich zu bewegen.

Während ihr Kopf noch auf seiner Brust lag, hörte sie Gesang. Jemand sang eine Arie … mit ihrer Stimme. Nein, sie selber sang, denn nun nahm sie die Menschen um sich wahr. Es musste eine Familienfeier sein oder eine Hochzeit. Elias stand zwischen den Gästen und sah sie an, mit einem Blick, der ihr vorher fremd gewesen war. Er lauschte ihren Worten mit einer unglaublichen Sehnsucht im Blick.

»Bist du bei mir, bist du bei mir, bist du bei mir …«

Ja, dachte Anna Magdalena, das war die Arie, die ich so oft gesungen habe und die auch Sebastian gefiel.

»Bist du bei mir, bist du bei mir,
geh ich mit Freuden
zum Sterben und zu meiner Ruh,
geh ich mit Freuden
zum Sterben und zu meiner Ruh …«

Sie sah die Szene vor sich, wie sie sich vor Jahren abgespielt hatte: Mit großer Leichtigkeit hatte sie gesungen. Sie hörte die Freude aus ihrer Stimme. Kann man, wenn man jung ist, schon das Sterben lieben? Nein, dachte sie, damals habe ich nicht darüber nachgedacht. Sebastian hatte es schon besser verstanden. Er war im Leben oft müde gewesen. Aber Elias war damals jung. Wie ging das Lied weiter?, fragte sich Anna Magdalena. Und dann fiel es ihr wieder ein:

»Ach, wie vergnügt wär so mein Ende,
es drückten deine schönen Hände
mir die getreuen Augen zu.«

Anna Magdalena besann sich plötzlich darauf, in welcher Lage sie sich befand. Sie lag ohne Kopfbedeckung in Elias' Armen. Rasch richtete sie sich auf, ordnete die Haare und setzte ihre Haube auf. Elias lag fast so still wie zuvor. Aber nun hielt er die Augen geschlossen und lächelte. Anna Magdalena wusste nicht, was sie sagen sollte. So küsste sie seine Hände zum Abschied und stand auf. Dann wusste sie, was es mit Elias auf sich hatte, und sie dachte: »Er ist meine Liebe. Er ist das, was er mir gegeben hat: meine Liebe.«

Noch einmal küsste sie Elias, diesmal sanft auf den Mund. »Und nun muss ich gehen«, dachte sie, »schnell gehen, ehe ich weine.« Sie stellte den Stuhl zurück.

»Liegst du gut?«, fragte sie sanft. Es kam keine Antwort. Aber sie kannte ihn gut genug, um zu sehen, dass er ein wenig von dem verschmitzten Gesichtsausdruck hatte, wie immer, wenn sie auf einen seiner Streiche hereingefallen war.

Anna Magdalena schlief in Schweinfurt tief und fest. Sie träumte von ihrer verstorbenen Freundin Sybilla. Sie tranken zusammen Kaffee und lachten. Und dann kamen von überall her Kinder, die auf den Schoß oder unter den Rock kriechen wollten. Anna Magdalena hatte ein Kind an der Brust liegen, das nach ihren Haaren griff und sie anlächelte …

Sie musste lange geschlafen haben, denn als sie erwachte, waren alle schon geschäftig auf den Beinen. Ein Vetter hatte nachts bei Elias Wache gehalten. Er habe noch mit dem Kranken gebetet, sagte er, und dann sei Elias friedlich für immer eingeschlafen.

Die Trauerfeier fand in der Kirche statt, in der Elias früher gewirkt hatte. Der neue Kantor spielte Musikstücke, die Elias komponiert hatte. Er lebte in allem, was Anna Magdalena sah und hörte. Es war eine Wohltat, zwischen den Trauergästen zu sein.

Sie folgte den andern zur Grabstätte und wusste doch, dass die Seele des Geliebten dort nicht zu finden war. Anna Magdalena konnte nicht weinen, denn sie war erfüllt von Freude und Dankbarkeit. Sie spürte noch den Trost, den Elias ihr mit seinen Händen geschenkt hatte.

Elias, der seinen Tod schon lange vorausgesehen hatte, hatte für seine Freunde kleine Päckchen gepackt. Als ob die Trauergäste am Tag seiner Beerdigung Geburtstag hätten. Schon Wochen zuvor hatte er sorgsam überlegt, worüber sich jeder freuen würde. Als Anna Magdalena ihr Geschenk öffnete, fand sie ein wollenes Tuch, das sie den Winter über wärmen würde. Ob Elias geahnt hatte, dass ihr das Geld für die Heimreise fehlte? Im Tuch lagen auch noch acht Taler.

Eines Tages kam Carolina auf die Idee, dass ihre Mutter nicht nur Kinder im Schreiben und Rechnen unterweisen könne, sondern auch im Cembalo- und Klavichordspiel. Sie war es, die Boses zu erklären verstand, dass Anna Magdalena ihre Kinder musikalisch unterweisen könne. »Aber«, sagte sie, »Mutter hat Mühe mit dem Gehen. Das Instrument müsste bei uns stehen. Wir bräuchten also ein Instrument und genug Holz, um im Winter dauerhaft die Wohnstube zu heizen, damit es sich nicht verstimmt.« Carolina war die geborene Geschäftsfrau.

Bereits eine Woche später wurde ein Cembalo in die Hainstraße geliefert und von fünf Männern sorgsam in die Wohnstube getragen. Am selben Tag wurde auch das Holz gebracht. Damit es nicht aus dem Keller gestohlen würde, schichteten die Frauen die Scheite unter ihre Betten und auf die Schränke. So viel Holz hatten sie in den letzten Jahren zuvor nie besessen! Und Boses hatten noch ausrichten lassen, man möge sich melden, falls das Holz nicht reiche.

Die Vorstellung, nun immer eine warme Stube zu haben, war überwältigend für Anna Magdalena; wann immer sie wollte, konnte sie nun Nähnadel und Fingerhut gegen ein Spiel auf dem Cembalo eintauschen.

Es war Carolinas beherztem Zupacken zu verdanken, dass sie die nächsten Jahre einigermaßen überstanden. Ohne ihre warme Unterkunft und das Zubrot durch Näharbeiten und den Unterricht wäre es ihnen vielleicht ergangen wie manch anderen Leipziger Bürgern, die an einfachen Krankheiten und am Hunger starben.

Die politische Situation war schuld an der Armut. Erst machten sich Unruhen auf dem Balkan und in England breit, dann wurde ganz Europa in kriegerische Auseinandersetzungen verwickelt. Wie zur Zeit der Reformation zerfiel auch Deutschland in unterschiedliche Parteien, und die Provinzen bekämpften sich gegenseitig. Preußen brauchte Geld, Material und Lebensmittel, um seinen Kampf zu finanzieren, deshalb unterdrückte es die Sachsen und beutete sie schamlos aus. Anna Magdalena war froh um jedes Ei oder Brot, das die Kinder für den Unterricht mitbrachten, denn die Stadt Leipzig stellte im Jahr 1756 die Armenfürsorge ganz ein. Durch die Kontributionszahlungen, die an die Preußen gezahlt werden mussten, verarmte die Stadt. Der unglückliche Zustand hielt sieben lange Jahre an.

Für Anna Magdalena bedeutete dies, dass kein Kontakt zu ihren Söhnen möglich war, die weiter entfernt und somit im »Feindesgebiet« wohnten. Lediglich an Elisabeth in Naumburg konnte sie weiterhin Briefe senden. Sie erkundigte sich nach ihren zwei Töchtern, Gottfried und ihrem Mann. Auch Carolina und Susanna nahmen sich immer die Zeit, ihrer Schwester zu schreiben.

Im letzten Brief von Elisabeth hatte gestanden, dass Johann Christoph in letzter Zeit viel husten müsse, und das sei bei der Arbeit sehr störend. Darum hatten nun alle liebe Grüße an ihn ausgerichtet und gute Besserung gewünscht. Anna Magdalena ahnte nicht, dass ihr Schwiegersohn, während sie den Brief schrieb, schon gar nicht mehr arbeiten konnte, weil er anfing, während des Hustens Blut zu spucken.

Als der Brief in Naumburg eintraf, kamen alle guten Wünsche zu spät. Elisabeth hatte bereits einen Pfarrer gerufen, damit er ihrem Mann das letzte Abendmahl reichen solle. Mit ihren zwei Töchtern, die fünf und acht Jahre alt waren, umhegte sie Johann Christoph, bis er erschöpft vom vielen Husten noch einmal tief ein- und ausatmete und danach still war.

Elisabeth wollte nicht aufhören, seine Hände zu küssen, obwohl sie wusste, dass ihr Mann verstorben war und sie den Geliebten nun loslassen musste. Als die Leichenbestatter kamen, musste einer Elisabeth festhalten, die den Toten nicht hergeben wollte. Sie schrie und schlug um sich und war kaum zu beruhigen. Die Mädchen hatten entsetzt alles mit angesehen. Ihnen tat die Mutter leid, die wie ein wildes Tier umherlief. Den Vater hatten sie vor Schreck vergessen.

Elisabeth schrieb ihrer Mutter einen eiligen Brief. Dass Johann Christoph verstorben sei und sie, sobald sie sicher mit den Kindern und Gottfried reisen könne, nach Leipzig käme.

Als Anna Magdalena den Brief in Händen hielt, gaben ihre Knie nach. Sie meinte, keine Luft zu bekommen. Sie kannte ihr Kind, ihre Elisabeth, und wusste, dass sie nun ihre Mutter gebraucht hätte. Der Schmerz, nicht bei der Tochter sein zu können, traf sie härter als der Verlust ihres Schwiegersohnes. Wie würde es für ihre Tochter und die Enkelinnen weitergehen?

In diesem Jahr wurde es in den Gärten und auf den Feldern rund um Leipzig nicht Frühling. Geflügelte Insekten überfielen alle Obstbäume und Weinstöcke, legten ihre Eier ab, und die daraus schlüpfenden Raupen fraßen alles Grün auf, sobald es sich zeigte. Bis in den Juni hinein blieben die Bäume kahl. Wer darunter spazieren ging, musste sich anschließend die Raupen aus den Kleidern und Haaren zupfen, denn die Maden wehten an langen Fäden von den Bäumen herunter. Sie krochen sogar bis in die Winkel der Häuser, um einen guten Platz zu finden, wo sie sich verpuppen konnten.

In diesem Frühling, der keiner war, merkte Anna Magdalena, dass auch sie immer schlechter Luft bekam. Oft schmerzten ihre Brust und ihr Rücken so sehr, dass sie ihre Wegstrecke nicht mehr schaffte, sondern sich hinsetzen und ausruhen musste, ehe sie ganz langsam nach Hause gehen konnte. Schweißüberströmt kam sie manchmal in der Hainstraße an, und die Mädchen mussten der Mutter die Treppen hoch helfen. Sie legten sie auf ihr Bett und beteten, weil sie Angst hatten, der Anfall ginge nicht vorüber. Nach einigen Stunden war sie zwar wieder auf den Beinen, aber sie wurde immer kraftloser. Nachts saß sie oft aufrecht im Bett, um genügend Luft zu bekommen.

Eine Ablenkung von Anna Magdalenas elendem Zustand war für die Familie, dass sie oft Besuch von einem jungen Freund Picanders hatten. Er genoss die warme Stube und schrieb bei Bachs, was keine Zeitung berichten wollte und was auch nicht in den städtischen Büchern festgehalten wurde. Er schilderte anschaulich die Auswirkungen des Krieges, zum Beispiel, dass Rats- und Kaufleute eingesperrt wurden und erst wieder freikommen sollten, wenn sie 800 000 Reichstaler vollständig an Preußen abgeführt hatten. Da diese sich widerspenstig zeigten, mussten sie tagelang ohne Betten, Essen und Licht im Kerker bleiben. Anna Magdalena konnte sich kaum vorstellen, dass die Kaufleute nun, wenn sie einen kurzen Ausgang hatten, um Messegeschäfte zu erledigen, von einer Wache begleitet wurden.

Familie Bose war einige Tage vor der Besetzung geflohen und hielt sich versteckt. Aber das war auch ein Nachteil, denn in ihrem Haus hatten sich einige feindliche Grenadiere eingenistet. Inzwischen würde Herr Bose wohl lieber seine Werkstatt versiegelt sehen und mit seinen Leidensgenossen den Arrest teilen. Da war sich Anna Magdalena sicher.

Anna Magdalena setzte sich noch ans Cembalo, sie half dem jungen Mann, seine Aufzeichnungen genau zu halten, und sie konnte noch sicher einen Faden durch eine feine Nadel ziehen; sie hätte nicht gedacht, dass es Zeit zum Sterben wäre, wenn man noch so viel zu tun hatte. Und doch fühlte sie in der Nacht, dass sie unruhig wurde. Sie setzte sich im Bett auf und fasste nach ihrem Herzen. Es war aus dem Takt gekommen und schmerzte. Da wurde ihr klar, dass dies die letzte Stunde sein könnte, so wie bei Friedelena, die auch zu ihrem Herzen gegriffen hatte. Anna Magdalena spürte wieder den kalten Schweiß auf ihrem Körper.

»Die Mädchen schlafen ruhig, es ist an mir, die Sache zu Ende zu bringen«, dachte sie. Und da öffnete sich eine große Weite vor ihr. Sie begann zu sprechen: »Herr, in deine Hände befehle ich …« Und da ging sie schon in das helle, schöne Licht. Ein großer Frieden erfüllte sie, und alles, was sie sah, schimmerte golden.

Die Kinder dachten, dass ihre Mutter länger als normal schliefe. Als sie aber den Ofen einheizten und sie von dem Lärm nicht erwachte, ahnten sie, was geschehen war.

Sie zogen Anna Magdalena ihre schönsten Kleider und Sonntagsschuhe an. Als der Sarg gebracht wurde, legten sie ihr noch das wollene Tuch von Elias um die Schultern. Carolina steckte ihrer Mutter eine kleine Feder in eine Falte des Kleides und Susanna gab noch den Fingerhut dazu.

Einzig Elisabeth könnte es von den außerhalb wohnenden Kindern vielleicht schaffen, zur Beerdigung zu kommen. Und so war es auch: Die drei Töchter, Gottfried und Elisabeths Mädchen folgten schweren Herzens dem Wagen, der ihre geliebte Mutter abholte. Trotz der unruhigen Zeit war es ihr vergönnt, wenigstens ein einfaches Begräbnis zu erhalten. Boses konnten nicht dabei sein, und die Brüder fehlten. Sie fehlten ihnen und noch mehr fehlte ihnen die Mutter, die vergessen hatte, sich von ihnen zu verabschieden.

Die Stadt vermerkte am 27. Februar 1760: »*Eine Allmos. Frau 59 Jahr, Anna Magdalena, geb. Wilckin, Herrn Johann Sebastian Bachs, Cantoris an der Thomas Schule Witbe, in der Haynstr gestorben.*«

Noch lange saßen sie am Abend in der Hainstraße zusammen. Alle genossen die warmen Räume, die in Leipzig selten geworden waren. Die Mädchen schliefen in der Wohnstube auf einer Strohmatte. Die Schwestern verabschiedeten sich nun auch von Gottfried, der auf dem Sofa schlafen sollte. In der Schlafstube besprachen sie sich noch, dass Elisabeth mit ihren Kindern und Gottfried auch nach Leipzig ziehen würde.

»Wir schaffen das«, meinte Carolina. »Ich kenne mich in Leipzig aus. Und du, Elisabeth, kannst auch Cembalo spielen und hast schon immer einen intelligenten Kopf gehabt. Du kannst die Schüler von Mutter übernehmen.« Susanna wusste, dass meist das eintraf, was ihre Schwester sich in den Kopf gesetzt hatte. Wahrscheinlich würde sie schon morgen nach einer größeren Wohnung Ausschau halten.

Elisabeth war noch zu verwirrt, um klar denken zu können. Sie gestand es sich zum ersten Mal ein, dass es ihr zu schwer wurde, für ihre Familie allein zu sorgen. Nun hatte sie in kurzer Zeit ihren Mann und ihre Mutter verloren. Aber da waren ihre kleinen Schwestern, die inzwischen schon Frauen waren, und diese nahmen sie in den Arm und da ließ es sich gut weinen.

Gottfried konnte nicht schlafen. Er war es nicht gewohnt, in einem warmen Raum zu liegen. Er hatte im Dunkeln nach den Bildern geschaut, die über dem Nähtisch hingen. Eines zeigte seinen Vater und auf dem andern war seine Mutter abgebildet. Er wusste noch genau, wann es gemalt worden war, denn an den beiden Tagen durfte niemand im Musikzimmer spielen oder ein Möbelstück verstellen. Selbst die Vorhänge mussten genau so bleiben, wie sie waren. Der Maler konnte nicht deutsch sprechen, aber er hatte seine Mutter genau so gemalt, wie sie aussah. Er hatte die ganze Zeit dabeigestanden und hatte die Augen nicht von der Mutter und dem Pinsel abwenden können.

Er stand auf und zündete eine Kerze an, um das Bild gründlich zu betrachten. Ja, genau so hatte sie dagesessen. Zuvor war eine Frau gekommen und hatte der Mutter die Haare in viele Locken gelegt und aufgesteckt. Der Maler hatte später immer am Kleid der Mutter herumgezupft und es weiter nach unten gezogen, damit man ihren Hals und mehr vom Busen sehen sollte. »Edel«, hatte sein Vater gesagt, als er seine Frau so sitzen sah: »Sehr edel!« Anna Magdalena hatte Gottfried und all die andern angewiesen, dass sie nicht albern sein sollten, denn sonst müsste sie gewiss lachen, und dann müsste der Maler wieder ganz von vorn anfangen.

Gottfried nahm das Bild von der Wand, und sein Entschluss stand fest: Er würde nur wieder nach Naumburg zurückfahren, wenn er das Bild behalten dürfte. Er wusste, dass sein Bruder Emanuel die beiden Bilder geerbt hatte. Sie sollten jedoch so lange noch in Leipzig bleiben, wie seine Mutter lebte. Er selbst konnte nichts erben, weil er zu dumm wäre, einen Besitz zu verwalten, hatten sie ihm erklärt. Wenn Emanuel die Bilder unbedingt haben wollte, würde er eben zu Emanuel ziehen, überlegte er weiter. Gottfried hatte es satt, sich ständig an etwas anderes gewöhnen zu müssen. Er hatte es auch satt, dass alle um ihn herum sterben wollten. Seine Mutter war es jedoch, deren Nähe er ständig spürte. Von ihr wusste er eigentlich immer, wie sie reagieren oder was sie sagen würde. Ihr Bild würde ihm für alle Zeit reichen, damit wäre er nie allein, egal, wo er sich auch befände. Und weil er von diesem Entschluss nicht mehr abrücken wollte, nahm er das Gemälde mit auf das Sofa. Noch im Schlaf hielt er es mit beiden Armen fest.

Wie ein Archäologe Scherben sammelt …

Bachs Melodien und Texte entstanden vor gut dreihundert Jahren. Und doch erreichen, ja verzaubern sie uns auch heute noch. Wer seine Musik mit geschlossenen Augen genießt, erlebt die gleichen Klangwelten, wie sie seinerzeit in Herrenhäusern, Kirchen und im Freien zu hören waren. Verstummt sind dagegen die damals aufführenden Sänger und Musiker, da es noch keine Tonträger gab.

Anna Magdalena Bach, geb. Wilke (auch Wilcke, Wülcke), war eine der ersten ausgebildeten Meistersängerinnen. Mit zwanzig Jahren wurde sie am Köthener Hof als Berufssängerin angestellt. Dann heiratete sie den sechzehn Jahre älteren Johann Sebastian Bach. Durch den Umzug nach Leipzig konnte sie jedoch ihren Beruf nicht mehr ausüben. Das dortige Opernhaus war geschlossen, und in den Kirchen war es Frauen nicht gestattet zu singen. Ein Porträt Anna Magdalena Bachs, das der italienische Maler Cristofori schuf, ist ebenso verschollen wie ihre Stimme.

Auch Bach geriet nach seinem Tod für etwa hundert Jahre in Vergessenheit. Felix Mendelssohn-Bartholdy gelang es, durch die Aufführung der Matthäuspassion die Gesellschaft an den großartigen Meister der Musik zu erinnern.

Mit dem Siegeszug der Bach'schen Musik wurde jedoch auch sein Familienleben romantisch verklärt. Der erste große Bachforscher Johann Nikolaus Forkel (1749–1818) hat mit seinen Aussagen wesentlich dazu beigetragen. Untermauert wurde diese Sicht auf Bachs Alltagsleben durch das viel gelesene Buch »Die kleine Chronik der Anna Magdalena Bach« von Esther Meynell. Dieses fingierte Tagebuch beschrieb mit »verliebten« Augen in erster Linie das Leben von Johann Sebastian Bach. Anna Magdalenas Alltag wurde rückblickend als biedermeierliches Idyll gemalt. Dabei war es ein arbeitsreiches, aufopferungsvolles Frauenleben: erst für die Musik, dann für ihren Mann, den Musiker, und schließlich für die Kinder.

Christoph Schubart (Weimar) betrieb zum Bachjahr 1950 Forschungen zur Familiengeschichte Anna Magdalena Bachs. Dabei stellte er fest, dass sie ebenfalls aus einer Musikerfamilie stammte; somit bedurfte es für sie auch keiner übertriebenen romantischen Vorstellungen, einen »Musikus« zu ehelichen. Heirateten doch vor ihr alle drei Schwestern ebenfalls Musiker. Und auch ihr Bruder war – wie schon der Vater – Hoftrompeter am Zerbster Hof.

Erst in späteren Jahren konnte ein sachlicher Blick auf die Familie Bach geworfen werden. Im krassen Gegensatz zu den Söhnen wurde den Töchtern keine Ausbildung ermöglicht. Die Frauen erfuhren keinen Schutz und lebten ohne Männer in ärmlichen Verhältnissen. So wurden in mehreren Stammbäumen auch nur Bachs Söhne aufgeführt, während die Töchter spurlos dahingingen. Übrig geblieben sind die Tauf- und Sterbedaten.

In erster Ehe mit Maria Barbara hatte Bach sieben Kinder, von denen vier überlebten. In der zweiten Ehe mit Anna Magdalena wurden dreizehn weitere Kinder geboren, wovon sieben im Kindesalter starben. Insgesamt hatte Bach zwanzig Kinder (elf Söhne, neun Töchter) – seine beiden Frauen waren also fast ständig schwanger. Aus heutiger Sicht fällt es schwer, dies zu verstehen, besonders im Blick auf die Mütter, denen mit einer solchen Kinderzahl viel zugemutet wurde. Für mittellose, begabte Frauen bedeutete es immer das Ende ihrer Karriere.

Bei Familie Bach fällt auf, dass etliche Söhne erfolgreiche Musiker wurden, während sich in den historischen Quellen der Töchter nur Einträge über Bedürftigkeitsbescheide finden. Selbst gut arrangierte Hochzeiten blieben ihnen verwehrt. Wie ein Gleichnis steht auch für das Leben der Sängerin Anna Magdalena, dass ihr Gemälde verloren ging, aber in ihrem Grab ein Fingerhut für die Nachwelt erhalten blieb.

Wie ein Archäologe Scherben sammelt und anhand der Bruchstücke ein Gefäß nachformt, habe ich die Daten und Ereignisse um Anna Magdalena Bach gesammelt, um daraus ihre Geschichte zu schreiben. Dabei begegnete mir ein Mädchen aus einer liebenswerten Musikerfamilie. Sie lebte in einer Zeit, die geprägt war von der Huldigung der Obrigkeiten. Anna Magdalena erreichte, was nur wenigen gelang: eine feste Anstellung als Sängerin. Mit ihrer Heirat übernahm sie dann alle Pflichten, die die Ehe mit einem großartigen und eigenwilligen Musiker mit sich brachte. Sie trat ganz in den Schatten des Thomaskantors, unterstützte ihn fachkundig und stand einem großen Haushalt vor. Das pulsierende Leipzig mit seinen Messen, Kaffeehäusern, Flüchtlingsströmen und breiten Alleen wurde zu ihrer zweiten und letzten Heimat. Einer Heimat, in der sie wie ein braves Dienstmädchen arbeitete und zehn Jahre nach dem Tod ihres Mannes ein Almosengrab erhielt.

Eleonore Dehnerdt

Stammbaum der Anna Magdalena Bach

Um den Lesern das Namensgedächtnis zu erleichtern, wurden für die Angehörigen nur die fettgedruckten Namen verwendet.

Großvater: Stephan Wilke (1627–1712)
Großmutter: Anna Maria, geb. Schwarz († 1676)
Vater: Caspar (1660–1731); Halbschwestern aus zweiter Ehe: Martha Elisabeth, Martha Katharina (beide geb. 1688)

Großvater: Andreas Liebe († 1728)
Großmutter: Clara Christina († 1694)
Mutter: Margaretha Elisabeth († 1746); jüngere Geschwister: Anna Magdalena und Johann Siegmund

Heirat der Eltern: 1686; aus dieser Ehe gingen hervor:
Eva Maria (1687)
Anna **Katharina** (1688–1720), später Meißner
Johann **Caspar** (1691–1766)
Johanna Christina (1695–1753), später Krebs
Erdmute Dorothea (1697–?), später Nicolai
Anna Magdalena (1701–1760), später Bach

Anna Magdalena und Johann Sebastian Bach (1685–1750):
⚭ 3.12.1721

Aus erster Ehe mit Maria Barbara (1684–1720) brachte J. S. Bach vier Kinder mit:
Katharina **Dorothea** (1708–1774)
Wilhelm **Friedemann** (1710–1784)
Carl Philipp **Emanuel** (1714–1788)
Johann Gottfried **Bernhard** (1715–1739)

Dazu kamen die gemeinsamen Kinder:
Christiana Sophia **Henrietta** (1723–1726)
Gottfried Heinrich (1724–1763)
Christian Gottlieb (1725–1728)
Elisabeth Juliana Friederika (1726–1781), später Altnikol
Ernestus Andreas (1727)
Regina Johanna (1728–1733)
Christiana Benedicta **Louise** (1730)
Christine Dorothea (1731–1732)
Johann **Christoph** Friedrich (1732–1795)
Johann August Abraham (1733)
Johann **Christian** (1735–1782)
Johanna **Carolina** (1737–1781)
Regina **Susanna** (1742–1809)

Quellen

»Anna Magdalena Bach«, Ein Leben in Dokumenten und Bildern, zusammengestellt und erläutert von Maria Hübner, Leipzig 2004

Borkowsky, Ernst, »Die Musikerfamilie Bach«, Jena 1930

Geiringer, Karl, »Die Musikerfamilie Bach«, München 1958

Siegmund-Schultze, Walther, »Johann Sebastian Bach«, Leipzig 1984

Schweitzer, Albert, »Johann Sebastian Bach«, Leipzig 1963

»Bach-Jahrbuch«, Hg. A. Dürr u. W. Neumann, 1953

»Bach-Jahrbuch«, Hg. H.-J. Schulze u. Chr. Wolff, 1978, 1987, 1997

»Das Bach-Lexikon«, Hg. M. Heinemann, Laaber 1999

»Die Bach-Familie«, Chr. Wolff, E. E. Helm, E. Warburton u.a., Stuttgart 1993 (aus dem »New Grove«-Lexikon übersetzter Artikel)

Evangelische Notgemeinschaft in Deutschland e.V., »Briefgrußkalender 2000 zum Bachjahr«, Renningen

»Ich muss mich ganz hingeben können«, Frauen in Leipzig, Hg. Friderun Bodeit, Leipzig

»Töchter berühmter Männer«, Neun biographische Portraits, Hg. Luise F. Pusch

Danke!

Bei aller künstlerischen Freiheit, die ich mir als Romanautorin lasse, bilden fundierte Fakten und neueste Forschungsergebnisse um die Familie Bach den Hintergrund des Romans. Dies wurde nur möglich, weil ich auf meine Bitte um Information und Austausch über Anna Magdalena Bach tatkräftig unterstützt wurde.

Ich danke von Herzen den Mitarbeiterinnen der Städte Köthen, Weißenfels, Zeitz und Eisenach. Sie gaben mir detaillierte Auskünfte zu den Städten, kopierten mir liebevoll Material, versuchten, alle meine Fragen zu beantworten, oder verwiesen mich an kompetente Stellen. In Begegnungen mit Kulturschaffenden traf ich auf engagierte und gut informierte Menschen.

Dem Bachhaus in Eisenach verdanke ich viele anschauliche Eindrücke. Dort durfte ich historische Instrumente und Möbel anfassen und konnte sie so in ihrer Funktion detailgetreu beschreiben. Besonderes Vergnügen bereitete mir eine Lesung zu Anna Magdalena Bachs Geburtstag mit dem Ambiente des Hauses.

Frau Dr. Christine Blanken (früher im Johann-Sebastian-Bach-Institut Göttingen, jetzt Wissenschaftliche Mitarbeiterin am Bach-Archiv in Leipzig) kopierte mir alle Einträge aus den Jahrbüchern, in denen Anna Magdalena erwähnt wird. Im Bach-Museum und Bach-Archiv Leipzig konnte ich viel über die Wohnverhältnisse, Arbeitsweise und den Alltag der Familie Bach erfahren. Maria Hübner gelang es hervorragend, Anna Magdalena Bach in einer Ausstellung und einer Dokumentation zu würdigen. Besonders eindrücklich war für mich, wie anschaulich der Arbeitsalltag Bachs – und damit der gesamten Familie – dargestellt wurde.

Die Kultureinrichtung MONAliesA in Leipzig versorgte mich kompetent mit historischen Fakten zum Leben der Frauen in Leipzig. Darunter waren viele bereits vergriffene Dokumente, die sie für mich in Kleinarbeit sammelten.

Der vorliegende Roman enthält viele der gesammelten Informationen. So ist es mir hoffentlich gelungen, ein auf historischen Tatsachen basierendes, gut lesbares Werk zu schaffen. Für den letzten »Schliff« danke ich meiner Agentin Swantje Steinbrink (Berlin), dass sie mich ermutigte, episch zu schreiben, sowie meiner Lektorin Eva-Maria Busch, die mit ihrer ordnenden Hand Texte kürzte und meinen Überschwang zügelte.

Eleonore Dehnerdt